三国是怎样炼成的

SANGUO SHI ZENYANG LIANCHENG DE

人性写史的巅峰之作，告诉你事业成功的秘密和职场奋斗的真谛
层层讲透三国的战争、权谋与智慧，三国的百科全书

破阵乐·逐鹿

① 悬疑·惊险·刺激
官渡之战，险象环生
汤浩方 著

此情可待成追忆——汤浩方三国系列

广西师范大学出版社
·桂林·

图书在版编目（CIP）数据

三国是怎样炼成的．1／汤浩方著．—桂林：广西师范大学出版社，2013.10
ISBN 978-7-5495-4138-6

Ⅰ．①三… Ⅱ．①汤… Ⅲ．①中国历史－三国时代－通俗读物 Ⅳ．①K236.09

中国版本图书馆CIP数据核字（2013）第160131号

广西师范大学出版社出版发行

（广西桂林市中华路22号　邮政编码：541001）

（网址：http://www.bbtpress.com）

出版人：何林夏
全国新华书店经销
广西民族印刷包装集团有限公司印刷
（广西南宁市高新区高新三路1号　邮政编码：530007）
开本：720 mm×970 mm　1/16
印张：17.5　　字数：260千字
2013年10月第1版　　2013年10月第1次印刷
定价：36.00元

如发现印装质量问题，影响阅读，请与印刷厂联系调换。

序一·远古的游历

王 斌

王斌,著名作家、剧作家和资深文学评论家,张艺谋文学策划与电影编剧。20世纪80年代开始从事文学批评和创作,90年代转入电影策划与编剧,策划和编剧过的电影有:《活着》、《英雄》、《霍元甲》、《千里走单骑》、《满城尽带黄金甲》、《十面埋伏》、《一个都不能少》、《幸福时光》、《漂亮妈妈》、《菊豆》、《我的父亲母亲》、《摇啊摇,摇到外婆桥》、《有话好好说》、《青春爱人事件》、《美人依旧》等。出版有长篇纪实文学作品《活着·张艺谋》,长篇小说《遇》、《味道》、《六六年》等,另有大量小说、文学评论及散文发表。

汤浩方与我,结识于网络,我们共同迷恋于中国传统文化。在今天这样一个神奇的时代,人与人之间的沟通与相识,似乎也有了"奇异"的可能——或许无需太多的语言、太多近距离的接触,在虚拟空间中留存的文字,就足以让相知却不相识的人成为志同道合的朋友。

我与汤浩方便为典型一例。

汤浩方隶属"80后",如今这一称谓,也成了一个颇为时尚且时髦的名词了,它的后缀还要引申出诸如任性、骄狂、自私、沉迷于网络且追逐流行及时尚的诸般解说。而在这一切的解说中,却暗含着对这一代"沉沦"的叹息。

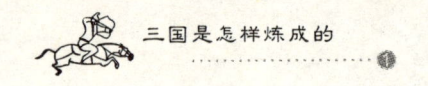

我亦属"叹息"一族。

所以汤浩方的出现让我惊诧,他告诉我说,写了近百万字的历史小说,并且正在写历史,希望我能为此写篇序。接着,他的部分文稿也随之出现了,我留心地看了一遍,一时无语。

坦率地说,在汤浩方驾轻就熟的历史知识面前,我自愧弗如。他告诉我,少年时就迷上了历史,他像一位好奇且又执拗的"探险者",一头扎进了历史的汪洋之海中,开始了漫长的游历。

而我的少年,却在狂热地"挥霍"着"读书无用论",我们逃学、打架、戏弄老师、嘲讽长者,以学习为耻。历史在那时的我看来了无生趣,我鄙夷且不屑一顾。在残酷的青春岁月中,我们虚度光阴,于今想来,悔之晚矣!

而汤浩方的少年,却悠游自在地与历史为伴,他在其中发现了乐趣,也发现了自我的志向所在。终于在今天,他要启动他所执掌的历史巨轮,起航了。

中华民族历经劫难,在沉重的历史迷雾中一直在追寻着民族的大义。这一被冠之于"春秋大义"的精神,于今几经沉沦后,终于在萌动中苏醒了。可随之而来的是一片喧嚣,众家各显神通地挥舞着个性的大旗摇唇鼓舌,并以"卫道士"角色自喜。我高山仰止,自惭形秽,因历史于我是一片空濛的崇山峻岭,虽心向往之,然毕竟才疏学浅,即便窃自潜心研读,试图跟进时代的步履,可还是徒叹奈何。少年的轻狂,让我耽误了大好时光,只能怆然自叹了。

所以我对汤浩方示以敬意,他的文字亦如"80后"之风格,轻盈、率性、不拘一格、随意挥洒,而且俏皮风趣,极具才情。

在这一代人的眼中,历史失却了它故有的那份沉重和苍凉,失却了岁月的凌厉和悲壮,仅仅是一个好玩的故事,一部跌宕起伏的"传奇"。

于是他潇洒自如地轻松道来,看着有趣,让人心生快意。

读汤浩方的文字及故事,无疑是一次愉快的旅行,不经意间,信手拈来,轻松而不刻意,宛如茶余饭后可口的小甜点,一路读来亦有收获。这收获是对历史事件及人物有了一个大致的了解,起码在脑海里形成了一个清晰的印象。在那样的一个冷兵器时代,或者说是铁血年代,我们中华民族诞生了许多伟大而有趣的传奇人物,无论他们出于什么样的缘由和欲望,毕竟无意中缔造了中国历史，缔造了中华记忆，成为我们后来者的集体无意识。

中华民族的文化遗存再度被发掘与发现，说明了一个民族在经历了历史的沧桑巨变之后开始走向真正的成熟和觉醒，开始在历史的千年流变中，重新找寻我们屹立于世界之林的民族个性和位置。

我们的确迷失太久了，太多纷纷扰扰的"西式"思想及作派让我们无所适从，让我们盲目地亦步亦趋。我们忘记了一个民族要真正获得世界的尊重，恰恰不是因为"大同"式的共性，而是自强且自信的民族个性。

汤浩方目前似乎更多的是在发掘历史的故事，他那"80后"典型的游戏心态驱使他要将历史"还原"于一个充满"喜剧感"的叙事。因为是隔岸观火，因为年轻，让他一时还难以梳理出隐藏在这貌似"游戏"的历史背后的分量和气韵，以及随处可能散出的中华精神。但他毕竟已然"生活"在了历史中，这就足以让我惊叹了！

我们还不能要求他做到把历史作为反观今天的一面镜子，他太年轻了。终究有一天，他也会带着他散发着风尘的经历重新走进历史。那时，或许他会发现一个不一样的故事——因为历史的发现，是需要岁月磨砺的。

2007 年 5 月 25 日于北京

序二·三国颂

徐 刚

徐刚,文学博士,现为北京大学中文系、北京大学中国古文献研究中心副教授,主要研究方向为古代语言文字、经学和思想史,著有《古文源流考》、《孔子之道与〈论语〉其书》等。

今人之好三国者,大多津津乐道其谋略。但我以为,说三国,有更值得注意者在。

三国绝不是一个幸福的时代。

军阀割据,战乱不休,人民流离失所,百不遗一,人命危浅,朝不虑夕,实在是生无可恋。用"千村薜荔人绝迹,万户萧疏鬼唱歌"来形容,并不夸张。曹操在征战的途中,就曾写下"白骨露于野,千里无鸡鸣"的诗句。我们中国的老百姓,自古就是苦难深重,动乱的年代,能够苟全性命,已经是奢望,好不容易熬到太平盛世,又免不了成为贪官污吏、土豪劣绅的鱼肉。乱世人固已悲惨,即便是太平年代,也多只有做鸡犬的资格,想要获得做人的尊严,实在是如蜀道之难,难于上青天,又能侈谈什么"幸福感"?

然而三国却又是一个英雄的时代。

数风流人物,还看三国。我常想,为什么这样痛苦的时代,却又让人如此心驰神往呢？如果人的生命时刻面临生与死的抉择，人的尊严被压抑到极点，那么，死亡便不再可怕，反而是获得尊严与自由的唯一途径。那些生活在痛苦时代的可敬的人们，没有选择苟且偷生，而是挟着全部的勇气和智慧，笑向刀锋，在刀光火影的刹那间，绽放出最灿烂的生命之花。于是，生死悬于一线的紧张，刀剑穿裂肉体的痛苦，血流汇聚成大江东去的惨烈，都可以化作"羽扇纶巾，谈笑间，强虏灰飞烟灭"的澹定从容。遂使后世闻之者，鄙夫宽，薄夫敦，顽夫廉，懦夫有立志。正是这种超脱痛苦，笑对死亡，在刀尖上争得自由与尊严的精神，成就了我们中国民族；千百年来，虽屡遭内忧外侮，而总能奋起抗争，虽不绝如缕，而迄今犹能独立于世界民族之林。于此亦可见我民族，虽常以温柔敦厚为风尚，而灵魂深处，实含有刚健不屈之韧性，视死如归之真性情。此慷慨赴死之豪情，于近代抗日战争最艰苦之日，臻于极致。明乎此，然后可以论我儒门千百年来"天行健，君子以自强不息"之真精神。

汤君浩方，有志于赓续我民族之传统文化，发愤探研三国历史之真相。历经艰辛，斐然成章，而命我为之作序。不才一介书生，百无一用，实不足以耻论此英雄之时代。顾念我国人文历史之精华，固多精粹于斯，而历来之谈三国者，又多沉迷于帝王将相之权谋，而遗忘此民族之精义，故不揣浅陋，聊记数语，欲为古人表出之，以就教于汤君及方家读者，亦庶几有望于将来。

徐　刚

2011 年 2 月 28 日书于客旅

前言·信念

汤浩方

有这样一部电影,讲述了这样一个故事:一个人,被诬蔑为杀人犯,关进牢房后,他跟其他犯人一样,经受着耻辱、折磨和无尽的压力,当许多人都放弃自己的时候,他却在默默地做这样一件事:自救!他花了二十年时间,用一个小锤子,用水滴穿石的精神,从牢房的墙壁上一点点地挖出了一条逃生通道,最后终于成功越狱,逃出生天。

它,就是《肖申克的救赎》。

看过这部电影的人可能不多,但看过美剧《越狱》的应该很多。《越狱》,就是电视版的《肖申克的救赎》。电影讲述的主题,是一个关于希望和自由的故事,但它还有一个不惹人注意的细节,那就是坚持。

我想,在人世间要做成一件事,有诸多外界的因素,更多的,源于自己的内心,你是否真的能够忍受任何的挫折乃至责难,能够克服任何的压力与自己的惰性,始终坚持,矢志不渝?

我们有太多的梦想,却因为这样那样的原因,最后,全变成了一个个美丽和伤感的回忆。为什么我们不能实现自己的梦想,就因为,我们不能坚持。

从小,我就喜爱历史,喜爱琴棋书画,喜爱诗词歌赋,对于中国古代士大夫的生活,我钟爱有加,直到现在,我依然听昆曲、写书法、画梅花;并且对于简帛文、八思巴文这些被人称作绝学、无人问津的东西特感兴趣。一直以来,我不管别人如何质疑与嘲讽,我都始终坚持,始终坚持自己心中的那一份理想。

有人总是偏执地以为,谈传统文化,就是守旧和迂腐,其实不然,具有现代的思想与喜爱传统文化,这两者是并行不悖的。越是民族的,就越是世界的,放眼全球,已经有太多的事实充分证明了这一点。之于我,也是如此,我喜爱传统文化,但并不妨碍我去思考弦理论、黑洞和量子力学的问题。我们不需要顾此失彼,恰恰是很多人,他们的现代思想,开出了艳丽的花朵,却没有传统文化的滋养,最后都凋谢了,而能够将传统文化与现代思想有机结合,往往能够产生令人惊叹的奇迹;并且一个人要具有良好的素养与底蕴,也需要文化的见证,而传统文化,正好是我们取之不尽的宝藏。

我们需要科技立国,也需要人文关怀。

"天行健,君子以自强不息;地势坤,君子以厚德载物"、"人而无信,不知其可也"、"己所不欲,勿施于人"、"能胜强敌者,先自胜者也"、"滴水之恩,当涌泉相报",当你看到这些温暖的文字,你不有所感触吗?

这就是传统文化的力量和人性的皈依。

"万物有所生,而独知守其根",传统文化,是我们的根,也是我们的魂。

根柢不在,何谈崛起?灵魂不在,何谈发展?

所以,我们绝不能忘记传统文化,这其中,历史就是传统文化的载体。

历史,其实就是前人的生活,当我们翻开史书时,有时看过一页,就是一个人的一生,所以看历史,就是看人生。

人是需要不断学习的,学习生存与为人处世的能力,而学习的途径,有直接与间接之分,但每个人的精力有限,不可能所有事情都自己去经历和体验,所以,最好的办法,就是间接学习别人的经验——历史,恰好就提供了这种便利。

欲亡其国,先亡其史,割断历史,我们将失去根基,不得其所,所以历史是不容忘记的。因为前人曾经的努力和辉煌,无时无刻不在鼓舞我们,要做得更好;曾经的经验和教训,无时无刻不在警示我们,哪里还做得不够好。

"以铜为镜,可以正衣冠;以古为镜,可以知兴替;以人为镜,可以明得失。"

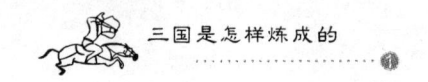

历史，能让我们更有信心，让我们更加认清自己，让我们少犯错误，不重蹈覆辙。

人文科学的目的，就在于让人生活得更幸福，它的魅力，也在于它的多元与不确定性。历史，正是人文科学非常重要的一支。

中国是一个祖先崇拜的国家，没有统一的宗教崇拜，一直以来，都是个世俗国家——对祖先的崇拜，很大一部分体现在了历史上头。因为历史就是祖先的投影和记录，所以崇拜祖先与崇拜历史，也就不可分割了。加之古代的统治阶层也明白历史的重要性，几乎历朝历代都有史官，都要修史，正是前人如此的努力和坚持，才让我们现在还能够看到那些久远的文字，还能够看到流传至今的二十四史等历史典籍，还能够体会到古人的一颦一笑与喜怒哀乐。

这些，都是我们后人必须知晓与传承的，因为它们记载了我们中国人曾经的奋斗与苦难，不管他们当时的选择正确与否，但至少，都成为了历史的记忆。

铭记历史，我们才能更好地创造未来。

以二十四史和《资治通鉴》为代表的史书，博大精深，仔细阅读将让你获益匪浅，但有一个难题——全是古文。古文看一点点无所谓，看多了，就烦了，所以历史要普及，通俗化很重要。

但如果只是白开水一样的纯翻译，我想，喜欢的人还是不多的，所以，怎么在不丧失原意的基础上，用一种优美的大众语言把历史讲出来，并讲得好，这是一个课题。

可是能做到这点的人，依然很少，我们看到的历史，总是太多令人生厌的说教文字，生硬、冰冷，毫无人性的温暖与情感。所以，必须要改变历史的写作方式，让历史变得鲜活和有趣，让大家都喜欢，进而对历史典籍感兴趣。

这是一个艰难的工作，而我，一直在做。

因为自小就喜爱历史，那时候，看的是《上下五千年》，后来长大了，就读《史记》、《资治通鉴》，我总是被其中的故事和古人的气节、意志与精神所感动。到后来，又开始读更多的史书，翻阅二十四史，检索相关史料，似乎成了我生活不可或缺的一部分；乃至后来，阅读、思考、迷恋历史，就成了我生活的全部，在这片一望无垠的蔚蓝天空，我快乐地翱翔其中……

因为读过太多的书，有太多的感想，就有一股想写下来的冲动，于是，就有了我写作历史的缘起。很早以前，我就开始了历史的写作，那时候写的是长篇历史小说，还有唐朝，后来，又开始了写三国的计划。

三国这段历史，不长，但很精彩，成为中国历史最知名的一个切面，虽然家喻户晓，但我们所知道的，很多居然是从小说中来的。

这本小说，就是《三国演义》——四大名著之一。从文学上来说，《三国演义》具有深刻的意义，堪称伟大，可从历史上来说，它乏善可陈。因为，记述三国真实历史的，是陈寿的《三国志》。

《三国志》才是讲述三国真实的历史，可是知道《三国志》的，何其少也，所以，有必要将三国这段历史，用生动的语言，巧妙地说出来。

我现在做的，就是这个工作。

这个工作，说起来容易，做起来难，因为三国的历史，太久远，也不是单单一本《三国志》就可以完全还原的，我们还需要查阅更多的史料，比如《资治通鉴》、《后汉书》、《华阳国志》、《太平御览》、《册府元龟》，诸如此类，不一而足。

故此，要真实客观地写出这段历史，何其艰难。

但我做了，我没有什么研究经费，也没有什么课题立项，有的，只是自己的理想与坚持，我只有自己一个人，全凭自己的兴趣和使命。

我一人，就像个苦行僧，在荒野上徘徊，虽然走得艰难，但我始终前行。

做这个工作，我知道自己要失去很多，这几年也的确如此，牺牲了自己几乎所有的娱乐时间，连恋爱都没有谈，很多朋友的应酬都推了，彻底隔绝自己，也就是为了做好这个工作。

按照现在的写作计划，我这套书，共分为十八部，我会全力以赴地去完成它。

这套书从准备到现在，已经七年了，2009年11月份，我正式在网上开始连载，很快成为精品，并被网站连续在首页推荐，引来网友的疯狂点击，在此，衷心感谢网友们的支持与鼓励，你们让我更有力量，谢谢你们！

我知道现在的浮躁社会，要真正静下心来做一件事，很难，因为有太多的干扰和诱惑，但我想，这个世界，什么都不缺，就缺认真，我将做一个认

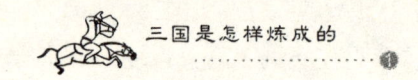

真的人。

两千一百多年前，因"李陵事件"而被捕的司马迁，遭受了前所未有的屈辱和磨难，但他没有放弃，出狱后，发奋图强、自强不息，终于写完了《史记》。

九百多年前，因反对王安石变法，司马光出走洛阳，专心撰写《资治通鉴》。他废寝忘食，晚上都在枯黄的油灯下写作，因为居家简陋，天热得受不了，他就自己挖了个地洞，躲在里面，继续写作，终于花费十九年，写完了《资治通鉴》。

三百多年前，谈迁写了二十六年，耗尽无数心力完成的明史巨著《国榷》手稿不幸被盗，这是他一生的心血。此时，他已经五十三岁了，但他没有放弃，又花费了近十年的努力，重写这部书，临死前，他终于写完了《国榷》。

为什么他们不管遭遇到什么样的挫折与困境，都能够坚持下来？

只因为，他们心中的那一份理想。

这就是信念！

很多人知道，但很多人没有。

我将秉持这样的信念：为了传统文化的发扬光大，奋斗终生，矢志不渝。

认真、坚持，还有信念，我想，这已经足够让我写完整个三国了，我将不懈努力。

"青海长云暗雪山，孤城遥望玉门关。黄沙百战穿金甲，不破楼兰终不还。"

写完这段文字，窗外，已经万籁俱寂，很多人都睡了，我却还在思绪我的三国。

这两天下雪了，天上没有月亮，再也看不到皓月当空的澄净，但黑夜中，依然有淡淡的诗意。因为，那里有一双黑色的眼睛。什么时候，我还能再看到月亮呢？也许，是我写完整个三国的时候，也许，就在明天。

"虽然我们没有翅膀，但是我们不能放弃飞翔的梦想"，我又想起了《肖申克的救赎》……

汤浩方

2010 年 12 月 18 日夜

破阵乐·逐鹿

目 录

第 一 章	仕途	1
第 二 章	铲除腐败	13
第 三 章	千古疑案	24
第 四 章	陈留起兵	31
第 五 章	霸业开始	41
第 六 章	逐鹿中原	47
第 七 章	大战兖州	59
第 八 章	挟天子	73
第 九 章	战张绣	89
第 十 章	贾诩的智慧	102
第十一章	擒吕布	116
第十二章	最大的威胁	134
第十三章	袁绍的诡计	141
第十四章	决战	156
第十五章	官渡之战（上）	178
第十六章	官渡之战（下）	189
第十七章	平定河北	208
第十八章	叛乱	225
第十九章	征乌桓	239
第二十章	天纵奇才	251

第一章　仕途

人生，就是遇到一个一个的困难，并战胜一个一个困难的过程。
他即将迎接这些挑战，他要成为一个强者。

顽童

东汉永寿元年（公元155年），东汉第十位皇帝汉桓帝刘志，已经在位九年了。

此时的东汉帝国，朝政腐败，人民苦不堪言，在外戚、宦官与豪强的不断折腾下，形同一个病入膏肓的老头，虽然还能看到明天的太阳，但死亡已经悄悄来临。

汉桓帝是个音乐家（好音乐，善琴笙），却不是个好皇帝，没什么本事，又荒淫无道，可在这九年中，他并没有自己的快乐。

因为，有一个人，时时刻刻站在他背后，虎视眈眈地看着他。

这个人，就是"跋扈将军"梁冀。

他是被梁冀推上皇位的，那年，他还只有十五岁，之后，他就成了一

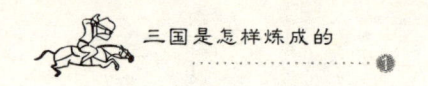

个摆设，朝政大权基本掌握在梁冀手中。

为了感谢梁冀，汉桓帝给他的封赏和恩遇，超过两汉以来的一切元勋，可梁冀还是不高兴，这让汉桓帝很郁闷，两人之间的矛盾也日益激化，最后无可调和，酿成滔天大祸。

贪欲，只能逐渐迷失自己，而梁冀，恰恰就毁在这上面。

永寿元年这一年，天下并不太平，虽然安定属国都尉张奂击破南匈奴，但国内饥荒、水灾、山崩这些自然灾害接连发生。而就在这一年，在沛国谯（今安徽亳州）这个地方，诞生了一个婴儿，他的名字，叫曹操。

曹操，字孟德，他还有个名字——吉利，小字阿瞒。

"阿瞒"，知道的人不多，但惹人喜爱，至少唐玄宗李隆基是其中一个。年少时，李隆基就很激动，心怀大志，常自比曹操，在宫里自称"阿瞒"。

取这么个小名，不是好玩，而是与自己很般配。因为曹操的样子，就是个"阿蛮"，一脸蛮相，身材矮小，容貌不佳，长得实在很有特色。

可是，浓缩就是精华，曹操用自己的行动，向世人证明了一个道理——帅不帅不重要，能力最重要。

他长相不可爱，但人可爱，他不但幽默，还喜欢玩，并且玩的方式很特别：玩疯。

十岁那年，他在河里游泳，突然一条鳄鱼张牙舞爪地向他扑来，他不但不逃，而且扮酷，在水里玩起了降龙十八掌，与鳄鱼大战。

鳄鱼见不是对手，游走了。

事后，他再没谈起这件事，直到有一天，有人看见一条蛇，吓得狂奔，曹操看着好笑，挖苦他说：

"我碰上鳄鱼都不怕，你怎么看到一条蛇就怕成这样？"

众人好奇，一问才知道，原来是这小子还有勇斗鳄鱼的光辉事迹，于是对他佩服得五体投地。

小小年纪就敢于斗争，他就是这样勇敢，不逃避、不畏惧，这样的性格，影响了他的一生。

斗了鳄鱼，他还敢斗太监。

大太监张让，没人敢惹，他偏不信邪，偷偷摸摸地闯入张让家中，具体干什么，史书没记载，有人说是行刺张让，我觉得有点荒唐，但斗太监玩，搞搞恶作剧应该是有的。

不幸，被死太监发现了，保安一拥而上，曹操没有束手就擒，而是拔出手戟乱舞一气，之后居然爬围墙跑了。可见，少年曹操，已经练就了一身好武艺（才武绝人，莫之能害），虽然年轻气盛，但很有个性。

曹操不但是顽童，还是游侠，史书记载他"任侠放荡，不治行业"，说白了，就是个小混混。

还在"打酱油"时，他就和袁绍联袂演出了一部"抢新娘"的大戏。

抢新娘

有一天，人家娶媳妇，曹操他们去看热闹，偷偷地潜入主人园子里，到了晚上，两个淘气鬼忽然跳出来，大喊大叫：

"小偷来啦！"

新房里的人以为出事了，都跑出来看，曹操趁机摸了进去，拿刀劫持了新娘子，和袁绍跑了。

凡事不会一帆风顺，总会有意外。

黑灯瞎火的，两人抢了新娘子，却迷了路，不幸掉进刺堆里。曹操先跳出来，可袁绍就苦了——陷在里边没法动。

曹操见有人来追，急中生智，大叫道：

"小偷在此！"

袁绍一听，知道再不出来，就没好果子吃了，瞬间爆发出所有能量，一蹦，窜出荆棘丛，两人这才得以逃脱。

在这个啼笑皆非的故事中，小小的曹操，居然用到了声东击西、趁火打劫、无中生有这些计谋，而且还知道贼喊捉贼，不得不令人刮目相看。

可是，事物总有两面性，日后，他也养成了抢老婆的恶习，最后抢到为了一个女人，痛失长子、侄儿和猛将，并且自己都差点歇菜的地步，这不能不说，是他自小的滥觞。

这么胡作非为，在大人眼里，肯定不是好孩子，他被一个人盯上了——自己的叔叔。

叔叔看不惯，三番五次到曹操的老爸曹嵩那里打小报告，希望他好好管教一下这个小顽童。

曹操不怕，他没有收敛，反而怀恨在心，他要想办法恶搞一下这个"坏叔叔"。

一天，他在路上碰到叔叔，突然脸部抽搐，歪牙咧嘴，叔叔很奇怪，问你这是怎么了？

曹操答：俺中风了。

这可不得了！喜欢告状的叔叔赶紧跑去告诉曹嵩，曹嵩很惊讶，把曹操叫来，却见他好好的，什么事都没有。

曹嵩一头雾水："叔叔说你中风了，这么快就好了吗？"

曹操一脸无辜状："我哪里中什么风？都是叔叔不喜欢我，故意在你面前造谣。"

曹嵩一听，也没细究，可从此以后，叔叔再来告状，他也不信了；而曹操，扫除了自己前进道路上的障碍，更加有恃无恐了。

曹操经常惹是生非，也不知道哪里得罪了同党袁绍，他们闹僵了。

袁绍也不是好惹的，在一个黑夜，派人前来刺杀曹操。刺客用剑掷曹操，低了，没刺到，曹操发觉，想他下一剑肯定会高一点，于是紧紧贴着床躺下。果然，当刺客再次掷剑时，高了，又没刺到。

侥幸逃命，但这件事，给曹操留下了巨大的心灵创伤，以至于大了还说，吾好梦中杀人，可见儿时的经历，有时也能影响一生。

只是数十年后，曹操和袁绍两人，在黄河边投入兵力十余万，展开了一场世纪大搏杀。那一幕，小时的他们，可曾想到呢？

两个儿时的伙伴，长大后，居然成了势不两立的超级对手，这就是命运之多舛，世事之无常。

少年时的曹操，就是这样度过的，一如我们年少时的无知和顽皮，但从这些事情当中，我们看到了一个勇敢、智慧与干练的形象，这是曹操性格形成的基础，也是他日后有胆有识、敢作敢为的发端。

从中，我们似乎也得到一个启示：调皮的孩子，有出息。

当然，说一个孩子调皮，并不是肆意妄为、无法无天，而是有他自己的个性和创造力，不为外界所束缚，敢为天下先。可是这样的人，在东汉末年，却不为时人所称赞，他们觉得，这样的孩子，长大了没用。

不过还是有慧眼识英雄的人。

他们的眼光，与众不同。

友谊

汝南人王俊，是个名人，他对曹操说，安天下者，除了你还有谁呢？南阳人何颙（音 yóng），也是名人，见到曹操就感叹："安天下者，必此人也。"著名党人，超级大名人李膺（音 yīng）的儿子李瓒，就更酷了，临死前居然告诫儿子，国家就要大乱，曹操才是天下第一的英雄，你们一定要去投靠他。

几个儿子依言而行，果然过上了幸福生活。

这些不计，还有更神奇的，这人就是太尉桥玄，当世之名臣，中央级领导。有一次曹操去看望他，桥玄见而异之，对曹操说：

"天下将乱，非命世之才不能济也，能安之者，其在君乎？"

后来，他又说，我见过的天下名士，多了去了，可没一个像你这样的，你好好努力，我老了，愿把妻儿托付给你。而后，他又和曹操开玩笑，说我死了，你经过我的墓地，如果不敬上一只鸡、一斗酒，车过三步，肚子疼可不要怪我呀！

曹操很感动，自己一文不名，堂堂太尉，居然把家人都托付给自己。他记住了这句话，也记住了桥玄的期待与关爱。

他时刻鞭策自己。

数十年后，曹操在外征战，路过桥玄墓，又想起了这位伯乐，知遇之恩，油然而生。

世间千里马常有，而伯乐不常有。

曹操亲自祭拜，并写下一篇饱含深情的祭文，这篇祭文，读来令人伤感，感激之情跃然纸上，文中有这样一句话：

增荣益观，皆由奖助，犹仲尼称不如颜渊，李生之厚叹贾复。士死知己，怀此无忘。

这就是生死相隔的忘年之交。真挚的友谊，皆由心生，情真意切，凄怆，而又美丽。

在两人的交往中，桥玄为了让他及早成名，还推荐他去结交许劭。

有桥玄的评价还不够吗？为什么还要去找许劭？这涉及到一个技术问题，也涉及到一个社会问题。

汉代选拔官吏，不像现在的公务员考试，而是公府征辟与地方察举。这两项措施，都要依据一个标准，那就是地方上对这个人的评价，即所谓的"清议"，也就是说，此人必须为社会舆论所推崇。这就如同上岗前必须要有资格证一样，只有清议合格的，才能成为征辟察举的对象。

有需求，就有市场，由此，鉴定人才的专家，成了香饽饽，他们的一句话，可以影响你一生。

为了博得清议的赞誉，天下士子四处活动，到处作秀，积极展示自己的才学和品德，以至于清议权威的门前，终日宾客盈门，甚至有人不远千里前来求见，为的只是一个好评。

而许劭，就是这样一个清议权威，并且是权威中的权威，可以说是品人界的泰斗，谁要是能得到他的一个好评，立即身价倍增。

许劭品人也有规矩，每个月的第一天，就是他开金口的时间，专门为亟待"好评证书"的人做技术鉴定，他的这项规矩，还有个名字：

月旦评。

既然社会需要权威鉴定，而许劭又是泰斗，桥玄自然要隆重推荐了。

曹操慕名而来，卑辞厚礼、笑脸相迎，极有诚意地请求他给自己一个好评。

希望越大，失望越大，意外发生了——许劭不说话，这缘于他看不起曹操，所以不理他。

曹操有些囧，但他不想白来，今天必须达到目的。

软的不行，就来硬的。

汉灵帝

曹操找了一个机会，开始用强了，他胁迫许劭，逼着他说，许劭不得已，只好开口道：

"子治世之能臣，乱世之奸雄。"①

曹操大笑！

他知足了，虽然这是一个毁誉参半的评价，但也就此奠定他一生。从此，他就在奸雄与能臣之间摇摆，一生也没走出这个评价。

曹操，因许劭而名震当世；许劭，因曹操而名留千古。

曹操虽然喜欢玩，但他很爱学习，这个习惯，陪伴了他的一生，让他获益匪浅。

在正式出来工作前，他进入太学（国家最高学府）学习，成为一名光荣的"名牌大学生"。

二十岁那年，曹操举孝廉，正式踏上仕途。当然，能这么顺利进入官场，不单纯他是一名太学生，还有一个秘密，但他波澜壮阔的一生，即将从这里出发。他所面对的，是一个未知的世界，多少悲欢离合，多少艰难困苦，多少爱恨情仇，都在等待着他，太多的磨难与历练，都将考验着还有些稚嫩的他。

人生，就是遇到一个一个的困难，并战胜一个一个困难的过程。

---

① 另有一说，《后汉书·许劭传》记载："君清平之奸贼，乱世之英雄。"

他即将迎接这些挑战，他要成为一个强者。

而在这之前，社会发生了翻天覆地的变化，连皇帝都换了。

曹操五岁那年，汉桓帝联合宦官发动政变，逼杀梁冀，夷灭其族。八年后的一个冬天，汉桓帝死了——生前，他荒淫无道；死后，他断子绝孙。

汉桓帝死了，可东汉政府还要开张，谁来当皇帝？这是摆在大家面前的一个现实问题。

这时，年轻的窦太后出场了，她临朝定策，与父亲窦武，拥立汉桓帝的亲堂侄刘宏继位，是为汉灵帝。

他比曹操，刚好小一岁。

汉灵帝登基时，只有十二岁，他是幸运的，也是不幸的。

刚即位时，他只是个傀儡，朝政大权，都掌握在窦太后与大将军窦武手中，可是，朝中另有一股势力，也在蠢蠢欲动。

他们便是宦官，也就是我们俗称的太监。

因为权力的争夺，双方选手闪亮登场，一方是窦太后与窦武，一方是大太监曹节与王甫。

矛盾已不可调和，只有武力解决了。

在汉灵帝登基还不到八个月的九月初七，宦官集团突然发动政变，逼死窦武，挟持太后，正式接管政权。而汉灵帝，只是从一个黑屋子，走进另一个黑屋子，他依然是个傀儡。

四年后，窦太后的母亲去世，她思念母亲，忧郁成疾，不久，也跟着去了。

太后崩，汉灵帝却拿不定主意，因为太监恨太后，他们将太后的遗体，用一个简陋的车子装着，丢在城南的一个小院子里，并要求以贵人之礼发丧，且不得与汉桓帝同葬。

赶尽杀绝！

这都是些无理要求，不以太后之礼发丧，汉灵帝拒绝了，可不同桓帝合葬，他拿不定主意，毕竟自己只是一个傀儡。

最后，在朝臣的巨大压力下，虽然汉灵帝勉强答应让太后与汉桓帝合葬宣陵，可从此以后，他再也没能逃脱宦官的阴影。直到死，这帮死太监，始终垄断朝政，直到有一天，有人带领一支军队，不顾一切地杀进宫来。

汉灵帝无事可做，整天玩，而且玩出了个性，为的只是——打发时间。

于是，历史上的一些荒诞故事，开始上演了。

裸游馆

中平三年（公元186年），汉灵帝在西园建造了上千间裸游馆，经常与宫女在裸游馆饮酒作乐，还往往玩通宵，兴致一来，就和宫女一起洗鸳鸯浴，总之在里边醉生梦死、声色犬马，他曾经感叹说：

"假如一万年都如此，那就是天上的神仙呀！"

可惜他做不了神仙，三十四岁，就挂了，英年早逝。

他命人把西域进献的茵犀香，煮汤给宫女沐浴，沐浴后便倒入河渠中，取名"流香渠"。

这样玩还不过瘾，他又命人在后宫建了一个市场，街市、商店、摊贩，一应俱全。为了制造繁荣景象，他让宫女嫔妃假扮成顾客商人，在市场内讨价还价，甚至里面还有卖唱的、耍猴的，怎么开心就怎么来，而汉灵帝乐在其中，连宝贝被偷都不知道。

为了更有情调，他又特制了一辆驴车，自己亲自驾驶，时不时在上林苑转悠，好不得意。

上有所好，下必甚焉。一时间，京城上下竞相效仿，都赶起了驴车。

除了爱驴，他还爱狗，甚至让狗带上官员的帽子和绶带，借以羞辱大臣。更离谱的是，为了临幸方便，他居然下令，宫里的宫女和嫔妃，都必须穿开裆裤。

汉灵帝施政无道，却生财有方，为了捞钱，他创造性地开设了卖官交易所，在西园公开卖官，明码标价，两千石两千万，四百石四百万，并且还有内部价。

当官都可以花钱买，成了一门生意，花了钱，自然要有回报。这些官老爷一上任，就张开血盆大嘴，残酷地搜刮民脂民膏，于是，欺压百姓、作恶多端的狗官四处乱窜，人民怨声载道，苦不堪言。

有压迫，就有反抗，社会矛盾日益激化，东汉王朝，处在风雨飘摇之中。

皇帝如此，掌权的太监，自然不甘落后。这伙人妖，不但制造了第二次"党锢之祸"，而且巧夺豪取、无恶不作。

没有制约的权力，必然导致腐败，腐败的结果，就是社会不公，不公的结果，就是陷入动荡，其后，就是闹革命、爆发起义了。

汉灵帝的胡为与死太监的贪婪，直接引发了东汉末年的黄巾军大起义，这场变乱，改变了许多人的命运，曹操，便是其中之一。

而这场起义，是在曹操踏上仕途的九年后，乱世出英雄，他将用自己的行动来证明，我曹操当之无愧。

二十岁就能混官场，还有一个不得不说的秘密——家世。

曹操出身宦官家庭，也就是太监的后代，这简直是骇人听闻，但在那时候，这是一件很正常的事情。

史书上说起曹操的家世，往往都要东拉西扯，扯上什么黄帝、舜帝、周文王，恨不得和孙悟空都扯上关系，这里就不多说了，只说他的爷爷和老爸。

曹操的爷爷名叫曹腾，小时候家里穷，净身进宫当了小太监，凭借自己的聪明才智，成为太子的读书伴郎，后来太子继位，是为汉顺帝。由此曹腾也开始飞黄腾达，成为皇帝的贴身秘书中常侍，后顺帝死，两岁的冲帝与八岁的质帝先后即位，又先后被大权在握的大将军梁冀害死。其后，梁冀又拥立蠡（音 li）吾侯刘志为帝，但遭到大臣的反对，他们推出了自己的人选——年长有德的清河王刘蒜。

在关键时刻，曹腾出马了，他夜访梁冀，讲明利害，促使梁冀坚定了拥立刘志的决心，于是，历史上臭名昭著的汉桓帝诞生了。

家世显赫

论功行赏，曹腾被封为费亭侯，升任大长秋（注意，不是大长今），成为宦官首领，专门负责传达皇后懿旨，主持宫中事务。

曹腾迈向了事业的顶峰，他的成功，给自己的家族，带来了无可想象的荣耀和利益。

相比其他一些死太监，曹腾算是个好太监，他是其中的另类，为人低调，人缘也好，还喜欢做伯乐，奖掖贤能，虞放、边韶、延固、张温、张奂这些人，都是经过他的推荐位列公卿；并且，他还有个优点：待人宽厚。

有一次，益州刺史种暠将了他一军，因为蜀郡太守想巴结他，打算行贿，不幸意外发生，在函谷关，被种暠给扣了，人赃俱获。

种暠上表弹劾曹腾，请求皇帝治罪，虽然后来皇帝保了曹腾，但这个过节，一般人是难以释怀的。

可曹腾不记仇，相反，还经常称赞种暠有才，后来种暠做了司徒，都还记得他的好处，居然感叹：

"今天做到三公，都是曹公公的恩典啊！"

退一步，海阔天空。

可以说，曹腾是个人精，在朝中游刃有余，历事安帝、顺帝、冲帝、质帝、桓帝五个皇帝，时间长达三十余年，依然地位显赫，可见是个老谋深算的政坛不倒翁。

正因为不简单，所以范晔的《后汉书》，还专门给他立了一个传。而他，也成为中国历史上唯一一个被追认为皇帝的太监[①]。

曹腾一个太监，怎么会有儿子？其实这也是中国特色，东汉阳嘉四年（公元135年），汉顺帝下诏，正式允许太监收养子，并可世袭封爵。从此以

---

① 《通典》第四十七卷："明帝太和三年，又追尊高祖大长秋曰高皇，夫人吴氏曰高皇后，并在邺庙。"

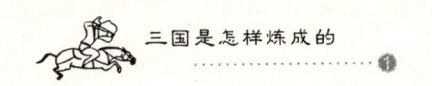

后，太监收养儿子，名正言顺，也成为一个成例沿袭下来，直至明清两代。

曹腾这么大能量，自然也要有个儿子来继承，他收养的这个儿子，名叫曹嵩，他就是曹操的老爸。

曹嵩不同于曹腾，没那么会折腾，也不同于曹操，没那么会操蛋，他是个老实人，性情质朴、宅心仁厚，一生当中，就干了一件大事——花一个亿，买了个太尉来当。①

正因为胆小怕事，后来曹操起兵，他既不支持，也不反对，更不肯一起干，只是带着小儿子躲起来，不料飞来横祸，被人盯上了，落了个非正常死亡的悲惨结局。

能参与皇帝废立，能出一个亿买官，说明曹家在当时是个特有钱有势的大家族，事实也的确如此，曹腾的弟弟曹褒，官至颍川太守；侄儿曹鼎，官至尚书令；侄儿曹炽，官至长水校尉、侍中。至于钱，不说曹操家（出手就一个亿），单说曹操的堂弟曹洪，家里的钱就比曹操家还多，"家盈产业，骏马成群"，家兵都养了一千多。

曹家在当时，可以说是一个大族，社会关系盘根错节，形成了一股很大的势力。

有这样的政治地位和经济实力，曹操只要不是傻子，想不当官都难。

既然曹嵩是养子，那么，他的亲生父母是谁呢？

---

① 《后汉书·曹腾传》记载："嵩灵帝时货赂中官及输西园钱一亿万，故位至太尉。"

第二章　铲除腐败

这给好武、熟读兵法的曹操，提供了施展才华的舞台，乱世出英雄，他已经做好了一切准备。

机会，往往只会等待有准备的人。

五色棒

这个问题，引来诸多历史学家的好奇，撰写论文无数，而按照《曹瞒传》的记载，曹嵩是夏侯惇的叔叔，也就是说，曹操与夏侯氏，才是血亲。

对于这个历史难题，《三国志》和《资治通鉴》也没弄明白，所以只好存疑，说是"莫能审其生出本末"，也就是说，哪儿来的，真不知道。

其实，英雄不问出处，我们没必要打破沙锅问到底，难道如《魏书》所言，曹操先祖出自黄帝；或是如陈琳所言，曹嵩是叫花子养的，这样就能对曹操下定论吗？显然不能，出身论，是应该被我们彻底摒弃的。

因为，人生而平等，这是天赋人权，也是最起码的尊严。

宦官的家世，对于曹操而言，是一大利好，也是一大利空，一来起跑线不一样，二来宦官被人歧视。

当时的清议士大夫，自比清流，而宦官外戚被他们鄙视，称之为浊流，故而谁和太监扯上关系，名声一般都不太好。

但不管如何，曹操出生在这样有权有势的家庭，集官二代、富二代于一身，对他以后的人生道路，是有着显著加分的，至少他当官，比一般的平民子弟要容易得多。

曹操二十岁举孝廉，被任命为郎中，正式进入官场，随后出任洛阳北部尉，专门负责维护社会治安。

尉，县令的副手，当时大县配两人，小县一人，而洛阳，帝国的首都，京畿重地，自然要多配。据《汉旧仪》与《唐六典》记载，洛阳配了四个，分别是东西南北四尉，而曹操即将走马上任的，就是其中的北部尉。

这个差事，是司马懿的老爸司马防推荐的，而曹操志不在此，他想当洛阳令，可事与愿违，主事的选部尚书梁鹄不准，只给了他一个"警察局长"。

这件事，曹操耿耿于怀，四十多年后，他封魏王，还特地把司马防老爷子请来，一边喝酒，一边开玩笑，说我现在还可以再去做尉吗？

这明显是调侃司马防当年没眼光，司马防虽然有点老，但不糊涂，居然还趁机幽了一默，说过去我推举大王时，正适合做局长啊！

曹操听后，哈哈大笑。

而这个梁鹄，当上组织部长，得益于他的一手好字，后来，他投靠荆州牧刘表，在曹操攻占荆州时，投降了。

曹操很欣赏他的书法，任命他为军假司马，从此，善写大字的梁鹄，又有了用武之地。

洛阳北部尉，曹操仕途的第一站，虽然是苦差事，但他很看重，他想有一番作为，他要在这里，尽情施展自己的才华。

一个热血青年，带着崇高的理想，走向了全新的工作岗位，等待他的，是严峻的治安形势，是怎样成为一名优秀的"警察局长"。

他做的第一件事，就是打黑除恶。

曹操满怀信心地向前方走去。

新官上任，果然雷厉风行，他先把官署的四个大门装饰一新，又造了许多五色棒①，分别悬挂在大门两侧，左右各十余枚；同时张贴告示，凡是违反禁令的，不论平民百姓还是权贵豪强，一视同仁，全部用五色棒打死。

来狠的，想必没人敢跳了，错！就有人敢往枪口上撞。

罢官

几个月后的一个晚上，在曹操的辖区内，有人若无其事地在瞎晃悠，抓起来！因为在古代，一般都有宵禁的规定，就是说晚上是不允许出门的，既然犯在老子手上，就由不得你了。

曹操逮住这个倒霉蛋，一顿暴打，把他打死了。

这一打，就打出了名。

因为被打的人，很有背景——皇帝身边的大红人、小黄门蹇（音jiǎn）硕②的叔叔，把他杀了，这不是太岁头上动土么？

曹操不怕，他要的就是这效果，管你什么背景，管你什么人，只要违法，照扁！

曹操以他的果敢和勇气，不畏强权、铁面无私，开始向特权阶层开刀了。

此事轰动京城，从此，再没人敢乱来了，而曹操，也由此树立了自己的威名。

秉公执法，就是要这样，不管牵涉到什么人，不管职位有多高，权力有多大，一律追查到底，绝不姑息。

打了蹇硕的叔叔，等于得罪了宦官集团，可曹操是有言在先的，所以

---

① 一种木制的棍棒刑具，上涂代表五域四方的青、黄、黑、白、赤五种颜色。
② 蹇硕健壮而有武略，中平五年（公元188年）为上军校尉，掌控兵权，后汉灵帝死，将宠爱的刘协托付给他，可见信任之深。

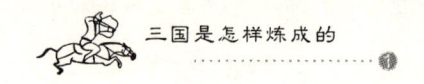

他们也只能哑巴吃黄连。

既然不能报复,那就想办法收拾你,惹不起,还躲不起吗?

蹇硕这伙人,发挥阴人的特长,暗中活动,想出了一个以退为进的高招,反过来夸赞曹操,说这么有才的好同志,应该升官啊!于是,有关部门听从了他们的"美意",将曹操调往顿丘,担任顿丘令。

明升暗降,可以说,是把曹操赶出了洛阳,他带着遗憾走了,在洛阳,他只干了三年。

京官难做,果然不假。

虽然有这些伤心事,但曹操对自己的表现还是比较满意的,四十多年后,已经做了魏王的他,途经洛阳时,还特地吩咐有关部门,将自己使用过的办公室修葺一番。

可见,用五色棒杀人立威,他一直很自得,四十多年了,他依然记在心上。

在顿丘令任上,具体做了什么事,史书没记载,但时间不长是肯定的。

可谁也未曾料到,一场政治风暴突然袭来,曹操只能罢官,回家种红薯了。

这是一起冤案。

汉灵帝听信太监谗言,废黜无辜的皇后,并牵连到她的亲属悉数被诛,而曹操的堂妹夫宋奇,就是宋皇后的兄弟。古代有连坐的规矩,就是说你遵纪守法,可与你有关系的人犯了事,照样跑不掉,一起倒霉。

曹操当然跑不掉,只好下岗,带着伤心、失望与无奈,回家了,回到了老家谯县。

还是家好,那里才有温暖,那里才是自己的港湾。

柴门闻犬吠,风雪夜归人。

在老家,他一待就是数年,具体有什么光辉业绩,没记载,但有一点是值得称道的——他娶了个媳妇,准确地说,是纳了个妾。

曹操有妻丁氏,但一直没生孩子,于是就在这期间,他娶了个小老婆,琅邪开阳二十岁的卞氏。

卞氏本来是个卖唱的,地位不高,但贤淑明慧、见识不凡,曹操一眼就看上了，卞氏后来为他生了好几个儿子，个个都是牛人。

只是此时的曹操想不到的是，自己的原配丁夫人，最后，却成为自己一辈子的痛。

鸣冤

在家赋闲，曹操没整天玩，而是加强学习、博览群书。知识改变命运，他始终坚信这点，所以他能做到——活到老，学到老。

之所以这么做，在于他心中依然坚持自己的理想，侠之大者，为国为民。

光和三年（公元180年）六月，汉灵帝下诏，令公卿举荐有学问的人充任议郎。

曹操被选中了，因为他通晓古文经学。

议郎，其实就是皇帝的秘书，随时听候差遣，还有议政的权力。

一个渴望干一番事业的人，一个不甘寂寞的人，一个有着强烈进取心的人，是闲不住的，刚刚走上议郎岗位的曹操，又开始埋头苦干了。

这次不是制造五颜六色的五色棒，而是写文章。

他做了两件事，第一件事，写文章，第二件事，还是写文章，只是这两者的区别在于：前者是申冤，后者是骂人。

第一件事，上书为大将军窦武、太傅陈蕃鸣冤。

依靠外戚上台的汉灵帝，即位不久，就因为剧烈的权力斗争，大太监曹节与王甫发动政变，害死共掌朝政的大将军窦武与太傅陈蕃。

窦武虽然是外戚，但与陈蕃一样，都是著名党人，深受天下士子爱戴，因此成为宦官的眼中钉，干掉他们后，这帮死太监掌控朝政，汉灵帝只有当木偶的份了。

曹操上书为他们鸣冤，再次表明了他反对宦官专权的坚定立场，不单为历史翻案，更是针砭时弊。因为此时的东汉王朝，已是危机四伏，如果

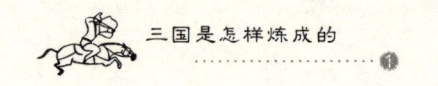

再禁锢要求革新的党人，国家何去何从，难以预料。

曹操言辞切切，满怀希望，等来的，却是汉灵帝的漠视。

情系社稷安危，却不能用，他是苦闷的，幸亏还有祖上的余荫罩着，不然，也只能步陈蕃的后尘了（狱中害死）。

世事无奈，是被动接受，还是主动出击，全在乎你一念之间。

曹操没有放弃，始终没有放弃，不久，他又抓住一个契机，开始骂人了。

光和三年（公元 180 年），汉灵帝下诏，令三公检举各地危害百姓的贪官污吏。可是，歪嘴和尚念歪经，太尉许馘（音 yù），司空张济，借此贪赃枉法，大捞好处。

如此一来，民愤极大的一些狗官个个逍遥法外，而二十六名边远小郡的清廉官吏却惨遭查处，当了替罪羊。

黑白颠倒。

黄巾军

司徒陈耽，不与贪腐同流，他挺身而出，上表切谏，要求灵帝严查，汉灵帝本来就是个昏君，是非不分，不理，相反还罢了他的官。

一项正义的事业，有人失败了，必定还会有人接着干。

曹操看不下去了，愤而上书，痛骂这些贪官，要求严惩。

恰逢这一年，国内灾害频发，发了旱灾，又来瘟疫，居然连太后住的永乐宫都遭火灾了。

汉灵帝惶恐不安，他是迷信的人，下诏询问得失。就是趁着这个机会，曹操不顾个人安危，不顾人微言轻，毅然上表，痛斥三公徇私枉法、中饱私囊。

这次，汉灵帝良心发现，为错判的官员平反，口头警告了许馘、张济两人。

可是事实的残酷，彻底浇醒了满腔热血的曹操。不久，一向与死太监狼狈为奸的许馘和张济，即行反扑。不久，陈耽冤死狱中。

这一次，又因为爷爷和老爸的关系，曹操逃过一劫，可从此以后，他看到世风日下，认清了朝廷已经烂透，政治腐败已到无可救药的地步。

与其多管闲事，不如回家吃饭。

从此以后，曹操不问时事，也不再献言了——关我鸟事，我是出来打酱油的。

就在曹操蛰伏的时候，有人掀起了滔天巨浪，一道"苍天已死，黄天当立。岁在甲子，天下大吉"的号令，响彻整个帝国的角落。

这是一个剧烈动荡的发端。

平地一声雷，中平元年（公元184年）二月，黄巾大起义正式爆发！十日内便天下响应，京师震动。

这给好武、熟读兵法的曹操，提供了施展才华的舞台，乱世出英雄，他已经做好了一切准备。

机会，往往只会等待有准备的人。

黄巾军规模巨大，众数十万，到处攻城略地，焚烧官府，而且他们的目标很明确——推翻政府。

这下汉灵帝慌了，为了镇压黄巾军，采取了几项措施：任命大舅子何进为大将军，镇守京师；将国库的钱与西园的马拿出来，犒赏军队；全国总动员，解除党禁，起用党人，发天下精兵，进剿黄巾。

当时的黄巾军主力，主要集中在三个地方：

一、冀州，由张角兄弟直接指挥。

二、颍川，由波才指挥。

三、南阳，由张曼成指挥。

汉灵帝以卢植为北中郎将，征讨冀州黄巾；以皇甫嵩为左中郎将，与右中郎将朱俊一起，共四万余人，共讨颍川黄巾。

就在这个时候，曹操登场了。

他三十岁，刚好而立之年，被授予两千石的骑都尉，一同围剿波才。

这是他人生道路上的一个重要转折，首次被授以军职，戎马生涯，就此开始。

他将面临太多的困难与挑战,但从这一刻开始,他将用自己的勇气和智慧,直面人生。为国为民的理想,时刻激励着他,他将为之而努力奋斗。

打仗并不顺利,黄巾军作战顽强,居然屡次打败朝廷正规军,皇甫嵩和朱俊,被围困在孤城长社。

似乎已无悬念。

然而天有不测风云,天上刮风了,帮了皇甫嵩的大忙。

向腐败宣战

由于黄巾军只是一支临时武装,作战经验严重匮乏,包围长社的军队,居然依草结营,这让皇甫嵩钻了大空子。

在一个刮风的夜晚,皇甫嵩采用火攻战术,放火突袭,黄巾军疏于戒备,自乱阵脚。

就在这个关键时刻,曹操赶到了,带兵与皇甫嵩、朱俊协同作战,里外痛击,大破颍川黄巾,斩首数万级。

颍川黄巾溃败,保住了京师洛阳,对全局的影响十分巨大。从此,形势发生逆转,各地黄巾接连失利。

虽然初期取得了一些胜利,但黄巾军各自为战,缺乏经验,主力被各个击破,余部继续坚持战斗。

曹操此后,多次与黄巾军作战,后因功受赏,提拔为济南相;而同样依靠镇压黄巾军起家的刘备,也因立有军功,做了中山安喜尉,他比曹操,小了六岁。

汉朝的行政架构,实行郡国制,郡直属中央,国则是分封给诸侯王的领地,两者都是地方最高行政单位。后来汉景帝规定,诸侯王只能吃赋税,没有行政权力,行政长官由皇帝直接任命,这样,国相也就相当于郡太守了。

济南国，在今天山东省境内，下辖十余县，当时的藩王是河间安王刘利的儿子刘康。

曹操来到济南，看到的是贪污腐化成风，看到的是当官的仗势欺人、鱼肉百姓，看到的是他们相互勾结，交通朝廷宦官贵戚，人民敢怒不敢言。

民众过的是如此非人的生活，曹操愤怒了，他要采取铁腕政策，继续打黑除恶，铲除腐败。

对待腐败官员，曹操毫不留情，既然没用，那就滚吧！他一上任，一鼓作气干掉80％，不管是谁，一律罢免。

这是个爆炸新闻，前几任国相，因为担心得罪人，不敢动，曹操一到，立马就动手，一律撤职查办。

第一把火，就烧了这个毒瘤，歪风邪气一扫而空，平日一些黑恶分子，都受到了强烈的心灵震撼，纷纷逃往外地，境内一时间安安静静，治安形势大为好转。

吏治，社会综合治理的关键所在。

如果官没管好，其他，也就都管不好了。

这是什么精神？这是真正为人民服务的精神——疾恶如仇，雷厉风行。

当时的济南，还有一项陋习，简单地说，就是死人风光，活人受罪。

刘邦的孙子刘章，平诸吕有功，被封为城阳景王，辖区靠近济南国。两年后，刘章死了，他的后代为了纪念他，便在国境内大肆修建祀庙，以立庙祭祀。

由于汉朝政局剧烈动荡，皇室危难，于是祭祀刘章，逐渐演变成拥护皇室的一个习俗。西汉末年，赤眉军一部还拥立刘章的后裔刘盆子为帝，经过一系列的包装，刘章变成神了。到了东汉以后，青州民间对刘章的崇拜更是达到极盛，祀庙越建越多，如雨后春笋，仅济南一地，就有六百多座。

建房子，如果是解决老百姓的住房问题，还值得表扬，可是仅仅为了一个死人，如此大兴土木，那就过了。更离谱的是，当地的富甲豪强，往往借着这个由头，奢侈浪费、骗取钱财，老百姓深受其害。

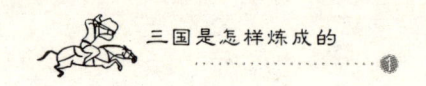

隐居

前几任国相也都是视而不见，曹操一来，立马采取行动——直接拆房子，把这些害人的祀庙统统拆掉，并且严禁再搞类似的迷信活动。

禁令一下，济南境内的"淫祀"现象，一时间销声匿迹。

除此以外，曹操还进行较为公平的选举，以民主的方式选用官吏，在他的精心治理下，济南国政治清明。

风风火火干了几件大事，支持的多，反对的少。支持的，多是普通百姓；反对的，多是利益集团，这伙人能量巨大，玩阴使诈、栽赃陷害是拿手好戏，说不定哪天，被他们打了黑枪都不知道。

对于这点，曹操是有清醒认识的，他不是一个无谓献身的人。

保护自己，才能彻底击败敌人。

在济南所做的一切，他并不后悔，但他后怕，毕竟地方豪强是地头蛇，整死你，还是有办法的。

与其提心吊胆，不如回家享清福，曹操有了隐居的打算。

他不是鲁莽行事，而是先试探一下朝廷的态度。曹操主动上书，要求辞去济南相，去中央担任宫廷宿卫。对于这点，贵戚与宦官当然不同意，就是要让你远离京城，咱们才能过上幸福日子。

朝廷决定，让曹操去东郡当太守，曹操不去，托疾不就。既然不做太守，那就干老本行吧，朝廷又抛出一个议郎的闲差，曹操早已打定主意了，做什么议郎？逗你玩儿！

他再次称疾不就，回到了谯县老家。

终于又回到了阔别已久的家乡。

家乡的山水，依旧是那么美。

这是他第二次回家隐居，主要原因是为了保护家人，还有个不好说的理由——沽名钓誉。因为当时隐居是一大时尚，人们觉得，隐居是清高而有才的人才干的事，这样做，可以抬高身价。

为了避祸，为了充实自己，曹操激流隐退，远离官场，专心学习。他要把自己锻炼成一个文武双全的人，为了这一目标，他一直在努力。

暂时的收手，只为以后的出拳更有力量。

曹操回家，在城外盖了一所房子，秋夏之际，就读书学习，冬春之际，就射猎娱乐。"以泥水自蔽①，绝宾客往来"是他的理想，可是这样的愿望却不能实现。当然，他也未必就想做个隐士，待在乡下，除了打野兔，也只是韬光养晦而已，他时刻关心天下大事。

时局正在急剧变化，黄巾军主力被镇压后，金城人边章、韩遂起兵反叛，朝廷屡次围剿均无功而返。其后，韩遂杀边章等人，声势愈来愈大，手上拥兵十余万，加之不时有地方实权派人物反叛，叛军把东汉帝国，搅了个底朝天。

为了平叛，朝廷又想起了曹操，于是任命他为都尉，从此，他成为一名仅次于将军的军官了。

有了兵权，就有人惦记。

终于有人找上门来了，不是送钱，而是要他一起谋反。

---

① 意指住在简陋的房子里，而不是有人说的躲进泥水里。

第三章 千古疑案

就这样，曹操又躲过一劫，继续东行。

生活就是这样，无时无刻不在经历着艰难困苦，我们只能坦然去面对，想办法怎样去战胜困难。

典军校尉

中平五年（公元188年）六月，冀州刺史王芬，与许攸、周旌等人合谋，准备诛杀汉灵帝，改立合肥侯为帝。

他们想到了曹操，想拉他入伙。

曹操拒绝了。

原因很简单，谋反不是儿戏——曹操不但拒绝，还劝王芬悬崖勒马，说时机不成熟，别瞎折腾了。

王芬不听，结果阴谋败露，畏罪自杀。

一次十分搞笑的政变闹剧，就这样结束了，而此事给曹操带来的影响，就是他始终记住了一点：皇帝，不可轻言废立。

这个思想，终其一生。

三个月后，曹操成为汉灵帝刚刚成立的"西园八校尉"之一的典军校尉，排名第四。排名第一的，是小黄门蹇硕，为上军校尉；排名第二的，是儿时的好伙伴袁绍，为中军校尉。

昔日的仇人与玩伴，又凑到一块了。人生就是这么奇异，时分时合，你不知道明天是否在天桥上，又忽然碰到你的初恋情人。

这么短时间就能升这么大的官，什么原因，史书没记载，而恰好在这之前的四月份，曹操的老爸，被免去花钱买来的太尉一职，强大的政治靠山也瞬间崩塌。

莫非汉灵帝突然喜欢上了曹操？原因不明，但我猜想，很有可能，是曹操立了功，让汉灵帝引为心腹。

我认真排了一下史料，发现这段时间有机会立功的，只有王芬的谋反事件，所以我大胆判断，王芬东窗事发，就是曹操告密的结果。

真相具体如何，难以考证，只是从逻辑上分析，以及曹操的性格来判断，得出这个结论，是可信的。

当然，告密就并非全是为人所不齿，相反，在那时候，以这种方式救了皇帝一命，是天大的功劳。

当上典军校尉还不到一年，朝廷就出事了，大事——汉灵帝挂了。

汉灵帝一死，政局变得不可收拾，这缘于他的懦弱，还有自私。

除了玩，汉灵帝一直有块心病：立谁为太子？这是个至关重要的问题，关系到许多人的荣华富贵，弄不好就要人头落地。

他有两个儿子，一个是何皇后生的，叫刘辩；另一个是王美人生的，叫刘协。

因为王美人得宠，何皇后便把她毒死了，这给汉灵帝带来巨大的心理伤害。王美人是他最心爱的女人，如今死在自己另一个老婆手里，情何以堪？

他要废了皇后，结果宦官求情，作罢，只是从此以后，他对皇后，也没有多少兴趣了。

他很喜欢王美人生的这个儿子，想立他为太子，可刘协不是嫡子，群

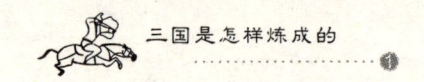

臣反对，要求立刘辩。

他没有答应。

他拿不定主意，到死那一刻，还拿不定主意。

他无计可施，只好将刘辩托付给握有兵权的大太监蹇硕，意思很明显——完成我的遗愿。

可是蹇硕不争气，也没练就什么葵花宝典，被大将军何进抢先动手，不但命没了，还白白辜负了汉灵帝的殷切期望。

何进把外甥推上皇帝宝座，外戚又开始当权，这让一直掌权的公公们不自在了。

干掉不一条心的太皇太后后，何进准备拿太监开刀。

宁我负人，毋人负我

在袁绍的鼓动下，何进要立即下手屠灭宦官，可何皇后不答应。

没办法，何进只好又听从袁绍的馊主意，引进外援，召大老粗并州牧董卓等人进京吓人，逼迫太后就范。

只是他没想到，这一念之差，害惨了自己，也害惨了朝廷，更害惨了无数的百姓，因为，这是引狼入室——董卓，是一条凶残的恶狼。

在董卓还在路上的时候，何进就被先下手为强的太监杀死，宦官张让等人发动政变，本以为又能再次得手，只是这次，他们没能笑到最后。

因为，袁绍出现了。

袁绍带着小老弟袁术等人，不顾一切地杀进宫去，烧了东宫烧西宫，见到太监就杀，顿时血流成河，太监这伙人妖，终于来了个彻底解决。而长期困扰东汉的外戚、宦官轮流专权的顽疾，也就此灰飞烟灭。

可是螳螂捕蝉，黄雀在后，在一旁蹲守猎物的董卓，成为最后的赢家，他以武力挟持皇帝，进入洛阳。

从此，洛阳变成了人间炼狱。

而东汉王朝，也即将进入一个军阀混战时期，名存而实亡。

刚开始，董卓还是想好的，在摆平所有的反对派后，他想废立皇帝。这是一个高难度动作，一般人想都不敢想，他做到了，用他的暴力与欺骗。

董卓想拉拢别人，不去还不行，比如大文学家蔡邕，开始不答应，董卓说，你不来，我就杀你全家。

蔡邕只好违心应允，曹操自然也幸运"中奖"。

董卓表荐曹操为骁骑校尉，想请他出来展示才能、共议大事，曹操拒绝了。

他心里很明白，董卓这样头脑简单的武夫，难成大事，与其在他羽翼下苟且偷生，还不如去开创自己的新天地。

曹操没有出山，而是出走。

与董卓决裂，需要相当的勇气，毕竟此时的他，掌控国家大权，但曹操义无反顾，他认定的事情，就一定要做到。坚定的信念，无畏的勇气，无时无刻不在鞭策着他！他奋力迈向前方，即使有荆棘，有曲折，还有未知的困难，但只要认准了，他就会勇往直前、无怨无悔。

为了摆脱董卓的追捕，曹操改名换姓，走小路准备逃回老家，不想在半路上，遇到了麻烦，差点连小命都丢了。

据史料记载，曹操带着几个人，骑马路过成皋时，去拜访老朋友吕伯奢，命案就此发生。

对于此事，有三个版本，分别记载于《魏书》、《魏晋世语》、《杂记》。

《魏书》的版本是，吕伯奢不在，他儿子伙同朋友，企图抢劫曹操，结果被曹操杀死数人。

这是自卫。

《魏晋世语》的版本是，吕伯奢不在，他五个儿子热情款待曹操，可曹操不识好歹，居然怀疑他们有企图，于是抢先下手，斩杀八人而去。

这是故意杀人。

《杂记》的版本，与《魏晋世语》大致相同，只是补充了两个作案细节：

一、曹操听到吕家兄弟在收拾锅碗瓢盆，食器碰撞发出声响，误以为

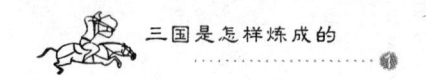

是兵器碰撞的声音，于是杀人。

二、当他发现自己错杀之后，痛心疾首道："宁我负人，毋人负我！"

这是误杀。

那么，怎么评价曹操的这一举动呢？

勇气

我觉得，一则说明曹操心狠、多疑，二则说明曹操在逃亡路上的处境十分危险，不得已而为之。

这个意外，很有名，因为《三国演义》把它改编成了绘声绘色的故事，情节大致如下：

曹操与救他的陈宫，到吕伯奢家投宿，吕伯奢热烈欢迎，随后骑驴去西村沽酒买菜。少顷，从后屋传来磨刀的声音，曹操误以为要杀自己，于是冲进去，连杀八人，杀人后，却在厨房里发现一头绑着待宰的猪，这才知道枉杀了好人。逃离现场后，在村外，他与陈宫又碰到刚好买菜回来的吕伯奢，曹操将错就错，不但不道歉，反而将吕伯奢砍死，还振振有词地宣称：

"宁教我负天下人，休教天下人负我！"

这样一来，曹操就成了杀人不眨眼的恶魔，而他说的这句话，也成为阴险狡诈的罪证。

可惜，这不是历史。

我所要说的，并非赞同曹操杀人，相反，我谴责这种不人道的行为。可他在那种随时都有可能被缉捕的境况下，精神高度紧张，做出一些过激行为，也是可以理解的；并且事后他也很后悔，虽然强词夺理，给自己安慰，但明显可以看出，这纯属误杀，他十分内疚。

另外，曹操说的这句话，被罗贯中略加修改，意思就彻底变了。本来曹操这么说，只是针对吕伯奢的家人，而罗贯中只添加了"天下"二字，就把曹操完全放到大众的对立面去了，这是很不公平的。当然，小说允许虚构，要强化曹操的性格，这样改也无可厚非。

只是对于这件事，我始终觉得，曹操很被动，也很不幸。

经历了这起意外之后，曹操继续东行，令他万万没想到的是，更大的危险，正在前方等着他。

在过中牟县时，他被抓了。

因为杀了人，心里紧张，难免行色匆匆，这引起了一个亭长①的怀疑，以为他是逃犯（本来就是），便将他抓了起来。

曹操被押至县府拷问，当时，通缉令已下发到了县衙，该县主管文书的功曹，一眼就认出，这人就是通缉令上的曹操。

看来，曹操必死无疑。

碰巧的是，这个功曹，还是个正义人士，或许他也看不惯董卓的暴戾，居然没有想把他送去京城邀功，而是为他求情，请县太爷放了他。

天无绝人之路。

就这样，曹操又躲过一劫，继续东行。

生活就是这样，无时无刻不在经历着艰难困苦，我们只能坦然去面对，想办法怎样去战胜困难。

曹操继续前进，他没有往老家谯县赶，而是在陈留（今开封境）停了下来，两个原因：

一、陈留是个好地方，位置好，要举大事，西取洛阳，比谯县不知好多少倍。

二、陈留有朋友，陈留的名士卫兹，愿意出钱帮他；陈留太守张邈，是他小时候的朋友，此时也正在酝酿起兵，刚好一起混。另外，陈留隶属兖州，而兖州刺史刘岱，也是董卓的死对头，外部条件好。

侠之大者，为国为民。

在这里，曹操散尽家财，在众人的帮助下，毅然举起了讨伐董卓的

---

① 亭长，秦汉时每十里一亭，置亭长，主要掌管治安警卫等事，刘邦在未发迹前就曾担任过亭长。

义旗。

大丈夫志在四方,不一定要回家乡。

陈留,即将成为他起兵的地方,他不再仓皇逃命,而是停下来招兵买马,准备与董卓决一死战。

他首倡义兵,为天下表率,他是无畏的。我看到了,看到了他非凡的气魄和胆识,以及他的勇气和决心。

道之所在,虽千万人,吾往矣。

第四章　陈留起兵

失败了不要紧，只要还有梦想，还有勇气和决心，还有全力以赴的信念和无尽的智慧，成功，就一定在前方等着你。

曹操，再次昂首挺胸，向前方走去。

举兵

起兵造反，不是请客吃饭，曹操做了充分准备，除了散尽家财、招兵买马外，甚至还干起了手工艺活。

起兵前，他与工匠一起打造卑手刀（一种军用短刀，疑为匕首），干得正起劲的时候，前豫州刺史孙宾硕来了，大为奇怪：

"做大事，怎能跟工匠一起做刀？"

曹操没有不好意思，回答说："既能做小事，又能做大事，有什么不好呢？"

这就是真实的曹操，实干、注重细节，重视战前装备与后勤，这让他获益匪浅，在那个乱世中，这也是他崛起的一大原因。

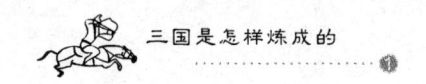

古今中外，凡成大事者，无不从小事做起，一屋不扫，何以扫天下？

细节，往往决定成败。

曹操的这次行动，得到自己家族的鼎力支持，有一种说法，说他在陈留散的家财，就是他老爸留在陈留的产业，虽然未见史料，但很可信。

谯县老家的许多熟悉面孔，都赶来了，宗族、宾客、部曲，曹操只有感动，以兄弟夏侯惇、夏侯渊、曹仁、曹洪等人，分别为裨将、别部司马；以子侄曹休、曹真等人，分别统领警卫部队。

从此以后，他们跟随曹操，南征北战，转战四方，立下赫赫战功。

经过三个月的紧张准备，曹操合兵五千，在中平六年（公元189年）十二月这个寒冷的冬天，在陈留己吾，终于举起了反董卓的大旗。

他意气风发，誓必铲除逆贼，这一年，他三十五岁。

董卓在洛阳，好像土匪进了城，无法无天、胡作非为，纵容手下四处杀人抢劫，铲除异己，大肆制造恐怖气氛，人人自危。

他不但废了少帝刘辩，自立汉献帝刘协，还毒死太后和刘辩母子，一人独霸朝廷，飞扬跋扈，肆意妄为。

他不但滥杀富人，霸占财产，还公然发掘皇陵，盗取珍宝，真正做到了死人活人全不放过。

神憎鬼恶，人神共愤。

董卓成了社会公敌，为了除害虫，很多人都行动起来了。

曹操是最积极的一个，他不是一个人在战斗，到次年正月，函谷关以东各州郡，纷纷起兵讨伐董卓，名字太多，就不列了，总之都是些牛人，不是刺史，就是太守。

他们积极性很高，军队也多，十几万，分兵对洛阳进行包围，并推举"四世三公"的袁绍为盟主，准备把董卓给废了。

董卓害怕了，恐惧不安，为了躲避"关东军"的进攻，到二月份，他做出一个决定：

迁都。

迁都前，董卓下令，将洛阳一把火烧了，数百万人全部迁往长安。

这是一条死亡之路，看不到尽头，路旁，堆满了尸体，许多人一夜之间，就因为一个轻率的决定，死于非命，阴阳两隔。

而繁华秀丽的洛阳，帝国的首都，只有在熊熊烈火中默默地哭泣，化作一片废墟，自此，数百里无人烟。

我只能说，董卓，非人类。

看来了这么多军队，曹操很高兴，整死董老贼，还不是等于捏死一只蚂蚁？

可令他奇怪的是，这么多人，成天都在玩，根本不像来打仗的。

曹操失望了。

你不动，别人在动，长沙太守孙坚，带着无畏的勇气，率兵北上，一个人打进洛阳，打得躲在毕圭苑里享清福的董卓，也只能灰溜溜地逃往长安。

士为知己者死

到了长安，董卓照旧肆意妄为，宛若天子，不但建了郿坞，还杀了袁绍的叔父太傅袁隗（音 wěi）和兄弟太仆袁基等人，两家五十余口，转眼间灰飞烟灭。

生命对于董卓来说，只是蝼蚁。

就在这时候，袁绍已经进行了初步的军事部署，可是这一大群子人，还是在玩，这缘于两个原因：

一、怕，不敢与董卓正面交锋。

二、自私，都想浑水摸鱼，都想保存实力，谁也不想先动。

机会稍纵即逝，此时正是除害虫的最好时机，这么多人，不赶快行动，全在这里看热闹，像什么话？

曹操很着急，对袁绍他们说，再不打，就迟了。

可他等来的，依然是漠视，根本没人理会他的良苦用心。现在的他，还只是个小角色，人微言轻，没人把他放在心上，只当他好玩。

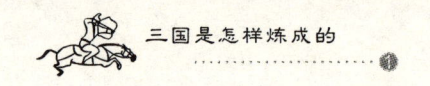

曹操知道了，这伙人，就是一群饭桶，与其靠他们，不如靠自己。

他有了新的打算，决定单独采取行动，你们不干，俺自己来。

他希望以此带动关东诸将，可是结局很郁闷，除了济北相鲍信兄弟积极响应外，其他人，全装作没看见，连儿时的朋友陈留太守张邈都不感兴趣，只派了一个卫兹来凑热闹。

此时的曹操，是愤怒的，但他不得不接受这样荒唐的结果，他豁出去了，率领自己为数不多的部众，从酸枣出发，向董卓的大本营方向前进。

他要向董卓发动进攻！

为了自己的理想，他义无反顾！

可是这一去，差点有去无回，死亡的恐惧，正在前方等待着他！

曹操踌躇满志，引兵向西，很快就到达荥阳汴水，在这里，与董卓大将徐荣撞上了。

双方开打，可是现实与理想，往往有太大的差距，曹操的新兵，根本不是久经沙场的徐荣的对手，徐荣的凉州骑兵，个个打仗不要命，经过一天激战，曹操大败。

这一战，不是一般的惨，而是相当的惨，曹操几乎全军覆没，不但鲍信负伤，还赔上了卫兹与鲍信弟弟鲍韬的命，两人英勇战死。

曹操自己也好不到哪里去，战斗中，他被乱箭射中，坐骑也受重伤倒地，敌人追得很紧，眼看就要抓活的了。

就在这万分危急的时刻，一个人出现了，将自己的战马让给他。

曹操一看，是堂兄弟曹洪，他坚决不同意，曹洪慨然道：

"天下可无洪，不可无君。"

曹操没话可说，在这一刻，亲情，已经超越了所有。

他跳上马，消失在夜色之中。

卫兹死了，为了曹操，死了，他倾其所有，甚至献出了自己宝贵的生命。他们之间，并没有多少交情，一开始，只是萍水相逢。

卫兹，字子许，颇有谋略，具大节，他是名士，也是富翁，当曹操来到陈留时，他就对人说：

"平天下者，必此人也。"

曹操也很看重他,多次登门拜访,与他共商大事。

卫兹表示,天下大乱,只能靠武力平定了,要起兵,现在就要开始。言毕,他拿出家财资助曹操,帮助他完成这一伟业。

为了曹操,他不求回报;为了曹操,他不惧生死;为了曹操,他无怨无悔。他把自己的热血,洒在了残酷的战场,他是令人敬佩的。

到底是一种什么心态,促使他这么做呢?

最合理的解释,源于一个古老的命题:士为知己者死。

为了你,我宁愿付出所有。

为了你,我宁愿放弃一切。

曹操狼狈地逃回酸枣,不但没有得到一丝安慰,相反,他所看到的,足以让人崩溃。

反叛

十多万盟军待在酸枣,成天饮酒聚会,不思进取,打董卓?自个玩去吧,咱要喝酒。

我在前线当炮灰,你在这里开 party,这公平吗?

曹操愤怒至极,痛骂道:

"我为各位感到羞耻啊!"

骂归骂,还是要办事,曹操又向各位大佬献上自己酝酿多时的破敌妙计,可张邈这些老油条,置若罔闻,依然喝他的酒,开他的 party,根本不当一回事。

曹操知道了,跟这帮饭桶说兵法,对牛弹琴。看来,要废掉董卓,光指望别人不行,还是要靠自己,可是自己现在这么惨,自身都难保,何去何从呢?

曹操极度失望,带着一颗破碎的心,领着夏侯惇和拼了老命跑出来的曹洪,南下扬州,去那里募兵。

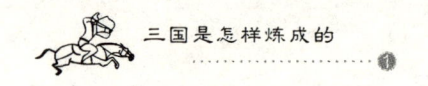

虽然本都赔光了,但他没有气馁,他要重整旗鼓,继续战斗。

失败了不要紧,只要还有梦想,还有勇气和决心,还有全力以赴的信念和无尽的智慧,成功,就一定在前方等着你。

曹操,再次昂首挺胸,向前方走去。

曹操走了,"关东军"还在喝酒,不过天天开酒会,不但没有增进友谊,反而滋生了许多矛盾,甚至直接导致一起血案的发生。

到了扬州,扬州刺史陈温、丹杨太守周昕,看在曹洪的份上(早有交情),很给面子,给了曹操四千新兵。

曹操很高兴,开开心心带着这批人马往回走,可是,高兴得太早——差点被人算计了。

当行进至龙亢时,这些新兵,大概不想离开家乡,突然反叛,趁着夜色发动兵变,放火烧了曹操的营帐。

大事不好,大事不好!老夫不但觉没睡好,窝都被烧了,情况十分危急。

曹操没有惊慌,他临危不乱,亲手执剑,斩杀数十人,其余人望风而逃。

好险!要不是老子有两下子,就死在这帮小兔崽子手上了。

曹操收拾残局,清点人数,跑了一大半,就只剩下五百多人了。

就在郁闷的时候,赶去老家的曹洪,正好带着一千多名家兵赶来,而后,他又在铚县、建平两地,招募到新兵千余人。

虽然没有达到预期目的,但至少也有点点起色了,曹操带着这三千人左右的军队,又上路了。

他没有再回酸枣,那里是个伤心地,他想起了老朋友袁绍,于是渡过黄河,想去投靠他。

曹操赶到河内,找到驻扎在那里的"武林盟主"袁绍,劝说他继续打董卓。

没想到此时的袁绍,变质了,当了老大,就忘了兄弟,对于曹操的正确意见,一概不理。

他有自己的算盘。

更雷人的是,在酸枣喝酒的盟军,终于喝出事来了,兖州刺史刘岱与东郡太守桥瑁,还没上阵,就自己先干起来了,最后,刘岱杀死桥瑁。

出了人命都没人理,这帮盟军兄弟,酒喝饱了,会开腻了,粮食也吃完了,于是各回各家,各找各妈,散了。

一场闹剧!

对于这些,盟主袁绍,也没能力制止,相反,他在策划大事——废立皇帝。

袁绍以汉献帝年幼,被董卓挟持不知死活为由,打算立年长的幽州牧刘虞为帝。

要改立皇帝,可没换衣服那么简单,曹操当即表示,这是瞎折腾。

威胁

得不到曹操的支持,袁绍又写信给自己的弟弟袁术,要他支持,可是袁术公子哥,早就想混水捞鱼自己当皇帝,他哪里会同意?

更搞笑的是,袁绍准备霸王硬上弓,派人给刘虞送来皇帝尊号,没想到刘虞还不领情,不但拒绝他的"好意",还说了一句很震撼的话:

"你们不要玷污我啊!"

袁绍他们还要用强,逼得刘虞跑匈奴的心都有了,没辙了,算了吧!

袁绍的美好计划泡汤,可由此也树立了一个敌人——曹操。

作为儿时的好伙伴,曹操并不想走到这一步,可是袁绍似乎不念旧情,屡屡做出一些雷死人不偿命的事情来。

在这期间,袁绍得到一块玉印,居然故意摆谱,向曹操炫耀。

曹操清楚他的意思,这玩意,只有皇帝才能拥有,这不是明摆着告诉他,拥立刘虞,其实也是居心叵测?

曹操大笑:"我不信你这一套。"

袁绍很不爽,见曹操这么不给面子,私下派人去见曹操,试图说服他。

来人也不讲客气，开口就说，现在袁公很强大，天下群英，谁能超过他？

意思很明了，不要不懂味。

曹操没有被吓倒，只是从此以后，他彻底明白了，昔日的好伙伴，为了一己私利，已经不顾一切了。

就是在这一刻，他有了消灭袁绍的想法，因为，袁绍将成为第二个董卓。

这也不是曹操一个人看出来了，明眼人都明白。

鲍信就是其中一个，他明确表示，袁绍将是董卓第二。

"关东军"散伙了，开始的雄心壮志，都变成了笑话；而在长安担惊受怕的董卓，终于可以安心睡觉了。

袁绍也不闲着，不但派人在背后捅孙坚的刀子，干着阴人的勾当，还逼死冀州牧韩馥，自己取而代之。其余牛人，也都是各自回到各自的地盘，各自发展各自的势力。

为了各自的利益，他们拥兵自重，割据一方，从此，东汉帝国进入军阀混战时期，大大小小数十个独立王国开始冒出来。这些军阀割据势力，为了扩大地盘，开始了残酷的"市场竞争"，你打我我打你，打起了群架，互相残杀。

旷日持久的兼并战争，害苦了老百姓，一幕幕惨剧不断上演，以至于后来，曹操回忆起这段历史时，依旧深感痛心。为此，他还特意写了一首《蒿里行》，揭示这样的深重灾难，诗中有云：

白骨露于野，千里无鸡鸣。

战争，只是野心家的游戏，普通百姓，往往成为最直接的受害者，他们是无辜的，可是古往今来，很多人都被莫名其妙地裹挟进去，家破人亡，因为野心家的贪婪，因为自己的被骗与天真。

这就是人类的悲哀。

在这样的乱世中，是被动接受，还是主动出击，是摆在每个人面前的

一道选择题,曹操选择了后者,他的想法很简单:

自己来结束这一切。

削平战乱、统一国家的志向和梦想,在远处开始召唤他,他下定决心,朝自己遥远的目标奔去,他开始了艰苦的努力。

千里之行,始于足下。面对这样一地鸡毛的局面,曹操也要考虑对策,梦想,要靠一点一滴的行动去实现。

他接受鲍信自立门户的建议,决定向黄河以南发展,积蓄力量,随时等待时局的变化。

他等来的,却是袁绍的命令。

围魏救赵

袁绍命令曹操抵挡黑山军的疯狂进攻,也是没办法,黑山军太猛了。

黄巾军大起义后,全国炸开了锅,各地的起义军风起云涌,多则两三万,少则六七千,这些山大王的名字也很搞笑,如雷公、黄龙、白雀、李大目、张牛角、褚飞燕等,其中犹以张牛角和褚飞燕最为出名。

后来张牛角战死,褚飞燕做老大,周围义军纷至沓来,部众至一百万,他们在太行山东麓的黑山一带活动,号黑山军;后来,黑山军投降朝廷,褚飞燕也官拜平难中郎将;再后来,他们卷入袁绍与公孙瓒的冀州争夺战,他们支持公孙瓒,与袁绍势不两立。

初平二年(公元191年)秋,黑山军于毒、白绕、眭固等部,率十余万众,攻击魏郡和东郡,把东郡太守王肱打得满地找牙,并且直接威胁冀州。

此时,数十万青州黄巾军,也正准备向河北方向运动,打算与黑山军会合。

形势愈来愈不利,袁绍不能坐以待毙,为了自己的安全,他想到了老朋友曹操。

他们之间虽然已有矛盾,但现在管不了那么多了,袁绍命令曹操进入东郡，大战黑山军。

曹操求之不得，率军开进东郡，首战，即在濮阳大败白绕部。

这一仗具体怎么打的，没记载，只是从此刻开始，曹操不再四处漂泊了，他有了自己的根据地，不再寄人篱下。

袁绍也很高兴，为了拉拢老朋友，让他继续乖乖地当枪手，于是表荐曹操为东郡太守，治东武阳。

从此，曹操便可以转战各地了，因为有了根据地提供后勤，次年春，他屯军顿丘，却不想被人钻了空子。

黑山军首领于毒，趁曹操防备空虚，率军偷袭东武阳。

自家后院起火，诸将都干着急，纷纷要求还师自救。曹操不以为然，采取围魏救赵的战法，带兵直扑于毒大本营。

你打我家，我就打你家。

于毒没想到曹操会来这招，只好放弃东武阳，回去救火。

曹操不会在那里傻等，他寻找战机，中途截击眭固一部，大获全胜。

随后，他在内黄与留在中原流窜作乱的於夫罗匈奴兵遭遇，又大获全胜。

接连的军事胜利，让曹操看到了希望，他感觉自己的梦想，已不再是水中月、雾中花，他要继续努力。

在这些战斗中，曹操的军事才能凸现出来，邀击、运动战、围魏救赵，全都运用得如此娴熟，这源于他熟读兵书，自小爱好学习，孙子兵法早已烂熟于心，何惧之有？

时局动荡，给他创造了一个尽情表演的舞台，而他，毫不松懈，时刻准备着。

就在这年四月，刚刚到长安只一年的董卓，终于恶有恶报，迎来了他人生的谢幕，被干儿子吕布刺杀，暴尸街头。其后，董卓部将李傕（音jué）、郭汜攻进长安，杀王允，挟持皇帝，专擅朝政。

吕布只好四处流浪，东出武关，前去投奔袁术，而恰恰就是这个人，给曹操带来了一场可怕的噩梦。

第五章 霸业开始

二十年后，曹操都还记得，为了追忆鲍信的功绩，封其子鲍邵为新都亭侯，征其子鲍勋为丞相掾。

有些人，可以顷刻忘记；有些人，可以铭记一生。

陈宫

生活就是苦难，你战胜了，你就赢了，你被战胜了，你就输了。

在吕布这个噩梦来临之前，天上掉下一个大馅饼，砸中了曹操。

就在董卓死的这个月，青州百万黄巾攻入兖州，杀死任城相郑遂，转入东平。

一下子来这么多"不明真相的群众"，最头疼的，还是兖州刺史刘岱。对付黄巾军，威逼利诱是解决不了问题的，刘岱决定镇压。

济北相鲍信建议他采取坚壁清野、防守反击的对策，可惜刘岱内战内行，外战外行，只有窝里斗的本事。

他听不进去，贸然出击，结果战败，连小命都丢了。

刘岱一死,兖州无主。

曹操的机会来了。

兖州,东汉十三刺史部之一,地域广大,战略位置十分重要,如果据有兖州,相当于雄霸一方的土皇帝。

这点,还有个人看到了——陈宫。

在《三国演义》中,陈宫深明大义,是个难得一见的仁人志士,可在历史上,他是个小人,喜欢折腾人,既折腾了自己,也折腾了别人。

陈宫是东武阳人,东武阳也就是曹操任东郡太守时的治所,就是在这里,他投靠到曹操手下。

刘岱归天,陈宫敏锐地意识到,这里面大有文章可做。

他赶紧找到曹操,劝说他趁机接任兖州牧,还毛遂自荐,打算自己去当说客。

曹操又不是笨蛋,早有此意,于是顺水推舟,派陈宫前去鼓动。

陈宫口才一流,一到兖州,就找到兖州的别驾、治中(州牧副手和助理),告诉他们,如此危难时刻,只有曹操同志才能拯救大家。

济北相鲍信,本来就是曹操的铁杆粉丝,加之百万黄巾看着都怕,曹操来顶雷,谁会不答应?

于是,鲍信带着州吏万潜等人,跑到东郡,把曹操接来,担任新兖州牧。

曹操一生的命运,就此转折!他的霸业,也正是从这一刻开始,真正看到了希望。

接手这个烂摊子,虽然荣耀,但责任同样巨大,所要承受的压力,可想而知。

曹操不敢有丝毫懈怠,在其位,必谋其政,他开始拿黄巾军开刀。

百万黄巾,可不是闹着玩的,踩都踩死你,曹操当然不敢轻视。

所以,曹操没有正面交锋,而是搞起了偷袭。

战斗打响!

这一仗,曹操付出惨重代价。

双方打得异常惨烈,连曹操自己都差点送命,并且,他永远失去了自己的好兄弟。

曹操在寿张东，与黄巾军较上劲了。

为了出奇制胜，他带了一千多步骑，与鲍信一同打算偷袭黄巾军。他们边走边勘察地形，摸索到敌军营地，结果完全没有想象中的乐观，偷鸡不成蚀把米，惨败。

几百人战死，曹操自己都差点没跑出来，鲍信拼死保卫曹操，拥护他冲出重围，可他自己，再也没有出来。

曹操被迫退回。

黄巾军见尝到甜头，趁热打铁，向曹操猛压过来。

由于手下多是新兵，缺乏训练，又刚刚打了败仗，士气低落，全军上下惊恐万分。

眼看就要完蛋了，这么下去，不是溃败，也会被踩死。

形势异常危急。

青州兵

曹操没有惊慌，更没有逃，为了稳定军心，他亲自披甲，带上头盔巡视将士，并且明确奖罚措施，在一番慷慨激昂的激励下，士气重新振作。

曹操乘势寻找战机，向黄巾军发起猛攻，黄巾军还以为只是追兔子，没想到被兔子咬了，抵挡不住，渐渐后撤。

这一撤，让曹操有了喘息之机。

黄巾军见兔子难打，干脆来招降，认认真真写了一封信送给曹操，劝他迷途知返，快点撤军。

在信中，黄巾军还暗示对曹操很有好感，这不同寻常，也正是这不同寻常，开启了一段延续二十八年的美丽传奇。

这是后话。此时的曹操，正是气头上，哪里会迷途知返？你迷途知返还差不多。

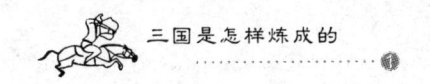

果不其然，他大骂黄巾军，要他们迅速投降。

黄巾军拒绝了，曹操这次，又使出阴人的高招，设奇伏，昼夜作战，穷追猛打，打得黄巾军吃不消，睡不好。

碰到这种不要命的，黄巾军撑不住了，损失惨重，只好向济北方向撤退。

曹操打上瘾了，在寒冷的腊月（十二月），不在家里烤火，依然"美丽冻人"，猛打猛冲，一直追到济北，妄图赶尽杀绝。

这样死磕，神仙都没办法了。

无路可走。

无路可走的黄巾军，被迫投降。

这次投降，人数吓死人，光士卒就有三十多万，另外还有随从家属一百多万。

曹操发了，彻底发了。他从这一百多万人里面，挑选出骁勇善战的精锐，组成一支特殊的部队——青州兵。

青州兵战斗力特别强，跟随曹操二十八年，立下汗马功劳。其实，从开始黄巾军写给曹操的那封信，我们就会发现，他们欣赏曹操这个人，信中说，你在济南拆庙，与我们心有灵犀一点通啊！

好多年前的事情了，他们都还记得，可见做好事，老百姓还是记得的，由此也可见曹操的个人魅力。

济南的那一道禁令，换来这么多人的拥护，值！

青州军，一个响亮的名字，从此将伴随曹操的整个人生。

鲍信死了，与卫兹一样，士为知己者死，他和弟弟都战死在沙场上，因为曹操，因为他们的真诚和友谊。

鲍信，泰山平阳人（今山东新泰），少有大节，宽厚爱人，先后任骑都尉、济北相。他很会识人，在关东盟军讨董卓的时候，曹操还只是个代理奋武将军的小角色，手里都没几条枪，地位连他都不如，他就断言，这才是拨乱反正的大英雄啊，而且唯一。

从此，他与曹操赤诚相见，倾心结交，两人成为莫逆之交，一同奋斗，一同进步，最后以命相救。

鲍信死了，曹操很伤心，连他的尸体都没找到。

曹操悬赏，希望能找到他的遗体，但在乱军之中，尸首已荡然无存。

永远消失了，消失在浩瀚的星空。

曹操伤心欲绝，只好令人用木头刻了一个鲍信的木像，这才下葬。

祭奠他时，曹操再也控制不住自己的感情，放声大哭。

这就是真挚的友情，不因名利，不因生死，心中，只有对方的名字。

春草明年绿，王孙归不归？此一去，不再归了。

二十年后，曹操都还记得，为了追忆鲍信的功绩，封其子鲍邵为新都亭侯，征其子鲍勋为丞相掾。

有些人，可以顷刻忘记；有些人，可以铭记一生。

得人者，得天下

要想在乱世中获得最后的胜利，有两项必备条件：地盘和兵力。

现在曹操有了兖州这块地盘，又有了强悍的青州兵，他可以公开叫板了。

那么，青州兵对他而言，有什么重大意义呢？

被整编后的青州兵，拥有独立的建制和番号，并且从始至终，只接受曹操一人领导。有意思的是，建安二十五年（公元220年）正月，曹操刚刚去世，青州兵就击鼓而去，散了。

在他们看来，曹操才是他们的主人，哪怕是他的继承者，他们都一概不承认。

认的就是你，是你，才带给我们生的希望；是你，才带着我们走向辉煌；是你，我们才有无上的荣耀。你在，我们就在，你走了，我们也走了。

愿我如星君如月，夜夜流光相皎洁。

青州兵的精锐，在整编后重新踏上战场，而他们的家属，也被曹操组织起来屯田，专事农业生产。

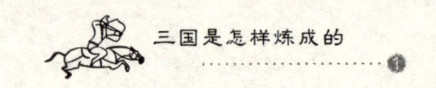

这就是曹操的高明之处，他不像袁绍、公孙瓒那么狠，他比较温柔，留了一手，镇压与招降，始终是他的基本策略。

只拿大棒，不喂胡萝卜，别人就要找你拼命。

不嗜杀，成就了曹操，也成就了他的事业。

自此以后，曹操的实力大为增强，他已是令人不敢小觑的一方之主了；另外，他身边的能臣猛将也渐渐多了起来，这得益于他的人才政策。

曹操的人才政策，说简单点，就是你有本事，你就来。

他不管出身，不管背景，既不要毕业证，也不用走后门，甚至有些德才不兼备的，通通没问题。他很实际，只要有能力，能办事，就成。

在这种实用主义的指导下，很多牛人都高高兴兴地赶来了，蜂拥而至。

很多人，就是没有一个舞台，你只要搭好一个舞台，让他能尽情表演，还愁没有人才吗？

栽好梧桐树，凤凰自然来。

寻找人才，任用人才，贯穿曹操的一生，他始终遵循一个标准：唯才是举。

而他，用自己的行动，真正做到了不拘一格降人才。

得人者，得天下；识人者，治天下。

曹操做到了。

在这期间，荀彧（音 yù）、满宠、程昱、毛玠、乐进、李典、于禁、韦典这些人，都来了。

有这么多牛人辅佐，曹操如虎添翼，实力日益壮大，尤其是武装力量，更有长足发展，他有了逐鹿中原的本钱。

可是窥探中原的，大有人在，而且都是非同一般的猛人，要摆平他们，没一点哈利·波特的魔法肯定不行，曹操将如何应对呢？

第六章 逐鹿中原

形势岌岌可危，鄄城城内更是不容乐观，因为不少人是张邈一伙的，但荀彧已顾不得那么多了，守住这三个硕果仅存的城池，是他的责任。

责任的驱使，让他置生死于度外。

袁术的攻击

当了兖州牧，形势大好，曹操却高兴不起来，因为一件事，始终令他耿耿于怀——朝廷不承认。

初平三年（公元192年），朝廷派了一个叫金尚的人来做兖州牧，曹操哪里肯就范，难不成我还把摘好的桃子白白送给你？他派兵迎头痛击，在半路上，把金尚打得抱头鼠窜，没地方去，只好跑袁术那儿去了。

既然得不到朝廷的承认，从理论上说，自己坐的这个位子，就是非法的，这不得不促使曹操思考自己的下一步行动计划。

先生存，后发展，当务之急，两件事：

一、争取得到朝廷的正式任命，最好是能控制皇帝。

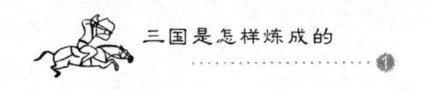

二、逐鹿中原，武力平定天下，争取更多筹码。

历来得中原者得天下，曹操以莫大的勇气和决心，正式投入到这场关系到身家性命的大争夺之中。

他摩拳擦掌，做好了一切准备，准备迎战各路武林高手。

第一个上场的，是袁术。

袁术，袁绍的弟弟，两人同一个爸，妈不同，袁术是嫡子，可是江湖地位却远低于丫环生的袁绍，这让他非常不爽，由此，兄弟俩大打出手。

袁术在"江东猛虎"孙坚的帮助下，占有南阳，在这里，他开始了自己的奋斗。

可惜，他从小就贪玩，什么老鹰小狗，都拿来玩，玩到大了，人就蠢了。

幸好还有一顶出自名门正宗的帽子戴着，在那个重视出身的年代，这是个天然优势，所以，他还是有些资本。

袁术没什么本事，可是胆子大，也喜欢做梦，做皇帝梦。在南阳时，他就有此打算，无奈没人支持，只好作罢。

志大才疏，利欲熏心。

与大哥袁绍的矛盾，也不是一天两天，两兄弟积怨很深，除了都姓袁，可能就没其他共同语言了。

为了打败对方，袁绍联合刘表，袁术联合公孙瓒，双方死掐，掐到最后，就是谁都没好日子过。

袁术派孙坚打刘表，意外发生——孙坚死了，被刘表干掉的，而后刘表断了袁术粮道，威逼南阳。

没了孙坚打先锋，袁术只有自己出手，可是除了玩狗，打仗他啥都不懂。

南阳待不下去，那就走吧！刘表是不敢碰了，那就打到冀州去，袁术出兵了。

可是曹操夹在冀州与南阳之间，加之他还是袁绍的盟友，所以必须采取行动，搬掉这个路障。

兖州，成为袁术的攻击目标。

可是袁术不了解曹操，要是知道他用兵如神，估计会买块豆腐撞死，打死都不敢惹曹操。

不了解的事情，往往蒙蔽自己的双眼，进而使自己做出错误的决定，损失惨重。

袁术率军到达陈留，屯军封丘。黑山军与匈奴於夫罗残部，见袁术声势浩大，也都一一归附，帮着一起打曹操，报先前的落败之仇。

袁术先派部将刘详驻守封丘东北的匡亭，形成掎角之势，准备夹击曹操。

凡战者，以正合，以奇胜。

可是曹操岂是你想胜就胜的？趁着刘详立足未稳，曹操率军疾驰匡亭。袁术知道，匡亭没了，封丘也难保，于是跑来救火。

曹操求之不得，你自己来，也省得去找你。

两军交战，袁术大败。

他只好放弃匡亭，退保封丘，曹操追上去，准备围起来。

袁术没心思打了，趁着合围还未成功，就跑了。

血案发生

袁术继续跑，跑到襄邑，曹操继续追，追到太寿，追上了。

那就打吧，这次，曹操更狠，掘开河渠，用水灌城，打算淹死这个公子哥。

袁术不想被淹死，继续跑，跑到宁陵，曹操继续追，一直把他追得魂飞魄散，仓皇逃窜，急急如惊弓之鸟，惶惶如漏网之鱼。

兵败如山倒，袁术打怕了，早知如此，何必当初？他只有悔恨和痛心，从此，中原，基本与他无缘了。

这一战，曹操基本就是赛跑，一个追，一个跑，终于把令人讨厌的袁术赶走了，兖州的一大威胁解除。

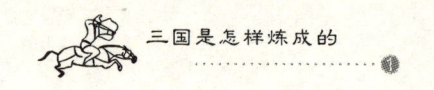

这一战，曹操制造战机，连续作战，不怕疲劳，发扬"宜将剩勇追穷寇"的大无畏精神，战术战法令人惊叹。

碰到曹操，袁术只有倒霉，算是遇上克星了。

第二个上场的，是陶谦。

陶谦，丹杨人，自小就是个小流氓，后来因为前苍梧太守甘公的赏识，不但白得一个老婆，还改邪归正，从此进入官场。

在《三国演义》中，陶谦被描绘成一个大好人，其实，这不过是罗贯中先生爱屋及乌（爱刘备）的产物，历史上的陶谦，可没这么厚道。

混官场，他一路往上爬，是一个两面三刀的人；讨董卓，他派精兵一起打，暗地里却又给董卓送东西。董卓被杀后，他又联合一干猛人，准备一起打阴谋作乱的董卓余党李傕和郭汜，可后来又接受李傕的招安，被封为安东将军、徐州牧。

到任后，他积极镇压黄巾军，基本肃清境内黄巾势力，独霸一方。

虽然他发展地方经济有些政绩，但他亲小人、远贤良，政务混乱，并且任人唯亲，连笮融那样心狠手辣的贪污犯，他都大胆重用，实在很雷人，只因他们是同乡。

正因为重用丹杨人，徐州本地人就被疏远了，这样一来，徐州形成两派，内斗不止。

初平四年（公元193年）六月，下邳人阙宣，聚众数千人造反，自称天子。身为父母官的陶谦，不是调兵弹压，而是跟着阙宣一起混，居然发兵攻打曹操的兖州，攻取泰山郡华、费两县，其后又洗劫任城。

一起干坏事还不算，过后他又过河拆桥，杀掉阙宣，吞并其部众。

可以说，这是一个唯利是图的政客，也是一个见风使舵的军阀。

就是他，导致了一桩血案的发生。

刚从前线回来不久，曹操就接到一个足以让人疯掉的噩耗：老爸死了，而且是被人杀死的。

曹操十分震怒，此仇不报，何以为人？

曹嵩被杀，是个罗生门事件，史料记载不一，有说是有人故意谋害，有说是手下贪财，但不论细节有多少差别，基本都认定一个事实：全都与陶谦有关。

领导就要负责任，所以找他算账，一点都不冤；并且我认为，曹嵩本来就是陶谦直接派兵截杀的，因为在曹嵩遇害的前一年，他与曹操就已经是死对头了，在兖州发干县内，两人还大干一场，结果陶谦惨败。

这次逮到机会，为人奸诈的陶谦，自然不会放过。

只是他没想到，曹操的反应会这么大，以至于他还没准备好，大军就杀过来了。

大屠杀

曹操这次出兵，不单要为父报仇，还有一个更直接的原因：灭掉陶谦，解除对自己的威胁，并占领徐州，扩大地盘，进一步壮大自己的力量。

初平四年（公元193年）秋，曹操亲率大军直扑徐州，一鼓作气攻下十余城，很快就到达陶谦的老巢彭城。

陶谦还没缓过神来，就被曹操打得差点成植物人，只好退保郯（音tán）县。

曹操继续围攻，遭遇陶谦的超顽强抵抗，再不顽抗，也就完了。

曹操攻之不克，于是改变进攻方向，往泗水以南推进，接连攻取取虑、睢陵、夏丘三地。

就是在这里，他开始了大屠杀。

死了父亲，死了弟弟，全家死了大半，如今又不能手刃仇人，曹操绝望了，彻底丧失理智。

他下令，大开杀戒，所过之处，一路杀过去。

陶谦，我要你血债血还。

曹军抡起屠刀，见人就杀，逢人就砍，几万人，几万人不幸成为屠刀下的冤魂。

他们是无辜的。

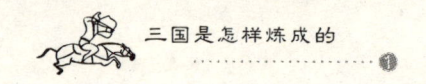

街上，已不见行人，血流成河，鸡犬不留。

尸体倒在泗水中，河水为之不流。

疯了，彻底疯了！

太残忍，为了泄愤，为了复仇，竟要数万人来陪葬，何其荒唐？

所谓霸业，不过就是杀人越货，踩着别人的尸体，来成就自己的野心。

有人替曹操辩护，说他为父报仇，情有可原，我觉得，这是混账话，无论你有什么借口，都不可以成为杀戮的理由。

因为，生命是平等的，再卑微的人，也有自己的尊严，再低贱的人，也有生存的自由，任何人，都无权剥夺他人的生命，这是最基本的人权。

人，生而平等，生而自由，这是天赋人权，谁也不可侵犯。

为保证战争的胜利，曹操又派曹仁进攻费县、华县、即墨与开阳等地，陶谦遣别将驰援，都被曹仁骑兵击破。

碰到曹操，陶谦只有倒霉，算是遇上克星了。

自己不行，那就请外援。

陶谦请来了刘备，准备继续干架，没想到，曹操走了。

没东西吃，当然要走，曹操军粮已尽，于是撤军。

撤军了，不代表就不来，经过几个月的休整和准备，这年夏天，曹操又来了。

这一次，曹操还是那么生猛，势如破竹，连克五城，进逼琅琊、东海两郡。

他的目标，依然是郯县，因为，仇人就在城里。

曹操要给杀父仇人以毁灭性的打击，陶谦，离死不远了。

在郯县东，陶谦部将曹豹与刘备，蹦出来截击，曹操见人杀人，见鬼杀鬼，曹豹、刘备只有溃败的份。

曹操继续前进，攻下襄贲，又再次亮起屠刀，大肆杀掠。

许多无辜的百姓，再次倒在血淋淋的屠刀下。

陶谦崩溃了，他似乎看到自己身首异处的下场，他想跑，跑回老家去。

丹杨，那里或许还有一条生路。

可是，他不用跑了。

因为，曹操又走了，自己走的。

这次仓促撤军，是因为家里出了大事。

绝处逢生。

陶谦可以不用死了，还能继续活下去，再活八个月。

曹操匆忙撤退，不是粮尽，也不是家里被盗，而是有人造反。

背后造反

造反的人，一个是老朋友，一个是心腹——张邈与陈宫。

张邈，字孟卓，东平寿张人，年少时，就跟袁绍、曹操混在一起，算是老朋友了。

张邈行侠仗义，很早就是个名人，中平六年（公元189年），为陈留太守。

曹操在陈留起兵，他给予坚定的支持，后来他作为"关东军"的召集人之一，起兵讨伐董卓，曹操加入了他的队伍，实际上，也可以说曹操是他的部下。

袁绍做了盟主，可是狂妄自大，张邈看着不爽，曾经义正词严地谴责他，搞得袁绍下不了台。

好了，朋友就不要做了！袁绍本来就心胸狭窄，居然命令曹操去杀他。

曹操没有答应，这毕竟是老朋友。

张邈知道后，很感激，而曹操，也同样信任他。

在曹操第一次东征陶谦时，还把自己家属托付给他，出发前，都不忘告诫家人：

"万一我战死了，你们就去投靠孟卓。"

结果曹操平安回来，两人相见，十分感慨，全都激动地哭了，垂泣相对——太不容易了。

两人的友谊，似乎牢不可破。

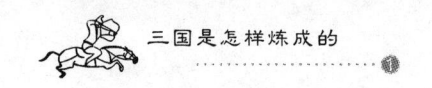

可是人心深似海，谁能知道你内心真正想的是什么？

曹操不知道，自从他担任兖州牧后，张邈的内心，就开始起了变化。

曹操自领兖州牧，而张邈，不求进取，始终是个陈留太守，没有丝毫进步。虽然他们没有事实上的上下级关系，但在名义上，他已经是曹操的下属了。

曾经的领导，如今变成下属，换了谁都高兴不起来。

张邈的心理，开始有了微妙的落差。

而此时的曹操，依然信任他，依然把他当做老朋友。因为太熟悉，所以忽视，曹操根本就没想过，关系这么好的老朋友，还需要去看"心理医生"。

他依然故我。

曹操很忙，两人也就没多少交流，而张邈心里面的那个魔鬼，时不时就跑出来折磨他。

加之曹操在领兖州牧后，思想还不成熟，没有广交朋友，相反有时还意气用事，征陶谦时，为了复仇，居然像法西斯分子一样大屠杀。

屠杀的结果，就是彻底丧失民心。

曹操的政策失误，最后酿成一场大祸，而他对于张邈的忽视，更是造成严重后果。

这一点，其实早就有人看出来了，本地人高柔就说过，他们两个，迟早翻脸。

终于翻脸了！

曾经的无私帮助，换来今日的无情背叛。

在曹操二征陶谦时，一个人的出现，让张邈下定决心，与曹操决裂。

这个人，就是陈宫。

陈宫，字公台，东郡人，性格刚烈，年轻时就喜欢交朋友，曹操任东郡太守时，他前往追随。曹操领兖州牧，他充当说客，立下汗马功劳，因此成为曹操心腹。

曹操对陈宫很好，待之如赤子，可是陈宫不领情，表面恭顺，内心一直在算计。

他是个有野心的人,可是眼高手低,又没曹操有本事,所以只能背后下黑手。

兴平四年(公元194年)四月,曹操再次出征陶谦,这一去,差点无家可归。

"飞将"吕布

等曹操一走,陈宫就开始闹腾了,看到曹操后方空虚,觉得机会来了,于是,他找到张邈。

他对张邈说,您拥有十万之众,足可以成为天下豪杰,如今反而受制于人,不很窝囊吗?此时州县空虚,如果把吕布找来,咱们一起占了兖州,不是一件美事么?

说到心坎上了。

在吕布逃难时,张邈帮了他,礼之甚厚,临行前,两人还手拉手起誓,说友好一生。

袁绍知道这件事后,对张邈非常不满,而此时,他与曹操还是盟友,一起打陶谦。张邈很害怕,害怕曹操迟早有一天,会因为袁绍杀了自己,加之本来就心存芥蒂,于是,他决心反叛。

张邈并不坏,只是很单纯,所以他信了,信了陈宫的鬼话。

一番忽悠,张邈上了贼船,而陈宫的如意算盘就是:先利用别人,最后自己来做兖州牧。张邈是个老实人,所以好忽悠,虽然他手上有兵,但没多大本事,所以好控制;而吕布,有勇无谋,只是一介武夫,把他找来,还不是多个打手?

陈宫算计得很好,可他并不真正了解吕布这个人。

第三个上场的,正是吕布。

吕布,字奉先,五原郡九原(今内蒙古包头)人,他武艺高强,弓马娴熟,膂力过人,号为"飞将"。

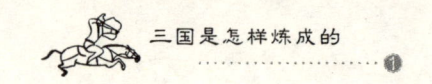

吕布是个悲剧人物，从一开始，就是个悲剧，因为他性格古怪。

他是并州刺史丁原的部下，丁原对他很好，一直都让他跟在身边，直到有一天，丁原看到他举起的屠刀。

董卓进京，为了壮大势力，准备侵吞一同进京的丁原兵马。

直接对着干，不一定是对手，那就要诡计。

董卓找到吕布，开出了更大的价钱，吕布经不起诱惑，居然恩将仇报，杀了丁原，提着他的脑袋当见面礼，投靠了董卓。

董卓很器重吕布，任命他为中郎将，封都亭侯，因为董卓杀人太多，害怕仇敌刺杀，于是又让他担任贴身侍卫，两人誓同父子。

可董卓脾气不好，有一次因为一点小事，就拿起一支手戟向吕布投去，差点杀了他。

吕布看上了董卓的一个侍女①，可是怕董卓怪罪，心里一直惶恐不安。

就是这两件事，让别人钻了空子，司徒王允，利用吕布的这个恐惧心理，引诱他又杀了董卓。

董卓一死，吕布投靠王允，两人共秉朝政，可是王允看不起他，只把他当做一个剑客。两人矛盾重重，加之王允居功自傲，刚愎自用，导致一连串的政策失误，从而引发董卓部将李傕、郭汜打进长安的惨剧。

李傕的凉州军攻陷长安，吕布突围而出，在青锁门招呼王允一块走，王允断然拒绝，拒绝了生的希望，他志在必死。

吕布没办法，只好自己带着几百骑兵逃走了。

六天后，王允被杀，杀身成仁，而以国家为念的告诲，感动着所有有良知的人，吕布，是否还记得呢？

吕布风光了不到四十天，就被赶出长安，从此，他开始了流浪生活。

---

① 民间传说和《三国演义》均指明，这个女子，名叫貂蝉，是王允进献给董卓的，由此牵出美人计和连环计。不过"貂蝉"二字，史书不载，但有一部名为《汉书通志》的佚书，其中记载说："曹操未得志，先诱董卓，进刁蝉以惑其君。"这里的刁蝉，应该就是貂蝉，因为古代刁、貂实为一姓，但貂蝉事缺乏其他史料佐证，故不敢妄言。

正式反叛

流浪也要吃饭，吕布东奔西走，就是为了有饭吃。

他的第一站：袁术。

开始满以为袁术会感激自己，因为董卓杀了他袁家五十余口，而自己又杀了董老贼，估计袁术会感恩涕零。

没想到袁术讨厌他反复无常，拒不接纳，吕布只好找下一站：张杨。

张杨是他老乡，也是以前的同事兼朋友，此时官拜河内太守。

吕布本以为能过上幸福生活，没想到张杨的手下，见吕布来了，觉得天上掉下一个发财的机会，想拿他的人头，去长安邀功请赏。

吕布只有逃了，前去投靠袁绍。

来得早，不如来得巧，此时的袁绍，正有一件烦心事——打不过人家。

境内的黑山军太猛，不但打仗不要命，而且还懂打游击，飘来飘去，人都找不着，根本没法打。

吕布来了，对他而言，这是小事。

本来使用骑兵作战就是他的拿手好戏，对付这帮流寇，那就以其人之道，还治其人之身，你飘，我也飘。

吕布带着成廉、魏越等几十个人，组成骑兵小分队，开始机动作战，围剿黑山军。怎么打的不知道，反正就十来天时间，黑山军被迫撤离常山郡。从此，"马中赤兔，人中吕布"的赞誉，开始流传开来。

吕布打了胜仗，却没有受表扬，相反，还差点送了命。

袁绍心术不正，不能容人，开始猜忌吕布，吕布手下军纪不佳，这更给他以口实。

袁绍准备动手了。

吕布嗅出了阴谋的气味，要求走人，袁绍担心他的出走，成为自己的祸害，于是派刺客前来刺杀。

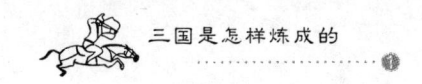

刺杀失败，但吕布已走投无路，顾不得其他了，只好又厚着脸皮重返河内，去找张杨。

张杨再次收留了他。

在过陈留时，他结识了陈留太守张邈，两人结为知己。

惨痛的经历，只要你咬牙挺过去，必将迎来光明的未来。

在河内，吕布迎来了张邈的特大喜讯，要他赶快去兖州做老大。

吕布求之不得，兖州牧，平时想都不敢想，如今就摆在自己面前，如此简单，唾手可得。

他兴冲冲地来到兖州，当起了兖州的新主人。

未经许可，霸占位子，应该很不容易，但吕布很容易，因为有张邈和陈宫的支持。

在他们俩的号召下，兖州大部分州县都叛了，只有三个没叛，就是这三个，最后挽救了曹操。

而在这场变乱中，几个牛人的出现，最终稳定了乱局。

张邈迎来吕布后，派人来见驻守鄄（音 juàn）城的荀彧，说吕布来帮曹操打陶谦，快点提供军粮。

荀彧没有听，他料定张邈的这个举动很反常，于是做了三件事：

一、派人讯速通知前线的曹操。

二、下令驻军严加戒备，随时防范可能的袭击。

三、迅速调集防守濮阳的夏侯惇来鄄城，以收缩兵力，共同守城。

当时兖州几乎全叛，仅州治鄄城、东郡东阿、范县三地固守。

形势岌岌可危，鄄城城内更是不容乐观，因为不少人是张邈一伙的，但荀彧已顾不得那么多了，守住这三个硕果仅存的城池，是他的责任。

责任的驱使，让他置生死于度外。

第七章　大战兖州

只有挫折，才能磨炼心智，才能激发潜能，才能锻炼意志；也只有经历过，才能变得更加勇敢和坚强，才能更好地去战胜困难，去谱写人生的华美乐章。

不经历风雨，怎能见彩虹？

荀彧

荀彧，字文若，颍川颍阴人，曹操五大谋士之一。他出身名门，祖父、父亲、叔父，都是东汉名士，年少时，他就被称作王佐之才。

荀彧身材高大，面貌俊朗，是个美男子，他有个特殊爱好：喜欢熏香。久而久之，他也成了"香人"，走到哪香到哪。甚至有记载说，他来你家，坐的地方，香气三日不绝。

不单熏香，他还带香，经常身上带着奇香，这让后世文人骚客浮想联翩，为此还作了很多诗来赞美。最有意思的是，他的香味，居然成了典故，"留香荀令"与"掷果潘郎"一样，都成为美男子的代称。

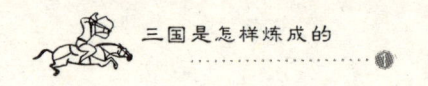

凡事痴迷，必有所成。

永汉元年（公元189年），荀彧举孝廉，任守宫令，后董卓之乱，弃官回家。为逃避战火，他将自己宗族移居冀州，因为一个人的邀请——冀州牧韩馥。

可当他赶到冀州时，韩馥已被袁绍吞并，于是只好留下来不走了，毕竟自己弟弟荀谌与老乡辛评、郭图都在袁绍帐下效力。

袁绍很高兴，待之以上宾之礼。荀彧少有才名，颇具谋略，见汉室崩乱，心中涌现出一个强烈的想法：匡扶汉室。

当先天下之忧而忧，后天下之乐而乐也。

这是他的理想，为了这个理想，他奋斗了二十一年，虽然最后理想破灭，但他自始至终，以此为己任，不抛弃、不放弃，直至生命的最后一刻。

为国家，为社稷，也为天下苍生。

经过一段时间的观察，他料定袁绍不能成大事，于是，他选择了离开，他要去找能帮助自己实现理想的人。

他找到了——奋武将军曹操，听说他雄才大略，荀彧兴冲冲地来到东郡，见到了曹操。

曹操与之交谈，发现此人不简单，异常兴奋，高兴地说：

"你是我的张良啊！"

随后，立即任命他为奋武司马，参与军机大事。这一年，他才二十九岁。

从此，荀彧成为曹操的大管家，也是他的首席谋士。可以说，他不单是张良，更是萧何，之于曹操，譬如刘备之诸葛亮。

他与曹操，爱恨交织，生死与共——为他生，为他死。

夏侯惇急赴鄄城，在半路与吕布遭遇，两军交战，最后杀退吕布，继续赶往鄄城。

吕布受了挫折，觉得打鄄城太费力，于是干脆占了夏侯惇让出来的濮阳，并袭击了他的辎重，全部收入囊中。

夏侯惇来到鄄城，连夜杀掉与张邈勾搭的谋反者数十人，这才稳住军心。

而就在此刻，有人带了几万人马来攻城了。

领头的，是豫州刺史郭贡，他受到吕布的蛊惑，想来占占便宜。

面对强敌，人人自危，恐慌情绪迅速蔓延，在攻城前，郭贡还有个特殊要求：要见见荀彧。

这不是明摆着去送死吗？夏侯惇认为太危险，阻止他冒这个险。

荀彧不以为意，他毫不畏惧地走向城外，在他看来，此去不是送死，而是挽救鄄城——用他的三寸不烂之舌。

荀彧毫无惧意，见到郭贡后，不卑不亢，侃侃而谈。怎么谈的不知道，我只知道打定主意要攻城的郭贡，带兵走了。

这就是人格的魅力，保住一城，一人而已。

白刃交于前，视死若生者，烈士之勇也。知穷之有命，知通之有时，临大难而不惧者，圣人之勇也。

——庄子

荀彧安然返回，紧急部署，他找来一个人，一个能临危受命的人。

而就在这时，夏侯惇的营中，发生了一起绑架事件，而当事人，就是夏侯惇自己。

这是一起很搞笑的绑架，搞笑的开始，搞笑的结束。

抵抗

吕布没打败夏侯惇，不甘心，于是玩了个损招，派手下将领来投降。

夏侯惇信以为真，没想到投降是假，绑架是真，这伙人趁机把夏侯惇同志给绑了，还找他要钱。

主帅被劫，军中顿时炸开了锅，震恐不已，不知如何处置。

终于有人来了，部将韩浩，赶来救人。

韩浩立即派兵将营门紧闭，而后快步向前，对着绑匪大声喝道：

"你们不想活了，竟敢劫持大将军？我受命讨贼，岂能因一个将军就放过你们。"

言毕，他看着夏侯惇，流着泪告诉他，法律无情，没（此处念四声 mò）办法啊！

夏侯惇明白了，自己已不再是筹码，他不得已，只好说，你秉公办理吧！

韩浩将绑匪围起来，准备一起剿灭。

这哪里是救人，分明是害人，人质还在他们手上呢！

不管了，就这么干。

这不是逼着绑匪撕票吗？没有，绑匪怕了，知道手上的肉票已毫无价值，杀了夏侯惇，肯定全都得死。

他们不想死，怕了，选择了另一条路，放了夏侯惇，还下跪请求给一条生路，说咱们只想搞点钱用用。

人质都救出来了，那就给你钱吧，给你纸钱。

韩浩将绑匪全部处斩。

果敢，而有原则。

鬼门关前走了一遭，夏侯惇不但不生气，反而将韩浩推荐给曹操。曹操以其为护军，并下了一道命令，意思是说，以后谁绑票，不要考虑救人质，直接杀了绑匪就是。

人就是很怪，如此一来，劫持事件，就此绝迹——因为绑了人，再也不是什么筹码了，劫来何用？

夏侯惇逃过这一劫，可实在很霉，几个月后，他失去了一只眼睛，并且还养成了一个坏习惯：喜欢摔镜子。

这时，有人带来消息，说陈宫将亲自率兵攻打东阿，又派氾嶷（音 fànyí）攻打范县。

形势十分危急，荀彧不敢有丝毫大意，找来程昱，要他立刻赶赴老家——东阿县。

程昱，字仲德，东郡东阿人，曹操五大谋士之一，曾经设计打跑举兵作乱的东阿县县丞王度,所以人缘很好。

前兖州牧刘岱,推荐他为骑都尉,他以病推辞;后来曹操来了,也欣赏他的才能,请他出山,他满口就答应。

别人很奇怪,问他怎么前后不一致?他笑而不答,用他的行动,给出了最好的答案。

一见到曹操,两人就纵论大事,曹操很高兴,马上任命他为寿张令。

从此,他追随曹操近三十年,两人既是主仆,又是挚友,他赤胆忠心、无怨无悔,曹操死后不久,他也跟着去了。

如今兖州只剩下三城,其余皆叛,为了鼓舞士气,程昱身负重任,毅然前往东阿。

在过范县时,他停下来了,停下来劝说范县县令靳(音 jìn)允,因为此时靳县令有大麻烦了,他母亲、弟弟和妻儿,全被吕布抓了起来。

舍家还是投降,一时难以抉择。

程昱告诉他,跟对领导很重要,吕布只是一匹夫,曹操才是盖世英雄,如果暂且放下家人,保住范县,这就立下了大功,总比投降吕布,落个母子俱亡的结果要好吧?

意思很明白:只有抵抗,才有希望。

动之以情,晓之以理,靳允被说服了,泪流满面地表示,我绝无二心。

当时氾嶷已到范县,靳允在程昱的鼓励下,伏兵将其刺杀,而后领兵死守范县。为了阻止陈宫进军,程昱又派骑兵截断仓亭津渡口,陈宫率军到达黄河边,无法渡河,进军速度大为延缓。

程昱放心了,他告别靳允,继续前往东阿——那里,还有更重要的任务。

敢死队

他来到东阿,眼前的一幕,让他惊呆了,东阿县令枣祗(音 zhī),已率众据城坚守。

程昱知道，东阿有救了。

就是他们，一帮固执的人，凭借自己的勇敢和决心，死死坚守，终于守到了曹操的归来。

六年后，已身为振威将军的程昱，又来到了这片土地上，他所要面对的，是挥军十万、即将渡河的袁绍。

他只带了七百人守卫鄄城，曹操要给他增派两千人，他拒绝了，毫不畏惧地等待袁绍的到来。

而枣祗，一个没几个人知道的人，其后为曹操做出的贡献，不亚于众多谋臣名将，只因为三个字——屯田制。

这是他提出的建议，并第一个付诸实施，最后曹操能够一统中原，他功不可没。

曹操回来了，带着困惑与不解，他并不慌张，只是弄不明白，怎么自己的老朋友，自己的心腹，都要背叛自己呢？

去的时候，还是春天，回来后，已是冬天了。

看到这样的局面，曹操头脑也清醒了许多，开始思考下一步应对措施。

一见到程昱，曹操就拉着他的手说：

"要不是你，老夫恐怕连窝都没了。"

其后，表程昱为东平相，屯于范县。

而此时，吕布继续进攻鄄城，不能下，只好退至濮阳，这让曹操，看到了希望。

因为，吕布犯下一个天大的错误——不懂得擒贼先擒王，而只盯着那三个还没叛的城池，耗来耗去，把自己耗上了。

他的正确战术应该是，迅速占领东平，切断亢父、泰山之间的通道，利用险要地形，重兵阻击曹操返回兖州的主力部队。这样一来，曹操就几乎毫无反击之力了。

亢父一带，有亢父之险之说，两车不能并排，两骑不能并行，随便摆点人，就够曹操受的了。

因为这里，是他从徐州赶回兖州的必经之路，不走这儿，人都回不来。

而吕布，只知道死守濮阳，让曹操从容赶回，长驱直入，等于是等着曹操来打他。

曹操来了，他早已看穿吕布的这个弱点，所以直扑濮阳。

于是，历时一百多天的濮阳会战，正式开打。

曹操信心满满，只想毕其功于一役，一举消灭吕布。

可他想错了。

吕布脑子是不好使，可肌肉发达，与他硬碰硬，那是找死。

曹操忽视了，忽视了，就要坏大事。

吕布有一支军队屯守在濮阳西，曹操准备先吃掉它，发动夜袭，一举将其击溃。正要往回撤时，吕布亲自带援军来救，既然来了，那就打吧！

双方展开激战。

这一战打得异常惨烈，从清晨一直打到太阳快要落山，两军相持不下，交战数十个回合，情势十分危急。

为扭转战局，曹操决定来狠的——招集敢死队破阵。

典韦登场了，带领几十名敢死队员，身披两层盔甲，不拿盾牌，只以长矛撩戟①接战。

西面告急！

典韦带着敢死队应战，敌军弓弩乱发，箭如雨下，他不屑一顾，只是淡淡地说：“敌人距我十步了，再告诉我。”

转眼间，众人高喊：“只有十步了！”

典韦视而不见，仍旧淡淡地说：“五步再告诉我。”

敌人就到眼前了，众人惊恐不已，旋即大呼："已到眼前了！"

此时不战，更待何时？

典韦大吼一声，一跃而起，手执十余戟，将戟随手掷出，敌人无不应手而倒。

随后，他冲入敌阵，与敌军大战。

---

① 撩戟，兵器名，类似投枪。

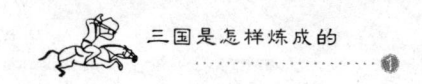

陷阱

勇敢，能够战胜一切。

碰到这样的猛人，"飞将"吕布也挡不住，只好后撤。

天色渐渐暗淡下来，曹操这才率军回营。

回营后，他大为感慨，立即提升典韦为都尉，命他领亲兵数百人，在自己大帐周围执行警戒任务。

就是这个决定，在后来的一次突发事件中，救了曹操一命；而典韦，为了保护他，身上创伤数十处，依然奋力搏斗，最后英勇战死。

"非典"肆虐时，有人恶搞，说曹操为此事，还发出了著名的哀号：

"非典，吾命休矣。"（杜撰而已）

这次打得辛苦，性命无忧，但之后的一次战斗，曹操就差点挂了。

曹操围城，围久了，就盼望奇迹发生。

奇迹发生了——濮阳城内的大姓田氏，宣布投降，曹操求之不得，在田氏的响应下，曹操很顺利地进入城内。

为了表明必胜的决心，他将东门烧掉，表示有进无退，此战必得，只是这一烧，差点把自己的后路给烧了。

因为，曹操回不去了。

原来，田氏投降，不过是逗他玩的，他与吕布串通，把曹操引进城来，打算关门打狗。

吕布出来了，先以骑兵攻击青州兵，青州兵只是步兵，一时抵挡不住，纷纷退却。

曹军阵势已被打乱，吕布抓住这一机会，乘胜前进，曹操只有败退的份了。

局面已不可收拾。

曹操自己都被冲散，不幸被吕布的骑兵截住。

跑不掉了！

幸运的是，这伙人不认识曹操，反而骑驴找驴，问曹操在哪里？

曹操急中生智，顺手一指："那个骑黄马逃跑的就是。"

这帮睁眼瞎撇下曹操，去追骑黄马的人，曹操赶紧溜了，朝东门冲去。这里是来的路，之前被自己放了一把火。

此时东门大火烧得正旺，火势逼人，曹操顾不得这么多了，学习特技演员，骑马就往火里钻。

钻是钻出来了，突火而出，可左手掌被烧伤，差点变烤鹅掌。这还好，最惨的是，跑得太急，可爱的曹操同志，居然直挺挺地从马背上摔了下来。

这下难看了，丢脸，真丢脸！看来要跑步回家了。

正在这时，部将司马楼异赶到，立即将曹操扶上马背，两人不要命地一路狂奔，这才安全回到大营。

诸将还以为曹操完了，无不恐慌，终于见到主人死里逃生，这才安下心来。

曹操也顾不得手痛，亲自劳军，为将士们打气，并令军中抓紧时间制作攻城器械，准备再次攻城。

曹操又开始围城，围了打，打了围，双方谁也吃不掉谁，只好耗着。

耗了一百多天，都耗不起了——没饭吃。

由于连月干旱，又发蝗灾，双方都粮食供应紧张，只好走人。

曹操回到鄄城，而吕布放弃濮阳，退往乘氏，不幸被当地人李进打了个落花流水，只好再退，退到山阳郡。

这次会战，还造成一个严重后果：镜子破了。

在战斗中，夏侯惇左眼被乱箭射中，成为独眼龙。在军中，他与夏侯渊同为将军，将士们为了区分，经常在背后称他盲夏侯。

独眼龙也有尊严，天天被人叫瞎子，谁都不爽，所以夏侯惇也不爽，每次照镜子，他就来气，经常将镜子一把摔在地上，以示抗议。

如此一来，镜子破了。

镜子破了不要紧，有人没事找事，故意来找麻烦就吃不消了。

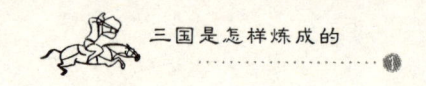

趁火打劫

袁绍听说曹操很不顺,派人来劝他,说希望继续两人同志加兄弟的关系,但有个条件,必须将家属送到他的地盘邺城居住,讲白了,就是当个人质——不听话,就杀你全家。

有难不帮,还趁火打劫,曹操很气愤,可是气愤归气愤,还是要面对现实。

要打败吕布,铲除张邈一伙,除了与袁绍联手,恐怕没第二条路了。

如今自己的处境异常艰难,没打败敌人,饭都没得吃,弹尽粮绝,士气大受影响,再这么下去,恐怕都要回家卖菜了。

内外交困、身心疲惫的曹操,明知袁绍是乘人之危,但也没办法,只好委曲求全。

他打算接受袁绍的条件,虽然是无理要求,但总比死在这里好。

真没想到,自己奋斗这么多年,最后还是落了这么个下场,曹操只有伤心落泪。

程昱回来了,听说曹操要去投靠袁绍,马上找到他,极力阻止,他讲了三个理由:

一、这么做,是逃避现实,不然怎么会考虑这么不全面?

二、袁绍你把他想得太好了,你能甘心在他手下吗?

三、虽然现在困难重重,但并未山穷水尽,只要还有信心,就可以成就霸业。

是啊,程昱说得对,兖州虽然尽失,但尚有三城,能战之士,不下万人,又有荀彧、程昱这样的能人辅佐,还是有机会翻盘的。

人的一生,一切在于选择,而选择往往在于一念之间,所以,一念之间,改变一生。

曹操改变主意,决定不理袁绍,走自己的路,让别人去说吧!

开始还担心袁绍会采取报复行动，没想到袁大人根本没工夫理，自己的事情都忙不完；另外本来就想坐山观虎斗，以获渔人之利，这件事情，也就不了了之了。

曹操终于走出了思想的泥沼，前方的路，全靠自己去走了，他满怀信心，向前方奔去。

只有挫折，才能磨炼心智，才能激发潜能，才能锻炼意志；也只有经历过，才能变得更加勇敢和坚强，才能更好地去战胜困难，去谱写人生的华美乐章。

不经历风雨，怎能见彩虹？

能在逆境中成长，也是一种幸福。

只有经历炼狱般的磨炼，才能拥有创造天堂的力量。

——泰戈尔

曹操，将迎来更大的挑战。

这年十月，他移军东阿，遇到了大问题——还是没饭吃。

因为受自然灾害影响，粮价暴涨，五十多万钱才能买到一斛谷，不少地方甚至出现人吃人的惨剧。

为减轻负担，曹操实行精兵简政的政策，将新招募的士兵与差役都遣散回家。

精简部队，是为了以后的胜利，而就在这一年年底，一个人死了，他的死亡，引发了时局的急剧变化。

此时曹操的心里，还在惦记着吕布，这厮不除，天地难容。

属于我的东西，我一定要抢回来。

就在第二年的正月，曹操出兵了，首先袭击定陶。济阴太守吴资死守南城，没攻下，恰好吕布又来救援，那好，就打你吧！

这一仗，吕布败，到夏季，曹操又发兵攻击钜野，吕布又来救，又败。

曹操乘胜进军，到达乘氏，这时，他又想起一个人来，这人就是去年年底死的陶谦，虽然曹操没杀掉他，但他自己死了，病死的。

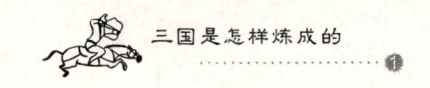

死之前,他将徐州牧的位子传给刘备,而刘备,也将会为他这个轻易得来的位子,付出惨重的代价。

最后一战

曹操想起陶谦,当然不是去刨坟,而是打徐州。

刘备根基未稳,正好乘机下手,曹操想先取了徐州,再回来解决吕布。这看似是个完美的计划,看似。

荀彧出现了,发挥无人能敌的口才,滔滔不绝,讲了一大通道理,一个目的:继续打吕布。

荀彧的道理很简单,家里的事都搞不定,又去打人家,到时候吕布闹事,不但无家可归,还可能打不下徐州,到那时,就无路可走了。

曹操觉得有道理,于是放弃了这个疯狂的想法,接着打吕布。

没过多久,吕布不甘心,又带着陈宫,纠集一万多人来战。

曹操等的就是这一天,但不是时候——手上没兵。

为了解决粮食问题,他将部队都派出去收麦子去了,守城的不到一千人。

老夫都还没准备好,你就来打,太不给面子了吧!

面对这样的窘境,曹操没有放弃,号令妇女都拿起武器,走向城楼。

她们面对的,是武力超强、"有虓(音 xiāo)虎之勇"的吕布。

硬拼,只有找死,曹操决定:用计。

他的这个计,就是"空城计"。

曹军大营的西面,有一座大堤,大堤南面,有一片树林,树林深密,幽深莫测。

曹操因地制宜,就在这"幽深莫测"里大做文章。

吕布也不是笨鸟,看到这"幽深莫测",就起了疑心。

就是这疑心,害了他。

他觉得里面有问题,不是曹操的伏兵,就是吃人的怪兽,吕布不是奥特曼,为了躲开这个死地,他告诫部下:

"曹操诡计多端,小心中埋伏。"

好心办坏事,吕布今天没中埋伏,明天,就不一样了。

第二天,他又来了,曹操就在大堤那儿等他。

好险,幸亏昨天谨慎,不然就进了曹操的套。

吕布看到,在大堤的前面,是曹操的士兵,不多——他意识到,既然你人不多,那就吃掉你。

吕布率军急进,猛攻曹军,正打得起劲的时候,大堤后面的士兵一涌而出。

完了,还是被算计了。

吕布被打了个措手不及,大败,只好往回跑。

曹操步骑并进,一直追到吕布大营才回军。

此时的吕布,已完全无往日的威风,狼狈不堪,只好连夜跑,跑到定陶。

曹操继续追,攻下定陶,吕布无力再战,只得带着残兵败将逃往徐州。

曹操没有停止进攻,接连收复兖州各县,现在就只有一颗钉子了——雍丘。

这里是张邈的弟弟张超驻守,面对曹操的疯狂进攻,他没有退缩,率众死守城池。

从八月开始围,围了四个月,到十二月,城破。

张超自杀了,曹操气愤难当,夷其三族。

张邈本来是跟着吕布去了徐州的,可他听说弟弟被困,为了挽救弟弟,他只身前往寿春,去那里求救于袁术,想要他赶紧搭救自己的弟弟。

他踏上了死亡之路,不但没有搭救弟弟,连自己都搭进去了。

在途中,他被部下杀害。[①]

[①] 另有一说,张邈没死,《献帝春秋》记载,他到了寿春,还劝袁术不要称帝,孰是孰非,不得而知。

在这个寒冷的冬天，张邈一家，算是彻底与世无争了。曾经的好友，如今的仇人，都不重要了，只有一点是明确的：

他死得非常不值。

我认为，他被陈宫骗了，他死后，陈宫还在那里活蹦乱跳，跟着吕布来到徐州，开始了他的人生新计划。

一时的糊涂，就换来一死，还连累家人，无论如何，都是不值的。

无可奈何花落去，似曾相识燕归来。

兖州再次平定。

曹操以他坚定的信念和非凡的战斗力，不屈不挠，出奇制胜，终于打败吕布，将他赶出兖州。更令他兴奋的是，朝廷见他实际控制了兖州，便干脆顺坡下驴，正式任命他为兖州牧，从此，他也少了一块心病，不再说是自领了（说了三年多，难为他）。合法存在，虽然实质一样，但有这顶帽子，做事也方便多了。

有了兖州这块稳固的根据地，曹操可以无所顾忌地施展自己的拳脚了，他将把自己的辉煌，推向另一个高度，平定中原的梦想，在不远处等着他，等着他去实现。

碰到曹操，吕布只有倒霉，算是遇上克星了。

此时的他，只能灰溜溜地去徐州讨饭。在那里，他将东山再起，而刘备，将迎来痛苦的生活。

第八章 挟天子

他是汉朝的末代皇帝,也是一位悲情的皇帝,他用自己的一生,见证了大汉帝国这座大厦的轰然倒塌。

他的痛苦,谁又能知?

汉献帝

就在曹操辛辛苦苦打架,苦不堪言的时候,东汉皇帝汉献帝,也同样苦不堪言。

汉献帝刘协——汉灵帝与王美人的儿子,本来轮不到他当皇帝的,可是剧烈的权力斗争,将他推向了皇帝宝座。

董卓乱政,为树立个人权威,废了刘辩,立他做皇帝。

当年,他才九岁。

初平三年(公元192年)四月,董卓被司徒王允设计杀害;不到两个月,王允又被董卓部将李傕、郭汜杀害。

当年,他才十二岁。

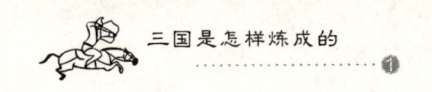

李傕、郭汜一伙，只是赌徒，打架是内行，执政是外行。挟持汉献帝，把持朝政后，他们胡作非为，无法无天，不但百姓深受其害，政务也是一塌糊涂。

为了争权夺利，他们相互猜忌，引发严重内讧。李傕先杀死右将军樊稠，接着又与郭汜互殴，最后两人一人劫天子，一人质公卿，互相残杀，打了几个月，死者不计其数，搞得长安鸡犬不宁。

看着这伙神经病，汉献帝很难受，想回洛阳，这样的日子没法过，度日如年，他只能暗自落泪。

过着这样担惊受怕的生活，连吃饭都成问题，还时不时被人调笑取乐，威仪扫地。

当年，他才十五岁。

兴平二年（公元195年）六月，李傕部将杨奉叛变，另一位董卓部将张济趁机调解他们之间的矛盾，两人这才答应讲和，并释放了人质。

可是为了控制汉献帝，这伙人又抢来抢去，抢到最后，又讲和。直到建安元年（公元196年）七月，汉献帝才千辛万苦地渡过黄河，回到洛阳。

汉献帝的一生，颠沛流离，总是不幸成为别人手里的玩偶，后来终于过上了安定的生活，但依然摆脱不了玩偶的命运，最后为了成就别人的开国伟业，落到被逼退位的地步。

他是汉朝的末代皇帝，也是一位悲情的皇帝，他用自己的一生，见证了大汉帝国这座大厦的轰然倒塌。

他的痛苦，谁又能知？

风餐露宿，九死一生，终于回到洛阳，汉献帝后悔了，因为，这里简直不是人待的地方。

六年前，洛阳被丧心病狂的董卓一把火烧了，成为一片废墟。这么多年国家动荡不安，也没重建，洛阳，已经是一座死城。

汉献帝自己还勉强找了个太监的屋子住着，可百官就惨了，只能睡墙角；没饭吃，就吃野菜，即使这样，有些还是饿死，或是被士兵杀死。

断壁残垣中，太多的悲伤与无奈，只有蟋蟀在哭泣。

生活苦点不要紧，快乐就行了，可又有人不安分了——搞内斗。

就是这个内斗，彻底改变了汉献帝的命运，一生的命运。

"密召"

当时，为了躲避李傕、郭汜两个恶魔的追杀，韩暹（音 xiān）、董承、杨奉、张杨等四人护驾有功，分别被委以重任。为了抵御外敌，杨奉驻守梁县，张杨驻守野王，而洛阳的宿卫，则归韩暹、董承两人了。

他们四人，外表很纯真，内心很暴力，表面合作愉快，其实矛盾很大。尤其是韩暹，他是与黑山军并雄于世的白波军大将，跟董卓余部这些凉州军本来就不是一路人，到了洛阳后，他被封为大将军、领司隶校尉。

有了权，就看不起人，他开始摆谱了，居功自傲、专横跋扈。

董承很不爽，但无能为力，他想到了兵强马壮的曹操，于是，暗中请求曹操进京帮忙。

曹操求之不得，其实早就在打这个主意，只是一时不能如愿，并且之前董承还极力阻止。

就在曹操刚刚领兖州牧的时候，谋士毛玠就建议他"奉天子以令不臣"，目的就是，把汉献帝接到身边来，借此号令天下。

曹操同意了，可那时候自顾不暇，也只是有心无力，但他并没有放弃，一直想办法接近朝廷，竭力表明自己的赤胆忠心。

这样做，不过是在寻找机会，以便控制汉献帝。曹操的想法很简单，利用这块招牌，为自己服务。

因为，汉献帝是个废物，却是个有用的废物。

如果谁能供着这个牌位，打着这个旗号，做什么就都能以皇帝的名义，多好。

在古代君权神授的年代，皇帝就是天子，他的命令，谁都得听（理论上）。

如此，这个废物，也就成为许多人垂涎的猎物，谁能先得到这个猎物,谁就能——抢得先机,挟天子以令诸侯。

建安元年(公元 196 年)一月,曹操出兵武平,收降袁术属下陈国相袁嗣;二月,又击破和收服汝南、颍川黄巾刘辟、黄邵、何仪诸部,正式攻占许县。

曹操的实力进一步增长,看到汉献帝到了洛阳,又想念他了,想把他接到许县来散散心。

曹操开了个会,兴致勃勃地告诉大家这个美妙的计划,没想到,响应的少,反对的多。

这时,荀彧和程昱站出来,大力支持曹操的这个方案,荀彧不但讲了迎天子的好处,还说你不动手,别人就抢走了。

既然这样,那就抢吧!曹操立即采取行动,遣曹洪带兵西迎献帝。

没想到,这一趟白跑了,董承与袁术部将苌奴,据险而守,曹洪过不去,只好作罢。

这件事让曹操十分苦闷,壮志未酬,他唯有继续努力。

硬的不行,就来软的。曹操决定,先拉拢势力最强的杨奉,以粮食引诱他,说我有粮,你有兵,正好取长补短,生死与共。

杨奉很高兴,开开心心地答应与曹操生死与共,还表荐他为镇东将军,袭爵费亭侯。

稳住杨奉,曹操还在为怎样进洛阳头痛的时候,董承的"密召"来了。

曹操喜出望外,立即带兵奔赴洛阳,见到汉献帝,第一件事就是奏报韩暹、张杨两人的不法行为。

韩暹知道斗不过曹操,一个人骑着匹马就跑了,跑去投奔杨奉。

抢皇帝

曹操笑了,这时候,杨奉、张杨将兵在外,大将军韩暹也跑了,洛阳城内,兵势最强的,就数他。

曹操领司隶校尉，录尚书事，总揽军政大权，他的人生，自此翻开了新的一页，匡复天下的梦想，已不再遥远。

为了树立个人权威，曹操以汉献帝名义，封卫将军董承等十三人为列侯，以表彰他们护驾有功；追赠射声校尉沮俊为弘农太守，以表彰他为国尽忠。

有奖有罚，才能服人，为杀人立威，他又杀掉侍中台崇、尚书冯硕等三人。

没人敢吭声了。

虽然如此，曹操头脑还是清醒的，他知道，必须离开洛阳，才能摆脱猎狗一样的军阀的窥伺。

下一步，该怎么办？

毕竟汉献帝不是大白菜，他是皇帝，代表朝廷，代表一股强大的势力。

曹操叫来董昭，要他坐在自己身边。他看着这个很有先见之明、多次帮到自己的人，问道：

"现在我到了洛阳，下一步该怎么办？"

董昭告诉他，必须尽快把献帝迁到许县去。

曹操同意了，他早有此意，可还是担心一个人——杨奉。

董昭说，杨奉勇而无谋，只要告诉他洛阳缺粮，想暂时把献帝迁去鲁阳，他必定不会怀疑。

曹操照办，忽悠杨奉，给他吃了一颗定心丸。

杨奉信了。

利用杨奉的疏忽，曹操趁别人还摸不清他意图的情况下，迅速将汉献帝转移至许县。

等杨奉知道了曹操的目的，已无可挽回。他大为恼火，立即带着韩暹一同带兵追击，没想到曹操早就在半路上等着他。

在阳城县境内，埋伏在山谷中的曹军，把杨奉、韩暹打得抱头鼠窜。

其后，曹操为了最终解决杨奉，亲自率军征讨，杨奉再败，只好和韩暹一起，灰头灰脸地去投奔袁术。

后来，杨奉、韩暹、张济、张杨、李傕、郭汜这些乱世枭雄，死的死，

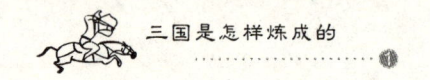

废的废,只有曹操,天天捧着汉献帝这个宝贝,得意洋洋地发号施令。

这是一场马拉松,从来都不是百米跑。耐力和意志,才是最终的制胜之道。

到了许县,曹操开始描绘自己的宏伟蓝图,首先将这里定为都城,而后就是造宫殿。

没地方住,汉献帝开始就住在曹操的军营中,而朝廷的典章制度,也慢慢恢复起来了。

为了照顾好汉献帝,曹操还真下了一番苦功,生活上无微不至的关怀,吃的用的,无所不尽,连枕头、镜子、澡盆都送过来,甚至还向他详细介绍了一种酿酒的方法。

有付出,就有回报——曹操成为大将军。

就是这个大将军,却闹出一场巨大的风波。

当然,这些不过是小把戏,每天保护汉献帝的几百名护卫,都是曹操的亲信,这才是真实目的:

随时监控。

汉献帝虽然衣食无忧,但身在樊笼,大权旁落,活像一只失去自由的小鸟,过得实在谈不上幸福。

名为皇帝,实则囚徒。

这个不安分的少年,开始了与命运的抗争,几年后,他密诏铲除曹操,最终酿成一起惨祸。

一生最大的错误

世人都说,曹操挟天子以令诸侯,占了大便宜,其实这是误解,上了刘备、孙权这些人的当。政治对手,往往是无中生有、栽赃陷害、上纲上线,不计成本地往死里骂,目的就是把你搞死搞臭,他才能大展宏图。

认真检索史料,我们就会发现,曹操迎来了汉献帝,不是福,而是祸。这个祸害，流毒不浅，以至于今天，还有很多人认为他捡了个大便宜，其实，曹操是捡了个大包袱。

他被这个决定害了，终其一生。

得出这个结论，是有充分理由的，因为自从汉献帝到了许都后，不但没使曹操的号召力增强多少，相反本来十分团结的内部，还出现了一些分化的迹象，以至于到最后，荀彧等人都与他彻底决裂。

利用汉献帝的便利，人才是引来一些，可里面，也有孔融、祢衡这些极品，不但经常侮辱他的人格，还经常侮辱他的智商，搞得曹操很没面子。

前面讲了，汉献帝是有一整套班子的，人员众多，要管吃管用，这是一个沉重的负担，没服侍好，还要挨骂。这些不计，最主要的是，曹操自己经常挨骂，被骂了差不多两千年，还有人在骂。尤其是刘备、孙权这些政敌，动不动就把"名为汉相，实为汉贼"这一套搬出来，大骂特骂，骂得曹操声名狼藉，连现在唱戏，都还是个白脸奸臣。

事实上，曹操很冤，因为当时的东汉帝国，名存实亡，各路军阀攻伐兼并，谁也不听谁，更没把这个皇帝放在眼里，曹操的命令，他们只是当空气。曹操扁过那么多人，从来没有哪一个诸侯，因为汉献帝这块牌子而听从曹操的号令；也没有哪次战斗，因为汉献帝这块牌子而不战而胜。

从官渡之战前曹操的险恶处境，就能知道其中的大概。按理说，挟天子以令诸侯，应该所向无敌，这时候，应该是这个终极武器发挥最大效用的时候，可曹操得到的，只是一地鸡毛，甚至在决战前夕，汉献帝还差点要了他命。

搞出这么个活宝来，曹操不但经历了好几起莫名其妙的政变，差点被汉献帝搞掉，甚至到自己快要死了，他都无所适从，还要向世人解释，一再表白自己绝无代汉之意，搞得自己十分狼狈。

他总是提心吊胆，经常担心后院起火，害怕被人暗杀，连每次出征，都要在许都留下大量兵力，以防不测（一怕失火，二怕宝贝被偷）。

后来曹操发现了这个现实，在建安九年（公元 204 年），将自己的大本营从许都迁到邺城，也就是想告诉世人，我与汉献帝分居了，我不是挟什么天子，你们不要瞎想。

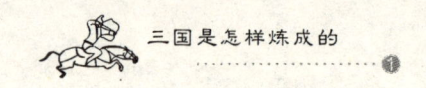

其实从这时候开始，也就意味着曹操自己，放弃了这个曾经寄予太多美好和期望的战略，搞到自己相当被动之后，他只能放弃。但到了这一步，又不能不管，因为，已经骑虎难下了。

曹操输得一塌糊涂，但世界上的事，做了，就要承担后果，无论好坏，无可更改。

平心而论，他得到汉献帝，是得到了一些利益，可失去的，远比这个更多，可以说是弊大于利。要是没有这个累赘，统一天下的理想，可能也不会到死都不能实现。

他之所以没有董卓那么惨，是因为比董卓有能力，毕竟挟天子这个事，本质是一样的，看看董卓的惨状，就能够大致了解当时人们的想法了。

曹操所有的一切，都是他自己努力争取来的，完全是他个人奋斗的结果，与什么汉献帝无关；并且在曹操之前，汉献帝早就被董卓、李傕、杨奉等人挟持，但也没见他们借此做出什么丰功伟绩来，相反个个都没好下场，所以很多人故意抬高"挟天子以令诸侯"的作用，无非就是要贬低曹操的能力，以为他真的就是靠着这个破招牌打下的江山。

其实大谬。

挟天子以令诸侯，曹操不过是空有挟天子之名，而无号令天下之实。汉献帝对他而言，只是一块鸡肋，食之无味，弃之可惜。他自以为聪明，不料聪明反被聪明误，自己给自己套上了一个紧箍，一辈子，都不能解脱。

从某种意义上说，迎帝都许这个决定，是曹操一生最大的错误。

集权

搞定皇帝后，曹操主要干了三件事：集权、用贤、屯田。

虽然自己总揽大权，但还是有潜在威胁的，曹操决定铲除这些威胁；尤其是随驾大臣中的三公宰辅，颇具名望，必须有个处置办法。

三公，首先成为他的目标。

建安元年（公元196年）九月，罢太尉杨彪、司空张喜。

太尉杨彪，杨修他老爸，与袁绍一样，东汉名族，四世太尉，世代忠烈。

为了保护汉献帝，他几乎连命都丢了，可谓忠心耿耿。这样的人，对于汉献帝是好事，对于曹操，就是坏事了。

必须搬掉他。

有一次，汉献帝搬家，大会公卿，曹操看到杨彪脸色不对，饭都没吃，就借口肚子疼，溜了——因为怕被暗算。

这件事震动很大，明眼人都看得出来，曹操不乐意了。杨彪也很清楚自己的处境，于是说自己病了，主动请辞。

可曹操对此并不满足，听说杨彪和袁术是亲戚，而袁术居然大逆不道，整不了他，那就整你。

于是曹操大做文章，让杨彪跟不靠谱的袁公子扯上关系，诬以大逆，好借此杀了他。

杨彪获罪，一时间人心惶惶，谁都不敢跟曹操作对。

一向天不怕地不怕的孔融，得知杨彪下狱，朝服都没穿，就大步流星地跑来了，看到曹操就喊：

"父子兄弟都不牵连，怎能把袁术的罪归于杨公？"

曹操回答："这是皇帝的意思。"

孔融懒得听这一套，痛斥曹操虚伪，滥杀无辜，还说我孔融明天就走人，不鸟你了。

曹操一听，知道孔老夫子的臭脾气又来了，看他讲的也有几分道理，于是放杨彪一马，毕竟给了点教训，也就可以了。

这次没杀老子，只是若干年后，儿子就被他杀了。

杀了后，曹操还特意给杨彪写了一封信，送去一些礼物，信中说，我杀了你儿子，未必不是件好事，因为这样免得他连累你全家。

杨彪敢怒不敢言，欲哭无泪，只能打掉牙齿和血吞。

何其残忍！

对待三公如此，其他人，就不用说了。议郎赵彦，私下跟汉献帝献

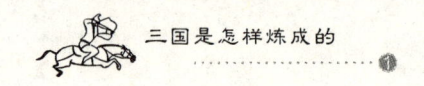

策,陈说时事,被曹操知道,立马干掉,总之一句话:

顺我者昌,逆我者亡。

打跑了杨奉,还有一个人要对付——袁绍。

此时靠武力征服肯定不是时候,但毕竟有皇帝招牌在手,拿出去砸一砸,还是很过瘾。

恰好袁绍来惹事,以许都低湿为由,要求曹操迁都鄄城,好就近控制。曹操先以皇帝的名义下诏,斥责袁绍结党营私,总之不是好东西。

袁绍无奈,明知道这是曹操的把戏,但也要应付,只好装模作样地写了一封长信,诚惶诚恐,反复为自己辩解。

而后,曹操又以皇帝名义拜袁绍为太尉,封邺侯,而此时,曹操已是至高无上的大将军了。

忘恩负义的东西,要老子做你下级?明摆着是来恶心人的,什么太尉,自慰还差不多。

袁绍很气愤,怒不可遏,大声吼道:

"曹操几次都死定了,都是老子救他的,现在居然敢挟持天子命令起我来了?"

袁绍不跟他玩,上表不接受这个太尉。

曹操知道袁绍的脾气,惹毛了也没好果子吃,现在也没实力跟他死磕。好吧,既然你对俺这个大将军这么大意见,那就大方点,让给你吧!

能屈能伸,方为大丈夫。

只要天子在手里,其他虚名,想要就给你。

曹操辞去大将军,而后派孔融持节,拜袁绍为大将军,兼领青、冀、并、幽四州。

内外基本消停了,曹操也给自己封了个新官——司空、代理车骑将军,从此,百官都要听他的。

集权成功,还是要办事,办事就要用人,而在这方面,曹操可谓轻车熟路,极有心得。

求贤若渴

总揽朝政后，曹操不是等着享受，而是继续艰苦奋斗。

富国强兵的梦想，时刻在激励着他，看到军阀混战，他想操练精兵，以求统一；看到百姓流离失所，他想发展经济，让百姓过上好日子；看到朝政腐败，他想任贤用能，革弊图新，以期天下大治。

为了实现这些目标，他亟思进取，知难而进。他知道，在所有的困难面前，他只有奋勇前进，为国家，也为天下百姓。

就在汉献帝刚到许都时，曹操就呈上一封《陈损益表》，深刻表达了自己的这种愿望。在奏章中，他提出了十四条改革建议，年代久远，这些建议也已失传，但在《艺文类聚》中，还摘录有一百零八字。

从这些只言片语中，我们可以清晰地看出，曹操的这些建议，概括起来就八个字：富国强兵、任贤用能。

此后的事实也充分证明，曹操的所有行动，就是围绕这八个字来展开的，这也是他的工作重心。

要办好事，首先就要会用人，曹操对于人才的重视，那是出了名的。知人善用、人尽其才，在他那里，绝不是一句空话。

到了许都，他不但重用旧部，还广揽新秀，最令人兴奋的是，两个人的出现，让他如沐春风，如虎添翼。

他们的名字，分别叫做郭嘉和荀攸。

他们两人都是曹操主动找来的，为了寻访贤才，曹操要部属积极推荐。

荀彧响应号召，最为积极，一连举荐了十几个人，其中就有郭嘉和荀攸。

郭嘉，字奉孝，最初追随袁绍，后来见难成大事，就走了。恰在这时，曹操手下的一个谋士戏志才死了，这家伙很有才，曹操很器重，无奈命不长。没办法，曹操只好又给荀彧写信，问他谁能够继续戏志才未尽的事业。

荀彧推荐了郭嘉，两人一见面，曹操就和他纵论天下大事，果然见他见解不凡，高兴得连连大呼：

"使孤成大业者，必此人也！"

郭嘉也很兴奋，出来后就大喊：

"曹操真是我的好老板啊！"

从此，郭嘉留在曹操身边，担任司空军祭酒，参谋军事；从此，郭嘉登上奇幻的历史舞台，开始施展他绝世的才华。看人看事入木三分的超级本领，让他成为曹操最信任的谋士。

我看到了，那清雅的笑容，那明亮的眼睛。

荀攸，字公达，荀彧的侄子，却比他大六岁，此人身怀奇思异谋，却不得志。好不容易等到董卓死了，想去蜀郡做太守，无奈路又不通，去不了，只好窝在荆州看星星。

也就在这时，叔叔推荐了他，曹操赶紧写信，把他找来许都。

一见面，两人就开始谈，谈过后，曹操又非常高兴，兴奋地对荀彧他们说：

"公达非常人也，我有他，天下当何忧哉？"

于是，任命他为军师，留在身边随时咨询。

荀攸这人最大的特点就是：深藏不露。看第一眼，还以为有点傻，只是他的内心，包含着无限的智慧与谋略，大智若愚，是对他最好的形容。

良好的人才政策与求才若渴的心态，全国各地的俊良贤才纷至沓来，他们无不一个目的：出仕为官，为国效力。而曹操，正好为他们提供了这个广阔的舞台。也正是因为这些人的精彩表演，让我们看到了作为一个人的独特价值与信念，三国，因为他们的长袖善舞，才如此精彩绝伦，如此令人神往。

任贤用能还好办，但要富国强兵，可就没那么简单了，因为这里面，涉及到太多的技术性问题。

为了在政治、军事和经济上有一个重大突破，曹操实行了一项特殊的政策——屯田制。

屯田

屯田制,虽说是经济问题,但意义太大,对于军事和政治的影响,不言而喻,因为,它解决了一个根本问题——吃饭。

任何事业,都是人做出来的,而人要吃饭,不吃就要饿死。所以吃饭问题,始终是大问题,民以食为天,讲的就是这个道理。

而在东汉末年,连年战乱,生产荒废,人口锐减,千里无人烟的惨状随处可见。

一旦发生战争,就没有丝毫幸福可言了,大量的人员死亡,没死的,也为了活命,到处流亡。而伴随而来的,往往是瘟疫,这样一来,中原地区的人口急剧减少,即便是长安、洛阳这些昔日的繁华大都市,也都是荒凉不堪。比如冀州原有人口五百七十万,等到后来曹操占领那儿时,只剩下三十多万了,虽如此,曹操还觉得是个很大的州。

剩下的人,连以前十分之一都不到,还认为是大州,可见其他地方就更是不堪入目了。

社会不稳定,又没人种地,粮食就没着落,即使种了,也没收成(旱灾、蝗灾、水利失修),这样严重的粮荒,导致粮价暴涨。即便如此,很多时候也是无粮可买,因为——全国都缺粮。

吃不饱肚子,首先受害的是普通百姓,很多人都被活活饿死,甚至在河南、河北、关中等地,一再发生人吃人的惨剧。

老百姓日子不好过,军阀老爷们也好不到哪里去,时不时就发生粮荒。比方袁绍军吃桑葚;袁术军吃水草;刘备被吕布打败,逃到广陵,竟然吃人。很多小军阀,不是被打死,而是被饿死,大军阀还能坚持一下,但也像个叫花子一样四处讨饭。

曹操自己,同样也遇到这个问题,多次因为缺粮,被迫退兵。打陶谦,没粮,撤;打吕布,没粮,撤;就连迎汉献帝时,带的一千多人,也差点在半路上饿死，幸好新郑县长杨沛送来桑果干，才勉强渡过灾难。

问题出现了，就要想办法解决。

世界上，任何事情都有解决的办法，只是你没想到而已。

曹操想到了。

情况如此严重，不下猛药，肯定没得治，非常之时，必做非常之事。就在建安元年迎汉献帝到许都不久，曹操就正式宣布，在许下屯田。

许下屯田这个建议，是韩浩与枣祗两人提出来的，尤其是枣祗，更是为了这个事业，倾注了所有的心血，乃至最后，死在屯田的岗位上。

屯田并非曹操首创，商鞅、秦始皇、汉武帝都干过；同时期比他做得早的，也不乏其人，比方陶谦、公孙瓒全都干过，但干得最好的，还是曹操。

因为曹操认定了这个目标，持之以恒，并采取了一整套极为有效的措施，虽然在推行的过程中也遇到不少困难，但最后，他成功了。

在许下（许县周边地区）屯田，是作为试点，获得成功后，曹操即向自己的领地全面推广。

屯田分民屯与军屯，军屯（组织士兵）规模不大，在曹操执政时期，主要是民屯（组织屯田农）。

曹操将黄巾军投降的人员和家属，以及其他一些流民，以军队的形式组织起来，按每屯五六十人进行编制，再分发土地、耕牛及其他生产工具，以军事化方式进行严密管理。

管理一屯的主管，称屯田司马；一县，称屯田都尉；一郡，称典农校尉或典农中郎将；而在中央，还设立了司空掾属专门进行管理。

屯田官直接对上级负责，地方官跟他们没有任何牵扯，根本无权过问。这样赋予各级屯田官的绝对权力，就保证了屯田工作的独立性，为这项事业的成功，奠定了良好的基础。

而在如何进行制度设计的时候，内部发生了严重分歧。

不能忘却的纪念

枣祗是首倡者，被任命为屯田都尉，上任的第一件事，他不是思考怎样除草捉虫子，而是如何分配利益。

依原先的计划，屯田的农民，将按照租用公家耕牛的数量，向政府缴纳相应的税粮。这个方案，看似合理，但有个很大的缺陷，收成好，不能多要，收成坏，还要减免，甚至没有；另外农民还容易钻空子——既然税收是定量，那我不租你的牛总可以吧？俺自己养一头。

枣祗思来想去，觉得这种方法不行，只有提高种粮农民的积极性，才能取得双赢的局面。

为了改变这种"计牛输谷"的办法，枣祗设计了一套更好的办法，即所谓的"分田之术"。

分田之术说简单点，就是把田地分给个人，然后按照产量多少来收取税粮，具体做法是：租用公家耕牛的，六四开，公家六，你四；不租公家耕牛的，对半开，每人一半。

将欲取之，必先与之。为了提高生产者的积极性，第一年还免税，第二年减半，第三年才全额征收。

发展经济，必须要有养鸡生蛋的思维，如果只想杀鸡取卵，最后就是一起完蛋。

有利益，就有动力。反正多产两百斤，一半都是自己的（有牛），那还不早起晚归，拼命干活？这就像现在的提成制，业绩多，提成就高，当然谁都想业绩高。

这个意见一提出，曹操还不同意，可能一时还没认识到"业绩"的重要性，后来他还让荀彧郑重其事地开了个会，也是不了了之。

荀彧也疑惑了，不好下决定，枣祗依然坚持自己的观点，晓以利害，力排众议，终于打动了曹操，同意这个方案。

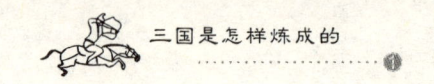

屯田开始后，荒芜的原野上，到处都是忙碌的人们，一派欣欣向荣的景象。

第一年，屯田就获得巨大成功，得稻谷百万斛。

试点成功，曹操迅速进行推广，从此，粮食问题解决。可惜的是，六年后，枣祗死了，接他班的，是曹操的堂妹夫任峻。

任峻被任命为典农中郎将，全面负责屯田事务，在他的努力下，短短几年时间，粮仓都满了，饭也吃不完。

只是世事多无奈，三年后，任峻也死了，接他班的，名叫国渊。

国渊对屯田制进行了进一步完善，屯田事业继续稳步推进，只是，枣祗和任峻，再也看不到了。

对于两人的不幸早逝，曹操很悲痛，他忘不了他们的功绩。后世史家也看到了这点，对于他俩的评价非常之高，赞曰：

"军国之饶，起于枣祗而成于峻。"

他们是不朽的，虽然后来随着社会的发展，屯田制趋于破坏，但这个延续了七十多年的制度，给后世带来了深刻影响。直到明清两代，都用这个方法解决实际问题，直到今天，这个制度依然闪烁着耀眼的光芒（比如新疆生产建设兵团）。

至于屯田的历史意义，太多，这里就不说了，但可以肯定的是，曹操解决了吃饭问题，其他问题，也就好解决了。

有军有粮，还有皇帝在手，曹操当然不会天天喝杜康酒，一统天下的理想，时刻在激励着他，他又开始对四处的军阀举起狼牙棒了。

有三个人的名字，上了他的黑名单，他们分别是：

张绣、袁术、吕布。

战张绣，他损失惨重，赔上了儿子，还失去了爱情；讨袁术，他用尽手段，最终把袁术逼上绝路；征吕布，他耍尽手腕，最终迫使其自投罗网。

只是这一仗，打得异常艰辛。

等等这一切，又将是一个怎样的艰苦历程，曹操将如何去面对一个又一个的艰难困苦，他是怎样战胜这些超级对手的呢？

第九章 战张绣

一个悲剧,一个延续了将近两千年的悲剧。

惭痛入九泉,问人生到此凄凉否?

投降

控制朝政后,短短几个月时间,曹操便稳定局面,他卓越的政治才能显现出来。

就在此时,全国各地的军阀,经过一番残酷的"市场竞争",已基本成型。东面,吕布据徐州,袁术据淮南;南面,刘表据荆州,孙策据江东;西面,马腾、韩遂据凉州,张鲁据汉中,刘璋据益州;北面,袁绍据冀、青、并三州,公孙瓒据幽州,张杨据河内。

而曹操,在中间。

在中间,有好处,也有坏处,好处是可以借此地利,各个击破;坏处是搞不好就被群殴,四面受敌。

复杂的环境,是考验一个人应变能力的最佳方式。

曹操没有坐以待毙，而是积极行动起来，他要用行动来证明，我才是最后的强者！我曹操的敌人，要么死，要么降，别无他途。

曹操决定：先弱后强，各个击破。为了实现这个战略构想，他采取了极为高明的策略。

本来是准备先拿吕布开刀的，可是形势的变化，让他改变了主意。

因为有人横插一杠子，董卓四大虎将之一的张济，待在弘农没饭吃，突然袭击荆州，在南阳抢掠一番后，又攻打穰（音 ráng）城。

不幸的是，一支流矢断送了他。张济死了，他侄子张绣还活着，于是接他的班，继续统领这支打野食的凉州军。

张绣作战勇猛，很快就占领宛城（南阳），并且联合刘表，一同对付曹操。

曹操的背后，突然插了一把尖刀。

宛城与颍川、汝南等地紧密相连，位置重要，最关键的是，这里离许都很近。

家门口成天有一只老虎在转悠，你不可能无动于衷，曹操决定，先打掉这只老虎。

建安二年（公元197年）一开春，曹操率大军直扑宛城，此战，他有着必胜的信心，两个原因：

一、张绣立足未稳，势力也不强。

二、距离不远，便于出击。

与张绣的三次大战，正式开打，只是这一仗，曹操败得很惨，差点有去无回。

只因为，他的一次好色。

张绣，武威祖厉人，张济的侄子，早年在县府当差，时边章、韩遂在凉州造反，金城人麹（音 qū）胜趁火打劫，袭杀祖厉县长刘隽。

可能是与刘隽有交情，张绣寻机为刘隽报仇，终于，让他逮到了机会，杀死麹胜，并一举成名，成为邑中豪杰。

后来，他跟随叔叔张济，在平定长安的叛乱中，以军功迁建忠将军，封宣威侯。

其后张济屯军弘农，没东西吃，只好率部流窜到荆州就食，没想到在攻穰城时，被乱箭射死。

叔叔死了，张绣继承了他的事业，统领张济的这支军队。

张绣继续为生存而战，恰好在此时，刘表打上了他的主意，正想利用他手中彪悍的凉州军，守住荆州北大门。

于是，张绣与刘表结盟，盘踞在宛城，时刻对曹操构成巨大威胁。

正因为如此，曹操才如此兴师动众，欲除之而后快。

张绣很清楚自己的实力，与其大动干戈，不如化干戈为玉帛，于是，等曹操抵达淯水时，他就迫不及待地率众投降了。

不费吹灰之力，搞定张绣，曹操笑了，可最后，却成了一个笑话——因为一次好色，导致自己几乎陷入绝境。

遭遇突袭

曹操很开心，设宴款待张绣及其部将，置酒高会，一同吃饭喝酒，"唱卡拉OK"。

非常尽兴。

为了震慑这些降将，他还特意安排了一个特色节目——给诸位敬酒。

曹操挨个敬酒，看起来很有诚意，可要命的是，他身后总跟着一员猛将，手持一把利斧，刃长尺余，寒光闪闪，看着你都心惊肉跳。

更雷人的是，这个猛将还很好动，咄咄逼人。只要每走到一个人面前，他不但要举起利斧，还要虎视眈眈地盯着你，搞得你心神意乱。

被人像老虎一样盯着，没点心理素质，早趴了。这给张绣他们带来严重的心理障碍：一直到吃完饭，都不敢抬头看一眼曹操（绣及其将帅莫敢仰视）。

很爽，爽了十多天，十多天后，出事了。

人有个弱点，一高兴就容易得意，一得意就容易忘形，曹操也不例外。

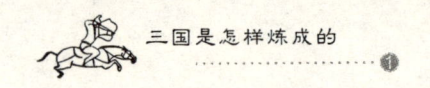

在胜利的幻觉中，他看上了一个女人——张绣的婶婶，张济的老婆。

可能是这个婶婶长得太漂亮，让曹操心猿意马了，加之张夫人本人也耐不住寂寞（但曹操毕竟不敢强抢，不信你试试），于是，两人之间的"爱情"，产生了。

看到曹操跟自己婶婶鬼混，张绣受不了了，奇耻大辱啊！连婶婶都保护不了，又何以号令三军？

他恨得咬牙切齿。

曹操得知这一消息，想把张绣杀了（密有杀绣之计）。

张绣手下有一个叫胡车儿的部将，异常勇猛，勇冠三军，深得张绣信任。曹操想收为己用，于是用重金收买。

他妈的，霸占我婶婶，还挖我墙脚，想暗算我，太不地道了吧？

欺人太甚，张绣决定：反！

恰在此时，曹操欲杀张绣的密谋泄露，张绣准备先发制人。

恰在此时，一个超级牛人出现了，他就是张绣的军帅。

牛人告诉他，既然不爽，那就怒吼吧！

两人最后商量的结果是，发动突然袭击，给曹操以毁灭性打击。

依牛人的计策，张绣向曹操报告，请求曹操批准他的军队途经曹营，迁往城外去；同时谎称，说车子奇缺，还都超载，希望铠甲由士兵自己披在身上，一起带出城去。

报告不无破绽，可曹操依然沉浸在美妙的爱情世界，哪里想得这么仔细？

他全都批准了。

批准了，就完了。

一个致命的错误！

麻痹大意，结果往往就是死路一条。

张绣率领全副武装的将士路过曹营，就在曹操还在热烈欢迎的时候，他突然动手，掩袭曹营。

既然是偷袭，就只有像珍珠港一样惨了。

曹操毫无防备，大败。

全军溃散,曹操只有逃命,猛将典韦拼死守住大门,才让他轻骑逃脱。

曹操仓皇逃走,只是坐在马上的他,会做何感想呢?因为,这匹马,应该是他儿子的。

曹操的坐骑绝影,被流矢射中,自己右臂也不幸挂彩。

曹操是还能站起来,可马站不起来了——脸和脚都受了箭伤,再也跑不动。

没马,靠跑步,估计要跑去阎王那里报到。在这危急关头,长子曹昂,毫不犹豫地把自己的坐骑让给曹操。

这是仅有的生还希望,他毫不犹豫地让给了自己的父亲,在这一刻,他的心里,只有血浓于水的亲情。

宁愿自己去死,也要救出父亲。

亲情,不惧生死。

曹操不能耽搁,跨上马,遁去。

而身后,是曹昂惨死的声音,陪他去的,还有曹操的侄子曹安民。

曹操悲痛欲绝。

典韦

还是有逃出来的,曹丕就挺机灵,虽然只有十一岁,但他看形势不妙,什么都不顾,抢了匹马跳上去就跑。

一念之间,中国历史上,多了一个皇帝。

曹操继续逃命,逃到舞阴,张绣继续猛追,曹军依然没回过神来,七零八落,溃不成军,形势愈加紧急。

这时,传来典韦阵亡的死讯,曹操再也忍不住了,号啕痛哭。

此时此刻,我不知道他内心的矛盾,但我知道,他痛苦万分。

儿子、侄儿、亲将,都惨死在敌人的刀下,只因为,自己的一个失误。

这就是狂妄自大、谋事不密的后果。

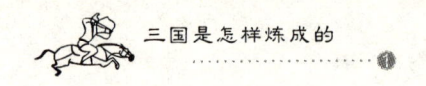

能怪谁呢？或许，这就是命中注定。

典韦是战死的，死得壮烈。

他是曹操的贴身侍卫长，在张绣发动攻击后，为了掩护曹操，他坚守营地大门，为曹操争取了宝贵的逃跑时间。

张绣进不了门，就从侧门进攻，最后，将典韦团团围住。

此时他的身边，只剩下十几名亲兵，只有十几人。面对强敌，他们毫不畏惧，以一当十，人人拼死奋战。

敌兵越来越多，典韦也越战越勇，挥舞长戟，左右突杀，一戟刺去，敌兵傻眼了，十多支长矛哗啦啦地全部折断。

猛将出手，无不摧破。

可毕竟寡不敌众，身边的战士，一个接一个地倒下，就剩下他一个人。

一人而已！

他身中创伤数十处，但他仍然不言放弃，拼死力战，奋力搏击。

手中的武器打没了，他就用手，徒手与敌肉搏。

敌人冲上来，他赤手空拳，殊死力斗，空手逮住两人，击杀之，余众不敢近前。

他没有停下，没有投降，没有放弃，而是再一次冲向敌阵，连杀数人。这时，伤口剧烈发作，他再也支撑不住了。

在生命的最后一刻，他依然怒目张瞪，大骂敌人。

他倒下去了，再也站不起来。

他是无畏的，勇敢、坚强，还有誓死守护的责任。

典韦，陈留己吾人，形貌魁梧，膂力过人，有志向、有气节，好打抱不平。

他曾经替人报仇，手杀仇人后，满市尽骇，前来追击的几百人，无一人敢靠近。

由此，他深得豪杰之士的赏识。

初平中，张邈举义兵，他参军了，在司马赵宠手下干活。军中的牙门旗既长又大，没人举得起，典韦来了，一手就将其竖起。

赵宠很惊讶，以为奇异，刮目相看。

后来,他追随夏侯惇,数战有功,拜司马。讨吕布,他带领敢死队击退敌军。

就是这一仗,让曹操对他另眼相看,提升他为都尉,带亲兵数百人,在自己大帐周围巡逻。

他正式成为曹操的贴身侍卫长。

他不但作战勇猛,所帅士卒,也都是严格挑选,每次战斗,他的部队,都是带头冲锋陷阵。

后来,他又迁为校尉,但他从不敢松懈,他知道自己所肩负的责任——随时随地保卫曹操。

他性情严谨持重,忠于职守,白天,他在帐外侍立终日,晚上,他就住在曹操大帐的旁边。

他胃口很大,喜欢大块吃肉,大碗喝酒,加上他使的武器是双戟和大刀,故军中有谚云:

"帐下壮士有典君,提一双戟八十斤。"

曹操招降张绣,想给降将一个下马威,为他们一一敬酒。他提着大斧,一个接着一个地吹胡子、瞪眼睛,吓得张绣他们看都不敢看曹操。

在张绣袭击曹营时,他像大山一样,屹立在营门前,誓死捍卫曹操,直到战死,他都不曾放弃,竭死力战。

曹操得以顺利逃脱,而他,壮烈牺牲。

惊天地,泣鬼神。

得知他战死的消息,曹操崩溃了,痛哭不已;而后亲自为他吊丧,他再一次痛哭不已,将他归葬襄邑。

这就是典韦,"被数十创",依然"复前突贼",依然殊死力战的典韦。

在写完这段文字后,我泪水夺眶而出,典韦,不仅是一个无畏的战士,还是一个敢于担当的英雄。

他坚守自己的责任,只为护卫曹操。

他履行了自己的诺言,只因为,这一份责任。

于禁的对策

逃到舞阴的曹操，惊魂未定，不但军队失去统一指挥，有些连人都找不到了，只能抄小路各自归队。

狼狈不堪。

还是有不狼狈不堪的——于禁。

于禁，五子良将之一，危难时刻，他的勇猛、果断与沉着，表现无遗。

在混乱的时候，于禁统领部属数百人，且战且退，虽有死伤不相离。

张绣追击的骑兵，见占不到什么便宜，稍稍退却。于禁于是不紧不慢地整理队形，打着鼓回来了。

可还没见到曹操，在路上，却遇到十几个受了伤、没穿衣服在那里裸奔的人。

他很奇怪，忙问各位大爷这是怎么了？这伙人回答，说是被青州兵抢劫啦。

于禁大怒，宣示部下：

"青州兵同属曹公，怎么成了强盗？"

他没有请示，直接率兵攻击这伙胡作非为的青州兵，并斥责其罪行。

青州兵是黄巾军"转制"而来，一贯有流寇作风，虽然作战勇猛、人数众多，但军纪不佳，加之曹操又比较宽待他们，所以才敢这么放肆。

在这种危急之时，如果不能有效控制青州兵，任其胡搞，只能是失去民心，还有可能酿成兵变，所以于禁才迅速采取果断措施。

被人追杀，打不过，只有跑，犯事的青州兵也跑了，跑去曹操那里——告状。

要告状，无非是颠倒黑白，隐瞒事实，目的就是想把对方整死。

这时候，最需要的，是证明自己的清白。

于禁没有这么做，到了舞阴后，他不是先去见曹操，而是安营扎寨，在那里等。

有人担心了，提醒他，说青州兵都告发你了，怎么还不去申辩？

于禁丝毫不惧，凛然道：

"现在追兵随时都可能追上来，不先准备，何以待敌？何况曹公明断，怎会听信谗言？"

他相信曹操。

他没有错，等见到曹操后，曹操不但没怪他，反而称赞他有不可动之节，说这次寡人搞得这么被动，多亏你了，即使是古代名将，也不过如此啊！

一番感叹后，曹操封他为益寿亭侯。

可是世间的事，圆满的少，遗憾的多。

就是这个冷静持重的五子良将，屡立战功，却成为后人嘲笑的对象，因为他投降了，投降了关羽。这里面一切的一切，有太多的隐情，我只能说，他是无辜的，当他满头白发回到魏国时，等待他的，不是安慰，而是羞辱。

他没有怪罪别人，内心充满自责，最后，他羞愧而死。

一个悲剧，一个延续了将近两千年的悲剧。

惭痛入九泉，问人生到此凄凉否？

张绣的骑兵，还在继续猛追，只是速度慢了些，但并没有停止进攻，曹操稳住阵脚后，开始反击。

丁夫人

张绣也打累了，强弩之末，吃了曹操一记闷棍后，只能败退。

曹操乘胜攻占南阳、章陵等地，张绣也不恋战，退守穰城，重新与刘表做好朋友。

这次惨败，完全在于曹操处事不慎、骄傲自大，为了一个女人，造成如此严重的后果，不可谓不惨痛。

他主动承担责任，认真总结教训，并进行自我批评，可他并没有从根本上认识到问题的根源所在。

人，出了事，最喜欢找借口，曹操也找了个借口，说此次失败，是因为没让张绣交人质。

不怪自己麻痹大意，反而怪别人没人质，这无异于开玩笑，何其荒唐？正是这样的性格，让曹操付出了惨重的代价。这次还算轻的，十一年后，赤壁的那场大火，让他印象更为深刻。

在向各位保证今后再不打败仗之后，曹操回到许都。

带回来的，只有痛苦和失落，还有难以弥补的创伤。

首征张绣，他意气风发而去，垂头丧气而归，他失去太多，乃至自己的亲生儿子。曹昂的不幸遇难，不仅让他内心充满愧疚，还使他失去了自己的夫人，并且在晚年时，为了接班人的问题，大伤脑筋。

伤害最深最痛的，居然是先前名不见经传的张绣，可是最后，他见到张绣，不但没杀他，反而很高兴，热情款待。

张绣还没摆平，一个更大的难题出现了——袁术称帝。

天无二日，怎么能有两个皇帝？这种大逆不道的逆贼，必须赶尽杀绝。

曹操决定出兵，讨伐袁术。

可在他的心里，只有不尽的痛楚，因为失去长子，当他从前线赶回时，自己的老婆也跟他翻脸了。

为此事，他悔恨终生。

丁夫人，曹操的结发妻子，可是没有生孩子。妾刘夫人生了三个孩子，曹昂、曹铄与清河长公主，曹铄夭折，而刘夫人也同样早死。

于是，曹操便要丁夫人抚养这些孩子。

虽然不是自己所生，但她肩负起了一个母亲的责任，将他们抚养成人；尤其是长子曹昂，聪明能干，二十岁就举孝廉。

她很爱这个儿子，视如己出，对他倾注了自己全部的心血和感情，她享受着做母亲的快乐与幸福。

可是这一切，太短暂了，宛城一役，曹昂舍身让马，救了曹操一命，而他自己，惨死于乱军之中。

儿子死了，因为曹操的好色而死，生活作风问题，她不能原谅，绝不能原谅。

因为，这是她全部的希望。

她十分伤心，没完没了地哭，哭了就骂，骂了就哭，怪曹操太狠心，斥责他杀了自己的儿子，还没一点悔意。

曹操又何尝不痛，何尝不悔？他也是没办法，可是老婆哭着闹着要儿子，不依不饶，天天骂，天天哭，实在不成体统，面子上也挂不住。

为了面子，曹操发怒了，把她赶回娘家。

抛弃曹操

可是不久，曹操又后悔了——丁夫人根本就没回来的意思。

当初赶她走，并非出于真心，只是一时来气，想要她收敛一下，吸取点教训。

老婆不回家，只有自己去请了。

他来到岳母家，丁夫人正在织布，有人传告，曹操来啦！

丁夫人没有动，坐在那里织布。

曹操进来了，她依然坐在那里织布，看都不看曹操，连正眼都不看一下，把他当空气。

曹操还以为她是在耍小脾气，为了表示自己的诚意，于是轻轻地抚摸着她的背，柔声道：

"跟我一起坐车回去吧！"

可就是叫小宝贝也没用，丁夫人还是坐在那里织布，理都不理他。

这就尴尬了，都求你了，咋不给个面子呢？看样子，似乎心意已决，曹操也只有走了。

可走到门外，他还恋恋不舍，又回过头来说，还是一起回去吧！

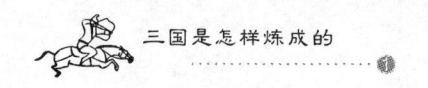

丁夫人依然不理，继续织她的布。

曹操明白了，是真死心了，他绝望地叹息一声：

"真诀矣。"

既然不可挽回，那就分手吧！

曹操只好跟她"离婚"，将妾卞夫人扶正为妻，为了不让丁夫人受罪，还叮嘱她家人，要她改嫁，可她不肯，家人也不敢。

曹操的老婆，谁敢要？

他是爱她的，不然就不会顾念她的后半生。

爱一个人，不是要占有她，而是要让她幸福。

不爱自己了，就让她去寻找自己的幸福，这是何等的胸襟和气魄，这才是真正的男人。

反目成仇、誓不两立，曾经最熟悉的人，如今，成了最熟悉的陌生人。

这虽然只是一个家庭纠纷，可这种决绝和勇气，在古代三从四德的男权社会，可谓石破天惊。

她是勇敢的。

性情刚烈，彻底决裂。

在别人眼里，曹操是大英雄，在她眼里，曹操只是自己的丈夫。

后来，很会做人的卞夫人，还经常派人送东西来看她，又请她回家聚会，为了表示对她的尊重，还将正妻的位子让给她坐，而自己只坐下首。

这样迎来送往，又好像回到了从前的日子。

丁夫人也是懂礼数的人，说不该如此。

之后，她死了，卞夫人特意请示曹操厚葬她。

曹操同意了，将她葬在许都城南。

从此，阴阳两隔，再也不能相见。虽然她也不愿见曹操，始终不肯原谅他，两人至死都没能复合，可曹操，却痛苦了一辈子。

失去了，才懂得珍惜。

曹操的内心，只有无奈与悲伤。

丁夫人死了，不再生还，曹操再也没有机会补偿她了。

是的，再也没有机会了，有些东西，失去了，就再也没有了，无可挽回。

一生的遗憾。

若干年后,曹操自己也要死了,在生命即将结束的那一刻,他心里面,念念不忘的,还是她。

他伤心地说,我这一生,最对不起的就是丁夫人啊!假若人死后有灵魂,在阴间碰到昂儿,如果他问我要妈妈,我该怎么回答啊!

他的内心,永远也抹不去这个伤痛,还有这份愧疚。

他无以释怀,到死,都无以释怀。

这是他一辈子的痛。

可是生活是不会一帆风顺的,总会有太多的挫折与失败,不要因痛苦而失落,不要因错过而伤心,要学会坚强,学会怎样面对,学会如何战胜自己,这样,才能迎接更大的挑战。

不经历风雨,怎能见彩虹?

曹操整顿军队后,再次出征。

第十章　贾诩的智慧

他很无奈，能有什么办法呢？

自己酿的苦酒，还是要自己喝下去。

袁术称帝

这次出征，目标是袁术，这个三国最搞笑的纨绔子弟。

袁术没什么大的建树，唯一能拿得出手的是——称帝，可是就这个"壮举"，也是费力不讨好，不但皇帝做不好，连命都丢了。

当年被曹操打得到处跑的袁公子，一直做着皇帝梦。

他跑到九江郡，杀扬州刺史陈温，自领扬州刺史，还发明了一个很可笑的"徐州伯"戴在自己头上。

他本事不大，野心却不小。

有了一小块地方，别人称王都不敢，他就敢称帝。在得到大多数人的反对后，建安二年春，他自称"仲家"，正式在九江寿春称帝，实现了多年的夙愿。

袁术称帝，其实只是一个笑话，一没实力，二没威望，靠的只是胆大。

做了个没谱的皇帝，自然有人来收拾你，吕布、孙策都跟他翻脸，当然，这里边，曹操动了很多手脚。

为了干掉袁公子，曹操没少下工夫，封起官来，毫不吝啬，目的就是拉拢两个人——吕布和孙策。

敌人也能随时变朋友，只为了各个击破。

袁术称帝后不久，曹操就以朝廷的名义，给吕布送去了平东将军的高帽子，还很诚恳地写了两封亲笔信，送到吕布那里。

吕布很高兴，与袁术大战，打得袁公子屁滚尿流。

孙策以前是袁术的合作伙伴，后来转战江东，打下一片天下，见袁术称帝，也劝他不要胡来，袁术不听，孙策也和他断绝关系。

袁术气病了，更令他痛苦的是，曹操又以朝廷名义，给孙策送去了明汉将军的高帽子，还让他袭爵乌程侯。

孙策很高兴，率军攻打袁术，无奈陈瑀在背后搞事，只好回击陈瑀。

虽然如此，但袁术知道，他跟"小霸王"，算是彻底没缘分了。

这就是借刀杀人、以敌制敌。

袁术南北无援，陷入尴尬境地，称孤道寡，如今真的成了孤家寡人。

袁公子已是瓮中之鳖。

恰好这时，陈国王刘宠及其国相骆俊被袁术杀了，这等灭国大事，岂能坐视不理？

这让曹操找到了借口。

就在这年的九月，曹操亲自领兵，东征袁术。

袁公子只是个纸老虎，听说曹操来了，又想起以前被痛扁的惨状，哪里还敢打？赶紧跑人。

袁术弃军而走，留下部将桥蕤（音 ruí）、李丰、梁纲、乐就等人在蕲阳抵抗曹操。

曹操养精蓄锐这么久，就奔着今天来的，这伙人岂是对手？刚交手，就全部被击破，连命都丢了，一个不剩。

袁术只好跑到淮南，从此一蹶不振。

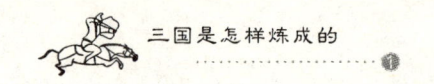

不振还好，性命难保才是大事，六百多天后，老天就要来收他了。

袁术在死亡路上狂奔，虽然他照旧骄奢淫逸、胡作非为。

曹操又回到许都，可是张绣这头老虎，总来撕咬。

张绣能量很大，不但第一次南征时归附的南阳、章陵诸县又再度归附他，而且曹操派曹洪去打，都无功而返。

儿子死了，老婆都跑了，这口气一定要出。

曹操顾不得休息，打了袁术回来没多久，再次出兵攻击宛城。

失算

他又率军逼临淯水，十个月前，他走的也是这条路，以前是欣喜，因为张绣不战而降；现在是悲伤，因为粗心坏大事。

在淯水边，曹操想起长眠在此的将士，有些不能自已，举行了一个祭奠仪式，悼念阵亡的将士；并且，他还大哭了一场（歔欷流涕）。

将士们见了，都深受感动。

心者，将之所主也。

曹操宣泄了一番后，带领这群士气高涨的部下，同仇敌忾，向敌军发起猛烈进攻。

连战告捷。

不知为何，这次张绣本人没出场（史书不载），曹操只是拔了刘表的湖阳城，生擒邓济，而后又攻克舞阴。

两个月后，曹操就撤军了，原因不明，或许是想回家过年；或许是鬼天气太冷，想回家烤火；或许是找不到张绣，心烦，总之是回来了。

建安三年（公元 198 年）正月，曹操回到许都，可他似乎打上了瘾，两个月后，他又来了。

这次，终于找到了张绣——他还猫在穰城。

曹操什么都懒得讲了，把他围起来。

与张绣的第三架，正式开打。

可是这一次，他又犯了一个错误。

在围城前，随同出征的军师荀攸，劝曹操采取拖延战术，具体做法就是，不与张绣正面交战，而是跟他耗，耗到他没饭吃，他就完了。因为张绣的军粮全靠刘表供应，时间一久，刘表也会烦。只要他烦，不提供或者无力提供军粮，他们的联盟也就歇菜了，这样一来，不费吹灰之力，就能迫使张绣投降。如果死打硬打，他们就会互相策应，那我们就完了。

荀攸的担忧不无道理，可曹操不听。

他不听的理由，也许是求胜心切，想尽快解决问题，毕竟这么耗，谁也没这个耐心，况且这次来，是来报仇的。

急功近利、急于求成是很多人的通病，可是很多事情，你越想急于解决，就越不能解决，甚至适得其反，越搞越糟，这就是欲速则不达的道理。

道理很简单，可做起来很难，不冷静的曹操，走上了一条危险的路。

他没有采纳荀攸的计策，急匆匆地率军南下，直接包围张绣的大本营穰城，想速战速决。

既然围起来了，那应该就好办了吧？不好办，张绣守城厉害，并且迅速与刘表取得了联系。

刘表立即派兵北上，张绣大为振奋，奋起杀敌。

双方在穰城打成了一个胶着战。

曹操出师不利，可他还在等待，等待自己能废了张绣。可是现实是残酷的，更大的危险，已经在等着他，而曹操，还在围城。

从三月开始围，围到五月，刘表来了。

刘表来了，来断他后路。

后路一断，就要瓮中捉鳖。

快成"王八"的曹操，陷入两面夹击的境地，非常危险，处理不好，这里将成为他的葬身之地。

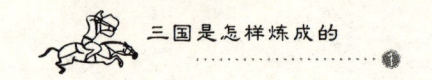

钻地道

这时,又一个情报送来,说是袁绍的谋士田丰,劝他袭击许都,也想来学习曹操,挟天子以令诸侯。

迟不来早不来,最烦的时候来。

腹背受敌,老窝被端,想到这样的结果,曹操都要心惊肉跳。

他意识到了围城是个错误,很后悔没听荀攸的。看着可爱的荀攸,他吐露了自己的心声:

"没听你的,搞成这个样子啊!"

想必荀攸也只能摇头苦笑,军师只是提供参考意见,拿主意的,还是头儿。

曹操也不围了,再围下去,自己就要被围了,他下令撤军。

此时他最担心的,还是许都的安危,要是袁绍打来,自己多年的心血,就要泡汤。

面对强敌,曹操开始冷静下来,他眼前要做的,就是如何尽快摆脱困境。

卓越的人的一大优点是:在不利和艰难的遭遇里百折不挠。

——贝多芬

回到许都,才是王道。

为了破敌,曹操又开始用计了,反正荀攸都在身边,要什么计就有什么计。

他信心百倍,还颇有兴致地写了封信给荀彧,告诉他,我要点诡计,到安众,破绣必矣。

可他太自信了,计划不如变化快,安众,这条通往许都的必经之路,刘表已布下重兵,并且据守险要,切断了曹操的后路。

而张绣更讨厌,尾随其后,随时准备发动攻击。

想回家都难了。

为防范袭击,曹操连营后撤,整体防御,每天只能走几里路。

终于到安众了,前面,是刘表已经修好的稳固防线,要突破它,看来绝无可能。

张绣也追上来了,到了安众后,便联合刘表一起构筑防线,严防死守,防止曹操逃跑。

等着收网了,前后受敌,不死都要脱层皮。

曹操既不强攻,也不迂回,他冥思苦想、绞尽脑汁,终于,想出了一个办法,一个令张绣目瞪口呆的办法——挖地道。

趁着夜色,曹操发扬艰苦奋斗、连续作战的精神,居然挖开了一条地道,悄无声息地越过防线。

不可思议!本来想打兔子,没想到兔子变土行孙跑了。

张绣大惊失色,恨不得带大军飞过去,这时,他身边的牛人告诉他,千万不能追,追必败。

张绣哪里听得进去,不追,难道就这样让"王八"跑了?说出去都丢人,还挖地道跑的。

张绣和刘表集中所有兵力,撒腿就追。

没想到,曹操正张开双臂等着他。

张绣扑了上去。

曹操要的就是这个结果,你追,我就以逸待劳,等你来。

此刻,曹军将士也是破釜沉舟、背水一战,不是生,就是死。熟读孙子兵法的曹操,对于这些早已烂熟于心,自然敢迎战张绣。

置之死地而后生。

曹操已布下奇兵,等张绣一到,他又使出步骑夹攻的战术,张绣没得玩了,大败!

他灰头土脸地跑回来,当他惊魂未定的时候,牛人又出现了。

此刻,曹操遇到了真正的对手。

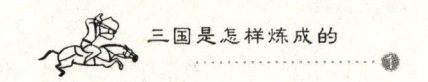

就是这个牛人，张绣的军师，一直躲在背后，给张绣出谋划策。他的计策，在当时，可是说是无人能敌，有时连曹操都要甘拜下风。

牛人告诉他，赶紧去追，追必胜。

咦！是不是脑子有毛病，精兵去追，都大败而归，如今弄些残兵败将还说必胜，必死还差不多。

张绣很奇怪，发出强烈的质疑：

"都这么惨了，怎么还要去追？"

牛人不跟他争辩，只是胸有成竹地说，听我的没错。

惊魂未定的张绣还算听话，听了，收集散兵游勇，再次追了上去。

贾诩

一番大战，果然打了个胜仗跑回来。

这下，张绣服了。

回营后，他百思不得其解，迫不及待地向牛人请教：

"我用精兵追败军，您说必败，我用败军追胜兵，您说必胜，怎么结果跟您说的全都一样？"

牛人也不谦虚，为他解答了这个难题，其实很简单，知彼知己，他算死了曹操，算死了他的用兵谋略，准确判断出了他的行动计划。

能算在别人前头，别人就没戏唱了。

先知先觉，方能变中取胜。

因为这个计策比较经典，我还是简单说一下。牛人的意思很明白，具体说来就是，曹操善用兵，开始撤退，肯定亲自断后，周密部署，张绣不是他的对手，所以必败。当他发现曹操击败张绣后，并没有乘胜追击，而是急于赶路，于是判断出曹操肯定是家里出事，自己一定先走，留下来断后的，就不是他本人了；而以张绣的实力，打败这些部将，还是不在话下的，所以必胜。

听到这一番精辟的分析，张绣疯了，之后对这个牛人，言听计从。

让我们记住这个牛人的名字，他就是三国历史上最聪明的人——贾诩。

贾诩，字文和，武威姑臧人，年少时默默无闻，丢在大街上都没人认识，只有汉阳名士阎忠很看重他，说他有张良、陈平之奇才。

后举孝廉为郎，不料得了病，只好回家，当走到汧县①时，不幸被一伙叛氐（闹事的氐族人）逮住了，同行的数十人一同被抓。

这伙氐人，文明程度也低，要活埋了他们，其他人不知所以，一个一个被活埋。

轮到贾诩了，他没有慌张，而是从容不迫地告诉这伙强盗，说我是太尉段颎（音 jiǒng）的外孙，你别埋我，我家一定拿重金来赎。

段颎，谁不知道？久为边将，威震西疆。

既然是段大人的外孙，那就不埋了吧！

强盗们知道惹不起，自然也不敢真要赎金，于是与他交了个朋友，盟誓后客客气气把他送走，而其余人，全被活埋了。

真的吗？

真的才见鬼。

这只是贾诩为了脱身，忽悠他们的，他哪里是什么段颎的外孙？段太尉住哪里都不知道，八竿子打不着的事，吓唬吓唬他们而已。

这就是他的机智和胆量，非常人所能及，危难时刻，也正是他智慧完美展现之时，这时候，往往能绽放出绚丽的花朵。他把自己的谋略看做一种美，为了实现自我，他经常放纵自己的才华，虽然有时带来一些严重后果，但他的冷静与精确，足以令人崩溃。有时甚至我都怀疑，世界上，还有这等智慧？

权以济事，临危应变以避其祸，这就是贾诩，一个令人震撼的鬼才。

董卓进入洛阳后，贾诩以太尉掾为平津都尉，后迁讨虏校尉，在董卓女婿中郎将牛辅的军中任职，算是在董卓手下打工。

后来，董卓被杀，牛辅也死了，王允又执行不宽恕政策，力图赶尽杀

---

① 汧县，今陕西陇县一带，汧音 qiān。

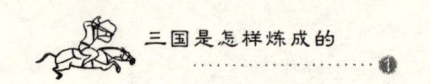

绝，所以凡是董卓的人，都深感恐惧，人人自危。

董卓部下李傕、郭汜、张济等人，听说长安尽诛凉州人，都惊慌失措，准备散伙，各自去逃命。

这时，贾诩恰好在李傕军中，他也是凉州人，当然不想死。到了这等穷途末路的地步，什么都顾不得了，于是，他站了出来。

一条毒计诞生了。

自己酿的苦酒

贾诩告诉他们，你们弃众独行，一个小小的亭长都能把你们逮住，不如攻击长安，为董公报仇。事成，则奉国家以正天下，不成，再走也不迟。

茅塞顿开。

一语惊醒梦中人，李傕等人被这一棒子打醒，他们决定铤而走险，起兵造反。

这群小混混，于是率兵数千，昼夜西行，一路上呼朋引伴，跑到长安时，已经有十多万人了。

人多势众，还有什么好说的，攻城吧！

八天后，乱兵打破长安，尽杀长安老少，处死王允，赶走吕布，从此把持朝政，搞得乌烟瘴气、血雨腥风。

这些人渣，本来就是群小混混，根本没什么治国才能，成天就是争权夺利、打架斗殴。

贾诩也后悔了，当初只是想自保，没想到这伙人，如今变成了一群恶狼，凶狠残暴，丧心病狂。

一时之失，始料未及。

看到如此惨痛的局面，他不但痛心，还很内疚，毕竟，这源于自己的一个计谋。

当李傕要封他为侯，封他当"副总理"时，他拒绝了。本来出这个计策，不图名利，不为求官，不为发财，要来何用？

但他的心里面，还是希望国家强盛的，所以当李傕拜他为尚书，要他管人事时，他接受了，一来不好推辞，二来知道这个职位的重要性。

人才乃治国之本。他要把好这个关，其后，他起用了不少人才，多有贡献。

后来，母亲去世，他辞官回家，朝廷便封了个光禄大夫的荣誉性虚衔给他。

李傕等人互相残杀，斗得死去活来，甚至挟持天子、绑架公卿。他虽然去官，但没有旁观，不但跟李傕他们讲道理，并且屡次保护汉献帝和大臣们免受这伙强盗的欺凌。

贾诩多次责备他们要以大局为重，可是这时候的李傕，已经彻底疯了，对他既爱又怕，他的好言劝慰，有时也不放在心上。

他很无奈，能有什么办法呢？

自己酿的苦酒，还是要自己喝下去。

看到环境恶劣，很多人都离开了，张绣也准备走，他看到贾诩没有走的意思，问他为何还不走？

贾诩回答说，我受国恩，义不可背，你走吧，我不能走。

他知道，要是自己走了，李傕这群恶狼，不知会不会变成恶魔。

他必须留下来，留下来阻止他们继续作恶。

李傕打郭汜，为了笼络几千羌胡兵，不但把皇宫抢来的东西分给他们，还承诺奖励给他们漂亮宫女。

这些羌胡为了得到宫女，时不时就跑到汉献帝①的门前大喊大叫：

"天子在里面啊！李将军答应给我们的漂亮美眉，现在都在哪里呢？"

汉献帝被这伙色鬼搞烦了，请身为宣义将军的贾诩出个主意。

这好办！

贾诩把这些羌胡头领请来，一起吃饭，忽悠他们，许以更大的好处。反正这群胡人头脑简单，一阵忽悠，就不跟李傕卖命了，由此李傕势力

---

① 此时汉献帝已被李傕劫持，李傕、郭汜两人相互攻击，一连数月，死者数以万计。

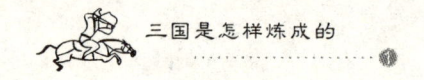

渐衰。

可是，他只是一个谋士，根本无力控制局面，等汉献帝到了洛阳后，他知道，自己的使命完成了，于是交还官印，远走他乡。

投奔

当时将军段煨驻在华阴，自己种田，从不掳掠，所以贾诩来到了这里。

因为是老乡，段煨倒还看重他，而更看重他的，是段煨的军中将士。

这就要命了，段煨怕贾诩趁机夺权，表面上十分礼遇，但对他甚为防备。

贾诩知道，再待下去，就讨人嫌了，当时张绣在宛城，两人是故友，于是他们暗中联系。

张绣派人来接贾诩，行前，有人问他，段煨对你这么好，怎么还要走呢？

贾诩告诉他，段煨多疑，有猜忌我之意，礼虽厚，但不可靠，待久了还会被干掉。我走了，他肯定很高兴，加之他又指望我帮他结外援，所以肯定会厚待我妻儿；而张绣无谋主，看到我去了，也会很高兴，这样一来，我本人和家人就都安全了。

贾诩走了，去了宛城，张绣对他异常敬重，持以子孙礼，而段煨也果然善待他家人。

跳槽的结果，跟自己的算计丝毫不差。

这就是本事。

贾诩看张绣的处境不大乐观，于是建议他联合刘表，张绣同意了，派他去面见刘表。

刘表对他也很客气，可他一眼就看出，刘表这人没什么大出息。

一语中的，十分中肯。

后来曹操征张绣，他的妙计，差点要了曹操的命，从容淡定、胸有成竹。这些大家都知道，就不多说了，而他劝张绣投降，则更是高山仰止，令人神往。

曹操与袁绍决战前夕，袁绍派人来拉拢张绣，要他一同携手对付曹操。

使者来了，张绣打算同意，贾诩却当着使者的面痛骂袁绍，说你兄弟都不能容，还能容下别人？

张绣傻眼了，又惊又怕，没有丝毫思想准备，责怪贾诩怎么能这么说。

使者回去复命。

张绣心里万分不安，又偷偷地拉住他：你把袁绍都得罪了，咱哥俩今后咋办？

贾诩又给了他一个意外的答案：投降曹操。

如此突然，一点铺垫都没有，投降曹操，脑子坏了吧？

张绣很为难，说袁绍很强大，曹操很弱小，而且我跟曹操还有血海深仇，怎么能去投他？

贾诩不以为意，告诉了他原因。

最后张绣同意了，就在建安四年（公元199年）十一月，率军投降曹操。

果然一切都如贾诩所料，曹操对于张绣的投降，给予高规格接待，热烈欢迎。

曹操很意外，也喜出望外，毕竟这时候，最怕的就是袁绍、张绣两面夹击。

他拉着张绣的手，一起吃贵宾宴，还立即拜他为扬武将军，并对了个亲家。

他又拉着贾诩的手，兴奋地说：

"使我取信于天下的，就是您啊！"

随后立即拜他为执金吾，封都亭侯、冀州牧，当时冀州未平，于是让他留在身边，参谋军事。

我只能说，看到这个结果，彻底服了，这就是贾诩，智慧超群的贾诩。

无敌于天下，一个几乎没有对手的高人。

他这么选择，到底是基于什么理由呢？

三国第一智者

三个理由：

一、曹操奉天子以令天下，名正言顺，政治优势明显。

二、袁绍强，去投他，反而看不上眼；而曹操就不同，相对较弱，张绣一去，肯定像宝贝一样对待。

三、张绣这时候去，两人之间的仇恨也能冰释前嫌，因为凡是有霸王之志的人，绝不会斤斤计较个人恩怨，目的就是要向天下表明自己的博大胸怀。而曹操，刚好就是这样的人。

到曹操帐下效力，贾诩将自己的才华发挥到极致，屡出奇谋，帮助曹操克敌制胜。可是，曹操也有不听他的，而不听他的后果就是——惨败。

所以凡是跟贾诩打交道的，就有一个怪现象，听他的，一定胜，不听，一定败。

难道，这就是传说中的天下无敌？

曹操与袁绍相持官渡，粮食快吃完了，问计于他。贾诩告诉他，只有抓住机会，才能取胜。

曹操听了，抓住机会，火烧乌巢，终于大败袁绍，河北平定。

搞定袁绍后，曹操自领冀州牧，迁贾诩为太中大夫。

建安十三年（公凶 208 年），赤壁之战爆发，战前，贾诩劝曹操安抚百姓，等待时机。

曹操不听。

不听就一定败，结果在赤壁，曹操大败。

三年后，曹操征战马超、韩遂，双方打得难解难分，曹操又问计于他。贾诩的计策就四个字：离间他们。

就是这四个字，让曹操所向披靡，大胜而归。

在立太子的问题上，他的意见，不但左右了曹操的决策，而且教会了曹丕如何取悦曹操，最后太子之位到手。

虽身居高位，但贾诩很低调，他知道自己智谋过人，怕曹操猜疑，于是采取自保策略，激流隐退。

他的办法是：躲猫猫，没事就躲在家里当宅男，不跟别人有任何私交，子女婚嫁也不攀结权贵，他有自己的处事原则。

这么牛，还能独善其身，他成了天下谋士的榜样。

锋芒太露，注定难久。

如此觉悟，世上少有。

曹丕即位后，为报贾诩之恩，封他为太尉，晋爵魏寿乡侯；还封他大儿子贾穆为驸马都尉，小儿子贾访为列侯。

黄初四年（公元223年）三月，曹丕首征东吴，战前问计于他。贾诩告诉他，不宜战，应当治理好国家后再战。

曹丕不听。

不听就一定败，结果在江陵，曹丕大败。

就在这一年，贾诩死了，终年七十七岁。

在三国的舞台上，很多人来了，又走了，而他，始终在那里，七十七岁才死，算是善终。

非好战之人，战必胜之，既能谋人，又能谋己，这就是贾诩。

身怀奇谋，胆识过人，他的计谋不多，但个个都是经典，招招致命，击中要害，他就像狙击手一样，不鸣则已，一鸣惊人。

这就是贾诩，让人不可思议的贾诩，三国最聪明的谋士，三国第一智者。

真正的智者，应该懂得什么是人生，什么才是人生最好的选择，贾诩做到了。

他看透世事、洞悉人性、洞察人心，谋略远在他人之上，空前绝后，众所难及，并且还能全身而退，着实令人惊叹。

他就是三国的鹰，飞得高，看得远，眼光锐利，一击必中。

他的一生，以智谋始，以智谋终。

会当凌绝顶，一览众山小。

第十一章　擒吕布

吕布只有逃命，逃往下邳。

错失良机，与其守株待兔，不如主动出击。

死亡之谜

曹操在军事上没有打败张绣，可最后，张绣却出人意料地跑来投降了，这确实是个很诡异的结局。

更令人崩溃的是，曹操还跟他手拉手，兴高采烈地一起吃饭。

不共戴天的血海深仇，居然一笑置之，难道曹操是铁石心肠？

不是，他是个真性情的人，对家人，绝对好男人，可是为了国家，为了自己的事业，只能舍小家为大家了。

杀子之仇与国家大事，孰轻孰重，曹操还是心里有数的。

能控制自己的感情，这就是政治家与普通人的区别。

从此，张绣成为一个被优待安抚的样板，曹操对他很好，目的就是要做给天下人看——对张绣都这么好，对你们，就更不用说了。

为了让张绣安心做事，曹操不但让儿子曹均娶了他女儿，对于他的封赏，也超过其他人。

曹操的宽容与信任，张绣心存感激，一直埋头苦干，奋力杀敌。

破袁绍、灭袁谭，他都是力战有功，还被升为破羌将军。

可他命不长，在建安十二年（公元 207 年），曹操征乌桓时，在半路上，就死了。

怎么死的，史书上有两种说法，一种是薨（音 hōng）了，反正就是死了，死因不明；另一种就比较蹊跷，还跟曹丕有关。

据《魏略》记载，当时的曹丕，因为张绣总叫他去聚会，搞烦了，就骂他：

"你杀了我哥哥，怎么还有脸见人？"

听到这样的训斥，张绣内心惶恐不安，自杀。

这个故事，有些道理，但不可全信，因为依据记载，这连当时曹丕的五官中郎将都弄错了，这个是在四年后他才担任的官职。

这还不是个事，最主要的是，当时曹操还在，曹丕在曹操没死前，一直很乖的，他不可能把老爸的样板给逼死；另外，张绣行伍出身，心理素质绝对超强，如果只是听一两句狠话就自杀，估计不知死多少回了。

但不管怎么样，还是死了，更可悲的是，十二年后，他的儿子也死了，谋反被杀。不是他谋反，而是别人谋反，被牵连，绕进去了。

张绣算是彻底解脱了，可曹操还要继续奋斗，一路走来，是多么不易。就在当年张绣还没降时，为了先打吕布还是先打袁绍，都头痛得要命。

早在第一次征张绣惨败而归的时候，刚回许都，袁绍的信就来了，言辞十分无礼，态度十分傲慢。

曹操看信后，怒火中烧，又有些不理智了，甚至反常行为都冒出来了。

众人不解，还以为是因为打了败仗，后来钟繇去问荀彧，荀彧怀疑是有别的事，于是去问曹操。

曹操将袁绍的信拿出来，当时，郭嘉也在场。

曹操很忧虑，说袁绍不义，我要打他，可又打不过，如何是好？

荀彧做了一番具体分析后，建议先取吕布。

郭嘉也同意，认为应该趁着袁绍与公孙瓒死磕，先把吕布灭了。如果先打袁绍，吕布肯定会来支援，将造成非常严重的后果。

曹操赞成他们的意见，可还是有顾虑，担心袁绍趁机结盟关中，并勾结蜀地的刘璋，如此一来，自己就更加被动。

荀彧又深刻指出，关中不足虑，只要想办法稳住就行。

后来，曹操又将征吕布的方案提交大伙讨论，可还是有不少反对的，主要是怕张绣和刘表背后下黑手。

荀攸力排众议，认定张绣不敢乱动，而吕布刚好内部出问题，此战必胜。

见自己三个谋士都支持先打吕布，曹操也没什么顾虑了，决定出征。

想明白后，他又进行了一系列部署，无非就是拉拢、安抚、瓦解、削弱，这些针对吕布本人和他周边势力的措施，收到极其良好的效果，最后彻底孤立吕布，好彻底解决他。

建安三年（公元 198 年）九月，曹操东征吕布。

这一仗，打得很艰苦，但这一仗，也是"飞将"吕布彻底败亡之时。

辕门射戟

被曹操打得落荒而逃的吕布，像个叫花子，跑到徐州。

徐州现在的主人是刘备，陶谦刚死半年，吕布就来要饭了。

两人见面，吕布对刘备表现得十分尊重，还恭恭敬敬地请他坐在自己妻子床上，并让妻子向刘备行礼。

为进一步笼络，他又设酒宴款待刘备，称他为弟。

虽然如此，刘备还是有戒心的，见吕布语无伦次，他表面应酬，其实心里不爽。

不爽也没办法，知道这家伙不好对付，但刘备并没有引起足够重视，于是，吕布待在下邳西不走了。

他在等待机会。

机会来了!

刘备和袁术打起来了,建安元年(公元196年)六月,袁术带兵攻打刘备。

刘备亲自迎战,命张飞守下邳,双方大战,互有胜负。

不料,后院起火,给吕布提供了天赐良机。

张飞脾气大,与陶谦故将下邳相曹豹不和,于是杀了他——城内大乱。

曹豹的部下不干了,不但起哄造反,还派人去请吕布。

吕布求之不得,写信给袁术,征求他的意见。

袁术回信,大力支持,说到时会送来二十万斛军粮。

既然这样,那就动手吧!

吕布随即带兵攻击下邳,中郎将许耽大开城门,热烈欢迎吕布进城。

吕布进城了,张飞就惨了,丢下刘备的妻儿和随军家属,逃了。

刘备在前线听说家中出事,赶紧回军,刚赶到下邳,就被吕布打了个人仰马翻,退往广陵,又碰到袁术,再败,又退往海西。

刘备几乎陷入绝境,饿到吃人肉的地步,只好投降。

吕布很高兴,因为刚好袁术不但没送来一粒米,还策反自己的部将杀他。

这样阴人,就不好玩了。

吕布决定不跟他玩,继续跟刘备玩。

当刘备可怜兮兮地找上门来时,他又派专车去接,还让他继续担任豫州刺史,准许他驻扎在小沛。

而他自己,则自称徐州刺史。

刘备一到小沛,人憎狗嫌的袁术又来惹事了,派大将纪灵等人率三万步骑来攻。

刘备求救。

部将要他趁机消灭刘备,吕布拒绝了,亲自带了一千步兵,二百骑兵来救刘备。

纪灵听说吕布出战,停止进攻。

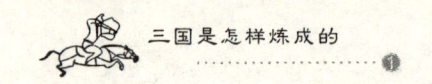

吕布把刘备和纪灵等人一起叫来吃饭,他明确告诉纪灵,刘备是我弟弟,你们不要乱来,我不喜欢打架,只喜欢劝架。

言毕,他命人在营门内插了一支戟,而后大声宣布:

"看我射戟,如果射中小支,你们就退兵,不中,就继续打吧!"

话音刚落,他举弓射去,一箭射中小支(戟旁弯刃部分),诸将皆惊,大叫:"将军天威也!"而后各自散去。

这就是"辕门射戟"的故事,肝胆义气、痛快淋漓。

吕布以自己的神箭和豪爽,平息了一场恶斗,救了刘备一命,想不到的是,两年后,他死在了刘备的手中。

无间道

看到吕布又跟刘备勾搭,袁术怕了,准备与吕布联姻,要吕布的女儿嫁给自己的儿子。

吕布答应了。

建安三年(公元198年)春,头脑发热的袁术在寿春称帝,虽然没人承认,但也自得其乐,连嫔妃都养了几百个。

为了通报这个好消息,他特意派韩胤为使者来见吕布,顺便把自己未来的儿媳妇带回去。

韩胤见到了吕布,完成了任务,带着吕布的女儿上路了。

上路了,就是走向鬼门关。

在半路上,韩胤又被吕布追了回去,还戴上刑具送往许都,交给曹操发落。

曹操没什么好说的,一刀砍了。

原来,吕布变心了,被人忽悠变的心。

前太尉陈球的侄子陈珪,此时正好在吕布手下干活。他是徐州本地豪强,见袁术吕布联姻,知道二者联合的后果,加之早已倾心于曹操,于是故意使坏。

他告诉吕布，曹操才值得将军合作，而袁术称帝，跟他联姻，会招来不义的骂名，结局很危险。

既然很危险，那就不合作了吧！本来对袁术就不抱好感，当初流浪的时候，还落井下石。吕布于是改变主意，把女儿追了回来，把韩胤送到许都，算是给曹操的一个礼物。

曹操很高兴，不但封吕布为平东将军，还接连写了两封信，拉拢吕布。

看到曹操如此体贴入微，吕布也很高兴，立即派陈珪的儿子陈登前往许都拜谢，想让朝廷更进一步，封自己为徐州牧。

陈登到了许都，立即翻脸，不但没有立功，反而对曹操说，吕布勇而无谋，反复无常，应该趁早消灭。

曹操很欣慰，看着陈登，说出了心里话：

"吕布狼子野心，除了你，别人很难把他看透。"

陈登得到巨大回报，不但自己成为广陵太守，连老爸也加了工资。

勾引陈登，就是为了在吕布内部安插一颗钉子，临行前，曹操拉着他的手，深情地说：

"东方之事，就托付与你了。"

陈登回来了，回来做内应，暗中联合部众，等待机会消灭吕布。

陈登回来了，吕布很不高兴，怒气冲天，拿了一把戟就砍在桌子上，痛骂陈登：

"老子什么都没得到，你把我给卖了！"

陈登不愧是老江湖，他不动声色，不慌不忙地解释，说我见到曹操后，就对他说，待将军如养老虎，当饱其肉，没吃饱就会吃人；可曹操却说，不是你说的那样，应该像养老鹰一样，饥则为用，吃饱了就会飞走。

一会老鹰，一会老虎，把吕布转晕了，但他似乎也明白了一点其中的意思，便不再追究。

不追究，就等死，陈登最后成了一颗定时炸弹。

袁术见吕布这么不地道，也很不高兴，怒不可遏，发大军攻击吕布。

这次袁术来狠的，联合刚刚依附的小军阀韩暹和杨奉，出动数万大

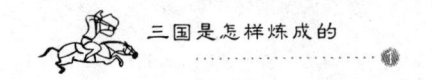

军,兵分七路,由大将张勋、桥蕤率领,气势汹汹地向吕布扑来。

吕布麻烦了,虽然自己力气大、功夫好,可手下只有三千人,四百匹马。

不要说打,踩都踩死你!

套中套

吕布找到陈珪,大吐苦水:"搞成这样,都是你害的,你说怎么办?"

陈珪不以为然,说这群乌合之众,不过是一群绑在一起的小公鸡,相互掣肘,离间他们就是了。

到这种时候,也只有这么办了。

吕布依陈珪计,写了一封信给韩暹、杨奉,告诉他们,咱们都是国家的功臣,应当联合起来铲除逆贼,你们怎么还跟袁术勾结在一起?

在信中,吕布还许诺,只要击败袁术,战利品就全归他们。

这两个小军阀,本来就没什么主见,同意。

袁术倒霉了。

吕布发起进攻,在离张勋大营只有百步时,韩杨两人突然反水,一同攻击袁军。

袁军大败,死伤无数,几乎全军覆没;而后吕布又与韩杨一同进军寿春,水陆并进,一直追至钟离,抢掠一番后,留下一封羞辱袁术的书信,走了。

袁术痛苦不堪,将步骑五千退守淮水南岸,吕布的骑兵在对岸哈哈大笑,搞得袁术简直没脸见人,只好带着残兵逃回寿春。

他在那里,又将迎来曹操的痛扁,并最终走向绝路。

打败袁术,吕布除了展示一番武功外,并没有得到任何好处,相反,还钻进了曹操设的套。

曹操本来对他们就头痛,于是有意制造矛盾,让他们互相残杀,然后从中渔利。

蚌鹬相争，渔人得利，这个古老的故事，一直在不断上演，剧情有变，结果却都一样。

最后，曹操笑了，吕布被勒死，袁术吐血而亡。

吕布先死，因为先被曹操抓到，袁术活得久一点——半年。

半年后，他坐在一张床上，唉声叹气，最后倒在床下，大口大口地吐血，死了。

而吕布就死得勇敢些，死前，还奋斗了一番，并且他的死，是一个意外。

为了打击吕布，曹操没少下工夫，为安抚关中，他依荀彧之策，派遣钟繇联络马腾、韩遂，讲明利害。马韩二人果然置身事外，还将儿子送来许都，表明心迹。

为拉拢袁绍，曹操不但给大官、给荣誉，还给地盘，反正只要他不闹。

为瓦解吕布，曹操拉上陈登父子，在内部安放炸弹。

同时，他还让吕布袁术互殴，借以削弱吕布，并且笼络刘备，让他也一起来恶心吕布。

搞定这些后，曹操出兵了，这一次，他要将吕布彻底置于死地。

之前刘备驻扎在小沛，又不安分了，得兵万余。

吕布看不下去，挥军突袭刘备，打得他投降曹操。

打吕布，就是要人多。见刘备来了，曹操很高兴，以他为豫州牧，给他兵，给他粮，让他又重回小沛——回去收拾余众，继续打吕布。

刘备很会来事，见吕布派人去河内买马，赶紧派兵抄掠。

活腻了！吕布速遣中郎将高顺、北地太守张辽攻破沛城，抓了刘备的老婆孩子。

曹操让夏侯惇前去救援，也被打败。

刘备只身逃走。

就在梁国界中这个地方，惊慌失措的他，碰到了曹操。曹操正亲自带领大军，来打吕布了。

刘备精神为之一振，随即加入曹操的队伍，一起东征吕布。

虽然只是孤身一人，可不要小看他的存在，最后就是他的一句话，决定了吕布的生死。

开始攻击

曹操率大军进抵彭城，一直待在吕布身边出主意的陈宫跳了出来，向吕布献计，要他趁曹操远来疲惫之机，以逸待劳，迎头痛击。

虽然陈宫保证必然取胜，但吕布不听，他的如意算盘是等曹操渡河时，再突然袭击，将曹操消灭在泗水之中。

可是曹操这次来，就没想过给你突然袭击的机会，他更突然，如潮水般推进，攻势极为凌厉。

吕布还没反应过来，曹操就已经渡过泗水，迅速攻破彭城。

破城后，曹操下令屠城，许多无辜百姓，再次送命。

这就是战争的恐怖和残酷，受害者，永远都是可怜的百姓。

吕布只有逃命，逃往下邳。

错失良机，与其守株待兔，不如主动出击。

想必在下邳城内的吕布，很后悔没听陈宫的话，可是后面陈宫的话，他也没听，没听的结果，就是死无葬身之地。

陈宫是个奇才，可惜眼界不高，看错了人，与贾诩相比，只能说一个重量级，一个轻量级。

曹操继续推进，一直推到下邳，而打先锋的，就是跟吕布讲老鹰故事的陈登。

陈登的三个弟弟都还在城内，吕布拉做人质，想要挟他求和。陈登毫不动摇，不依不饶，围城日急。

这么打，真受不了，后来吕布部将张弘，想为日后留条后路，趁着天黑，把他三个弟弟给放了。

炸弹爆炸！内部出问题，基本就算废了。

在曹操还没到城下时，吕布还想勇敢一下，亲自率骑兵迎战，不料被曹操打得落花流水，猛将成廉都被活捉。

吕布还是不死心，又屡次出城来战，但根本不是曹操的对手，大败，只好躲进城里，玩起猫捉老鼠的游戏。

看来，碰到曹操这样的超级猛人，就是高顺手下每战必胜的"陷阵营"出动，都无济于事了。

曹操把下邳围起来，又写了一封信给吕布，劝他投降。

吕布动心了，准备投降，可这时候，陈宫又站了出来。

不是像贾诩一样，鼓动他投降曹操，而是要他坚守城池。

陈宫知道自己背叛曹操，罪逆深重，曹操必定不容，所以他极力反对投降。

为了战胜曹操，他又献了一个计，他告诉吕布，必须跟曹操打持久战，才有机会取胜。他的方法是，吕布率步骑屯城外，他带兵守城内，里外呼应，如果曹操打你，我就攻击他后背；如果曹操攻城，你就在城外接应。这样不出十天，曹操粮食吃完，咱们再乘机反攻，便可破敌。

想法不错，吕布听了，打算留陈宫和高顺守城，自己率骑兵去截曹操的粮道。

然而，一个女人出来阻止——吕布的老婆。

她告诉吕布，陈宫与高顺素来不和，你一走，他们就会闹起来，还守个什么城？万一出问题，你哪里立足？曹操以前待陈宫如赤子，陈宫都背叛他；如今你对他也没曹操好，你居然把城都交给他，抛妻弃子、孤军出战，一旦有变，我怎么办？

千言万语一句话：不信任陈宫。

吕布是个很顾家的人，流浪这么久，老婆孩子从来没丢过，不像刘备，只爱自己，不爱家人。听老婆诉苦，他犹豫了，最后拒绝了陈宫的建议。

胜利的还是家人，吕布选择了后者，所谓铁汉柔情，我想即是如此。

但总这么待，不被拖死，也要烦死，吕布又想到一个人——袁术。

想到袁术，吕布又看到了希望，于是暗中派人去向袁术求救。

为了掩护使者许汜、王楷出城，吕布再次率千余骑出战，许王二人城是出了，可吕布倒霉了，又被曹操打得大败，只好回城固守。

他在等待最后的希望。

水攻

许王二人见到了袁术，讲明来意，袁术鼻子一哼，说吕布不肯跟我联姻，理当失败，为什么又来求我？

见袁术不感冒，许汜、王楷使出杀手锏，威胁袁术说，你现在不肯救吕布，等于自取灭亡，因为吕布一破，你也会跟着破。

袁术当然不想破，可是自己有心无力，本来就没几个兵，自己又不会干架，怎么救？

救不了，那就在精神上支持一下吧！袁术整顿兵马声援了一下，便不再理了。

在城内日等夜等的吕布，见袁术还不来，怀疑是没送女儿去，于是趁着天黑，用丝锦将女儿捆在马上，亲自送女儿出城。

可是城已被围死，你想出就出？滚一边去！

吕布被乱箭射回，只好坐在城内等死。

希望又来了，以前一直对他好的张杨，听说他被围，很担心，可也是力不从心，只好出兵东市，遥做声势。

在很远的地方为你祝福，亲爱的朋友，自己搞定吧！

可吕布搞不定，只能等死，不久，张杨也死了，比他先走一步。

吕布很郁闷，曹操也很郁闷，因为壕沟都挖了，还是攻不下。

看到士卒疲惫，他想撤军了。

荀攸、郭嘉急忙阻止，劝曹操坚持下去。

他们的意思很明白，吕布已经是危房了，只要再推一把，就倒了。

坚持，就在乎一念之间。

> 成大事不在于力量的大小，而在于能坚持多久。
>
> ——约翰生

曹操听了，不但听了，还接受了他们俩的新攻城方案——水攻。

在下邳城西有两条河：泗水和沂水，曹操管不了那么多了，搞起了引流工程，掘开堤岸，引河水灌城。

水火无情，下邳城内河水泛滥，吕布只能望水兴叹。

打又打不过，跑又跑不出，曹操还天天来灌水，吕布要被逼疯了。

又守了一个多月，吕布实在受不了了，为了表达自己的诚意，他还特意爬到城楼上，冲着曹军就吼：

"你们不要逼我好吗，我向明公自首去。"

这就不好玩了，自爆其短，还称明公，陈宫最不满，气得要跳起来，大叫道：

"逆贼曹操，怎么配称明公？现在去投降，就是拿鸡蛋去敲石头，岂能保全性命？"

吕布被他一炮轰，只好作罢。

可是你不投降，别人要投降，毕竟这么围，迟早都得死，谁吃得消？

围了三个月，上下离心，有人投降了，不是曹操逼的，是吕布自己。

吕布这人，肌肉好、武功高，还会射箭，力气也大，但勇而无谋，好猜忌，领导能力一塌糊涂，并且还有个不良嗜好——搞手下的老婆。

这就要命了。

终于，要他命的来了。

建安三年（公元 198 年）十二月二十四日，吕布部将侯成、宋宪、魏续三人，绑架高顺、陈宫，打开城门，向曹操投降。

这完全是吕布自己一手造成的。

部将侯成，丢了十五匹宝马，后来又找回来了，于是诸将都来庆贺。侯成酿了酒、备好肉，设宴款待朋友们。

饭还没吃，侯成就先给吕布备了一份酒肉，客客气气地送过去，想一起普天同庆。

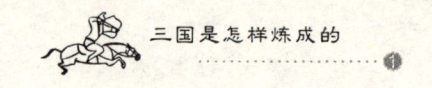

没想到吕布很不懂味，竟然大发雷霆：

"我禁酒，你就酿酒，还一起吃饭称兄道弟，难道想谋杀我吗？"

这就不对了，别人好心好意送来吃的，你不但不感激，还骂人家，太没品味了吧？

侯成大惧，又气又怕，于是联合其他诸将一同造反。

临死前的对话

陈宫、高顺全被捉了，吕布也被逼得走投无路，带着亲兵爬上白门楼。

曹操进了城，又把白门楼围起来，四面紧逼。

见大势已去，吕布命左右砍下他脑袋投降曹操，左右不忍，吕布只好自己走下城楼。

他向曹操走去，希望走向光明大道，没想到，这是通往地狱的一条路。

两人多次交手，但很少见面，这是第二次。

他俩的对话，很有意思，就像拉家常，一见面，吕布就问：

"明公怎么这么瘦呢？"

"你怎么认得我？"

"以前在洛阳温氏园见过。"

"哦，我忘了，之所以这么瘦，是因为没早点把你捉住。"

曹操很幽默，吕布很惭愧。

"我待诸将不薄，可他们到了关键时刻都背叛我。"

"你背着自己妻子，去搞他们的老婆，这还叫不错吗？"

吕布默然。

过了一会，他又抬起头来，对曹操说：

"从今往后，天下定矣！"

"为什么呢？"

"明公之所患不过于布，现在我投降了，只要我领骑兵，明公领步兵，天下何足不定？"

吕布又开始讲故事，讲管仲用箭射齐桓公，而齐桓公用他为相的故事，他也想为曹操尽股肱之力、效犬马之劳。

曹操动心了，想放了吕布。

这时，有一个不该在的人，刚好在场——刘备。

吕布看到刘备坐在那里，于是又回过头来对刘备说：

"玄德，你为座上客，我为阶下囚，绳缚我急，不可以替我说句话吗？"

见吕布埋怨绳子绑得太紧，曹操不由得大笑起来，一边说，捆老虎不能不紧啊！一边又说，你怎么不直接跟我说，要去求刘使君呢？

曹操命人准备给吕布松绑，打算放了他。

见曹操要放了吕布，刘备不干了，赶紧阻止，他大喊一声：

"不可，明公难道不记得丁建阳、董太师的事了吗？"

就这句话，要了吕布的命。

丁原、董卓的事，都是特大新闻，怎么会不记得？

曹操点了点头。

本来都没想到，经刘备一说，吕布反复无常、卖主求荣的丑恶嘴脸，又开始在他眼前浮现，留着他，不是自己给自己放炸弹吗？将来恐怕也是他们两位老前辈同样的下场了。

既然如此，那就不要活了。

曹操下令勒死吕布。

在生命的最后时刻，吕布瞪着刘备，愤怒至极，说出了自己人生的最后遗言：

"大耳儿，最叵信！"

刘备天生长着一对大耳朵，可是耳朵大，并不代表心也好。面慈心善，是《三国演义》中的刘备形象，在历史上，刘备心黑着哩！老婆孩子都不要的人，还指望他对你好吗？

对于这点，吕布到死才明白，有些人，看起来人模人样，其实很坏，所以他才说，你刘备最不可信。

在战场上带领骑兵猛打猛冲，是吕布的强项，可是有勇无谋的他，玩

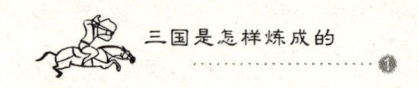

政治，还太嫩了。他哪里知道，有勇无谋，有时只是胆大无脑的代名词，残酷的政治斗争，是要勇敢，但更要智慧。

头脑简单，四肢发达，就只有等死了。

吕布不懂，所以他死了。

不朽的传说

曾经的热血战士，后来的国之栋梁；曾经的落魄牛人，后来的徐州刺史；曾经的战场高手，后来的沙场败将。吕布的一生，颠沛流离，什么人都见过，又什么人都不跟他好，只有一个陈宫，一个高顺，始终追随，无怨无悔，但他又都不信任，这就是最大的悲哀。

他号称"飞将"，飞的高，但飞不远，最后犹如困兽，粉身碎骨。

因为他的不坚定，反复无常，所以他没有朋友，他是孤独的，孤胆英雄，恐怕说的就是他。他不懂政治，可以说，丝毫没有这个概念，或许对他而言，根本就无需政治，纵观他的手下，似乎只要一个条件：够猛就行。

他刚愎自用，打仗就靠蛮力，不大相信智谋的重要，手下就一个谋士：陈宫，还是叛变来的，并且一直不用，也不信任，他的计策，几乎不用，可以说只是一个摆设。

他很顾家，从没看到过他抛家弃子，即使抢了刘备的妻子，也好好地送回来。他是顾家好男人，老婆一句话，他就改变主意，可惜，有勇无谋，注定被人算计。

最后，他还是被刘备算计了，虽然帮过他、救过他，但刘备只记得他的坏，并且厚黑学学得远比他好，结果就是一个变成了皇帝，一个变成了鬼。

占兖州，他不会据险而守，曹操最后咸鱼翻生；战刘备，他心不狠、手不辣，最后刘备一句话，就要了他的命；曹操远道而来，他不以逸待劳，陈宫多次献计，皆不用，最后只能被活活困死。

错失良机，铸成大错。

可以说，在三国，吕布是比较单纯的，崇尚武力、鄙视智谋，一贯猛打猛冲，只靠肌肉取胜，最后就是被人玩死，碰到曹操，他算是彻底趴了。

无计可施，无力回天。

后来，他的手下张辽都成为魏国第一名将，他要不死，估计也没人敢称第一了。

吕布，一个不朽的传说。

"一吕二赵三典韦"，到今天，我们还念着这样的顺口溜，谈论着他与貂蝉的爱情，艳羡着他的勇猛和暴力，还有他的铁汉柔情。

吕布死了，还有一个人，曹操不想他死，他自己偏偏要死。

他就是陈宫。

曹操看着陈宫，两人开始了对话。

曹操先开口："公台，平生自认为智商很高，怎么今天落到这个地步？"

陈宫看了看吕布，指着他说："是他不听我的，才落到这个地步，如果听我的，未必被你捉住。"

曹操笑了笑："你看今天这事该怎么办？"

陈宫平静地回答："我为臣不忠，为子不孝，理应赴刑场，以死谢罪。"

曹操这么问他，其实是不想他死，想要他自己说出来，可是陈宫已志在必死，对世间，他已无留恋。

曹操很难过，他的内心，只有惋惜和无奈，他又问陈宫："那你死了，你妈妈怎么办？"

说到自己母亲，谁不为之动容？陈宫自然也如此，可他有自己的想法。

走向刑场

自己不想活，但不能连累家人。

陈宫怏怏地说道："我听说以孝治天下的人，是不会害死别人父母的，老妈的生死，在于明公，不在于我。"

他不再称逆贼，而是称明公，可见对于曹操，他并非决裂，而是不得已，并且这么说，也有托付之意。

听他这么回答，曹操无语，只好再问他："那你老婆孩子呢？"

陈宫又说："我听说施仁政于天下的人，是不会杀绝别人后代的，妻儿的生死，也在于明公，不在于我。"

曹操不再说话，还能说什么呢？一个一心求死的人，已无话可说。

其实，陈宫是无法面对，无法面对曹操，也无法面对自己，在那个名士讲究名节的年代，如果再投降曹操，摇尾乞怜，不被人笑死，也要被口水喷死。

既然无法面对，那就死了吧！

陈宫坦然道："请拉我出去处死，以明军法。"

说完，他头也不回，向刑场走去。

大义凛然，视死如归。

曹操见他如此决绝，也无计可施，只好在后面送行。

他泪流满面。

不单为他哭，也为自己哭，军法无情，看着他死，却无能为力。

陈宫与吕布、高顺一起被缢杀（勒死），传首许市。

陈宫死了，曹操没有忘记他的临终之言，将陈宫的母亲迎来，一直赡养到她去世；等他女儿长大了，到了出嫁的年龄，又为她操办婚事。可以说，对陈宫的家人，他关心备至、细心照料，甚至比他跟随自己时还要好。

以德报怨。

也只有这样了，只有这样，才能补偿他，毕竟没有他，当初自己进兖州，也没那么容易。

人，不管怎样，还是要记得报恩的。

他是感激他的，虽然后来陈宫背叛了他，但到最后，他还想宽恕他，只因为，这份难舍的恩情。

陈宫，字公台，刚烈正直，少时结交名士。天下大乱，他追随曹操，立有大功，后心怀不满，追随吕布，专心为他谋划，可吕布从不听他。

他志向远大，但识人不明，又玩阴耍诈，可惜敌不过曹操。

他是小狐狸，而曹操是老狐狸。

他对不起曹操，曹操却对得起他，虽然最后他死了。

他精于算计，总想利用别人，算来算去，把自己也算死了。

曹操给了他最后的机会，他不要，不屈不挠、慷慨赴死，至少在面对死亡时，他是无畏的。

他的一生，就这样结束了，最后就是一个死。

无法面对，那就死了吧！

于是，他就死了。

林花谢了春红，太匆匆，无奈朝来寒雨晚来风。

胭脂泪，留人醉，几时重，自是人生长恨水长东。[①]

现在史学界流行一种说法，说陈宫造反，是因为名士边让被杀，让他寒心，我觉得这是胡扯。

因为《后汉书·文苑传》明确记载，边让被杀的时间，在建安年间（具体哪一年没说）。这就是说，他遇害的时间，最早不会早于建安元年（公元196年），而陈宫反叛是在兴平元年（公元194年），那时候边让还活蹦乱跳的，与他何干？

那么，陈宫为什么要这么做呢？

---

① 引五代李煜词《乌夜啼》。

第十二章　最大的威胁

曹操面临起兵以来最大的威胁，也是他人生最大的一次考验。
山雨欲来风满楼，黑云压城城欲摧。

败亡

陈宫这么做，主要还是性格原因造成的，也就是所谓的"自疑"。他自负才高，而且野心不小，曹操手下人才如云，他感觉自己没有多少发展空间，这才有了另谋他算的考虑。

所以陈宫反叛，不用扯那么多没用的理由，就一个理由：心理不平衡。

这个病，与张邈的一样。

弄两个心理都不平衡的人坐在一起，结果是什么，可想而知。

心里不平衡，是很多人的毛病，用好了，可以激发你的斗志，没用好，你就等死吧！

平定吕布，曹操收获很大，不但打掉一个劲敌，还得了不少人才，如名人陈纪陈群父子、陈珪陈登父子，最有名的，是一个猛将，从此加入曹操团队——张辽。

张辽,吕布手下骑都尉,投降后,任中郎将,后来成为"五子良将"之首。他是三国文武双全的超一流将才,可称之为魏国第一名将,张辽一出,谁与争锋?连孙权都被他杀得狼狈不堪,成为孙权一生的梦魇。

当然,还有一些人,小人物,就不说了。曹操平定吕布,从此占有兖州、豫州、徐州三地,而扬州的袁术,也无路可走了,最后,扬州也是他的。而袁术,就成了个背着皇帝玉玺到处跑的小丑。

袁术是自己找死,神仙都拦不住,称帝是好玩,可惜比不过年少时飞鹰走狗的快活。

做了皇帝,就要有排场,袁术的排场很大,可是没钱。

他一个屁大的地方,除了养兵,还要养嫔妃,后宫数百人,天天绫罗绸缎,大鱼大肉。

可是他穷,是真穷,他能收税的地方,就九江、庐江两郡,这么大个摊子,就俩小地方供着,不垮才怪。

为了搜刮财富,江淮一带都被他刮空了,老百姓饿到吃人的地步。

这么穷,他还不会用人,骄傲自大、刻薄寡恩,并且养成了花天酒地、寻欢作乐的坏习惯,改都改不掉(他也不想改);加之又"幸运"地碰到吕布、曹操这样的猛人,又打又扁,最后搞得众叛亲离、四面楚歌。

当了两年半皇帝后,他再也撑不下去了,他的念头就是——跑,跑去投靠部下。

建安四年(公元199年)夏,他烧了宫殿,开始跑。

部下早就对他避而远之,不肯收留,于是他想到了一个人。

这个人就是他的哥哥袁绍,在走投无路的时候,他给袁绍写了一封信,要求把自己的帝位让给他。

倒腾来倒腾去,到底还是倒腾不过自己一向看不起的哥哥,可是到了这等山穷水尽的地步,他妥协了,为了活命,彻底妥协了。

接到袁术的来信,看到这个昔日始终不肯向自己低头的弟弟,袁绍笑了,惬意无比。

所有的敌人,都来求自己,自己才能称霸天下——自己的弟弟也不例外。

袁绍赶紧派人告诉袁术,要他先去青州找自己儿子,青州刺史袁谭。

袁术想取道下邳去青州,没想到这个消息,被一个不该知道的人知道了——曹操。

这就要命了。

曹操速派刘备、朱灵和路招带了一拨人马,在下邳等着,等着袁术自投罗网。

袁术之死

袁术虽然爱冲动,但不蠢,他知道去下邳,死路一条,于是折返回寿春。

走向死亡。

他到达江亭,这里距寿春,只有八十里地,可他回不去了。

这里,将是他的葬身之地。

缺粮,手下逃亡,没几个人了。

他问厨师还有多少粮食,厨师告诉他:三十斛麦屑,他知道,完了,彻底完了。

此时正值盛夏,天气很热,他想弄点蜂蜜浆兑水喝,没有。

他呆呆地坐着床上,坐了很久,也叹息了很久,最后他大喝一声:

"我袁术怎么落到这等境地?"

他不能自已,再也无法控制自己的情绪,愤怒、痛苦,还有无助,他扑倒在床下,大口大口地吐血。

吐血一斗有余。①

就这样死了。

---

① 汉制,一斗约为两千毫升,可见至少吐了四五斤血,惨!

呕血而死。

彻底消停了。

袁术，骄奢狂妄的典型人物，出身名门，但并不争气，自小就好斗（飞鹰走狗），当官也一直很顺，眼睛一眨，就做到了虎贲中郎将。当然，这些都不是靠能力得来，而是靠生得好——生在一个官宦世家，四世之中，就有五人为三公，势倾天下，所谓四世三公，即是如此。

可就是这么个人，一直贪玩，可以说，他的一生，不是在奋斗，而是在玩，连做皇帝，都是在玩，最后玩出了火——成为众矢之的。

在《三国演义》中，袁术也很搞笑，"身披金甲，腕悬两刀，立于阵前"，看着似乎是个变形金刚，原来只是个大草包。其实在历史上，他也不过如此，很搞笑，手无缚鸡之力，就想扛千斤大鼎，这就是蠢人的悲哀。

能力，决定一切，而袁术一个纨绔子弟，缺的就是这个，他注定成为笑柄。

一个自取灭亡的败家子，折腾一生，就只是个笑话。

毫无诚信，胡作非为，注定没有好下场。

好事不成、坏事做绝，成事不足、败事有余，他就是袁术。

他的一生，我只看到八个字：忘乎所以、利令智昏。

他的死，我只能说，狗屁不是的东西，活该！

终归是死了，可是他的人生，带给我们一个启示：人，要有自知之明。

刘备就是个有自知之明的人，看到吕布死了，他就跑了。

跑回徐州，继续当他的徐州牧。

他离开许都，曹操是同意的，而回徐州，就没有同意。

这不过是刘备使的一个诈术。

搞定吕布后，曹操并没有让刘备继续待在徐州，而是带他回了许都，打算控制起来。

为了笼络这个"大耳皇叔"，曹操对他很好，不但封他为左将军，出门同坐一辆车子，连发呆也坐在一张席子上，甚至张飞、关羽都封了中郎将。

可以说，真把"皇叔"当宝贝了。

对别人好，别人不一定对你好。

刘备在许都，就很不安分，总想着跑路，可是没机会。

郭嘉、程昱这些人精，早就劝曹操杀掉刘备，因为他们一眼就看出，刘备不会甘于人下，是个想当老板的人。①

可是曹操不同意，他不想因为杀刘备，而落下骂名。

"杀一人而失天下之心"，这就是他的顾忌。

就是这个顾忌，给他自己制造了一个敌人，一个终其一生，都没有打败的敌人。

最严重的危机

回到许都后，刘备不但蠢蠢欲动，还参与了暗杀曹操的行动，这是一个秘密组织——汉献帝的老丈人董承一伙。

他们要杀了曹操，自己掌权。

可是刘备不地道，参加了，没一起干，在发动前就跑了。

因为，他一直在寻找机会，机会来了。

袁术要去青州，从下邳过，曹操要派人去拦截，而下邳，以前是他的地盘，轻车熟路，所以他毛遂自荐。

曹操派他去了。

去了，就没再回来。

曹操当然要他回来，可他不听话，跑了。

等郭嘉他们提醒曹操，刘备千万不能放跑了，已悔之晚矣——黄鹤一去不复返，刘备一去空悠悠。

就是借着这个理由，刘备金蝉脱壳。

他跑回徐州，首先杀了曹操任命的徐州刺史车胄，而后让关羽守下邳，自己跑回小沛。

---

① 另有一说，说郭嘉反对杀刘备。史料记载不一，难以辨别，但依郭嘉的性格，当以劝杀为是。

他又准备在那里生根发芽。

一个不强大，但很烦人的对手诞生了。

刘备反叛，引发连锁反应，归附曹操的义军首领昌霸（又名昌豨 xī）等人，又跟着他一起去混。

刘备的势力迅速膨胀至几万人，并且还派人去找了袁绍，准备跟他一起联合对付曹操。

袁绍刚刚干掉公孙瓒，成为北方最强大的军阀，刘备去投他，曹操自然很烦。

不想烦，就要解决问题，对刘备，既然拉拢不管用，那就打吧！

曹操遣司空长史刘岱、中郎将王忠征伐刘备，可是没得手，相反还让刘备对着刘岱喊了一句狠话：

"像你这样的人，来一百个都不是我对手，就是曹操自己来，我也不怕。"

你可以狂妄，但你不能看不起我。

曹操愤怒了，当然不是听了这句话，而是形势使然。

必须打掉刘备，可他没空，没空解决刘备。

董承的"衣带诏"事件刚刚爆发，和袁绍的决战也箭在弦上，可是刘备还这么烦。一旦跟袁绍打起来，刘备卖力地在背后捅刀子，就痛苦了。

为了不痛苦，曹操做出了一个意外的决定：突袭刘备！

这是一个大胆的决定，因为你一分兵，袁绍就随时可能来打你，可曹操还是决定去做。

这是一个赌博，赢了，便可以专心对付袁绍；输了，就麻烦了。

最后的结果会如何呢？

经过一番混战，张绣降了，袁术死了，吕布完了，可曹操高兴不起来，因为这一路走来，是多么的艰难。

人生在世，没有谁不疼爱自己的孩子，没有谁会对猝然离去的爱人毫不动容，没有谁会为突然失去的朋友无动于衷，可是曹操所经历的，都是这些离别之痛。

丁夫人、曹昂、陈宫、张邈，还有典韦，都离自己而去，而且基本都

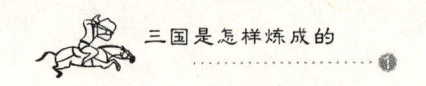

死了，丁夫人还在，可形同陌路。

他是痛苦的，极度痛苦，可他挺过来了。

生活不如意十八九，你是一直沉浸在痛苦之中，还是放宽心去工作呢？

曹操选择了后者，所以他挺过来了。

为了自己的理想，他必须忍受丧子之痛，必须忍受离弃之苦，必须忍受朋友的背叛，必须忍受身体的创伤，必须忍受内心的折磨，还有面对自己的仇人，都需要笑脸相迎。

这些，只是为了自己的理想。

不容易，真不容易。

在搞定张绣、袁术、吕布这几个对手后，曹操应该松了一口气，可是，最大的敌人，正在虎视眈眈地看着他。

袁绍！

袁绍要来了，来打曹操。

一直与公孙瓒死掐，顾不上他，如今公孙瓒被自己逼死，下一个目标，就是孟德了。

袁绍雄霸青、幽、并、冀四州，拥兵数十万，是全国最强大的割据势力。在解决公孙瓒后，他将战刀，挥向了曹操。

这个从小一块长大的玩伴，此刻，成为他最大的敌人，他的兵力，数倍于曹操。

曹阿瞒，我要你死无葬身之地。

曹操面临起兵以来最大的威胁，也是他人生最大的一次考验。

山雨欲来风满楼，黑云压城城欲摧。

第十三章　袁绍的诡计

他慷慨悲泣，放声大哭，而后再拜而去，观者无不叹息落泪。
风萧萧兮易水寒，壮士一去兮不复还。

袁绍

袁绍，字本初，汝南汝阳人，高干子弟，从他祖爷爷袁安开始，他家里四世居三公位，世家大族，势倾天下，即所谓"四世三公"。

在东汉重门第的年代，袁绍生在这样的家庭，基本可以说是掉金窝里了。

可是袁绍并不开心，他本来和袁术是亲兄弟，都是司空袁逢所生，后来伯父袁成没有儿子，就把袁绍过继给他。可惜袁成命不长，在袁绍很小的时候，就死了。

所以他跟袁术名义上是堂兄弟，实际上是亲兄弟，只是他是庶子，丫环生的，但比袁术大，也比他有威望。就是这个结，让兄弟俩结了一辈子，最后反目成仇，到死都未能解开。

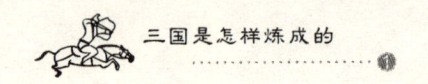

袁绍哪年生的，史书没记载，但据我考证，可以断定他生在汉质帝本初元年（公元 146 年）。理由有很多，这里就不说了，只说一点，袁绍字本初，就是为了纪念这一个特殊的年份，因为这一年，他的爷爷袁汤被任命为司空，并且他名义上的父亲袁成也死了；另外，本初，只有一个本初元年。①

袁绍很有个性，也很努力，不像弟弟袁术那样成天玩老鹰、玩小狗，他虽然是庶子，没有袁术嫡子的地位高，但他凭借自己的努力，最终超越袁术，成为袁家的最终代言人。

父母去世，一般都要守孝三年，袁绍不——守孝六年，守了母亲三年，又补上父亲三年。

这在古代，是很值得称道的行为，他的声望日益提升。

六年后，他又开始隐居洛阳，不随便接待宾客（隐居也是博取名声的好办法）。

虽然如此，但他的魅力实在太大，加之又长得太帅，还能折节下士，也就是说十分平易近人，所以天下士子争相与他结交，相见恨晚。

相见恨晚的结果就是"辎軿（音 píng）柴毂（音 gǔ），填接街陌"，按现在的话说，就是既有奔驰宝马，还有拖拉机和自行车，总之这些车子塞得大街小巷到处都是。

这些人都是来拜访袁绍的，因为袁家门生故吏遍天下，见袁绍，成了一种时尚。

就是靠着显赫的家庭背景，还有自己卓越的政治才能，他笼络了众多人才，可以说在当时是超豪华阵容。

比如后来的颍川与冀州士人集团，就先后有荀谌（荀彧的弟弟）、郭图、辛评（两人均为郭嘉老乡）、审配、田丰、沮授等人投奔到他门下。

袁绍正是靠着这些人才，不费吹灰之力就得到冀州，后剿灭公孙瓒，讨平黑山军，兼并青、并两州，成为三国早期最强大的地方军阀。

---

① 汉质帝刘缵（音 zuǎn），东汉第十位皇帝，在位不到一年，便被梁冀毒死，年仅九岁，年号本初。

来的人多，也就杂了，当时朝廷正在查办党人，掀起了反对党人的"党锢之祸"，可袁绍照样跟党人来往密切，比如张邈、何颙这些著名党人，都是他的挚友，经常在一起"时事开讲"。

他们的目标是：诛灭宦官。

这引起了宦官头子赵忠的注意，他对小太监们说，袁绍专养亡命之徒，他想干什么？

这已经是在警告袁绍了，只是有所顾忌，不敢怎么样。

袁绍的叔父袁隗，官居太傅，听到风声后，提醒袁绍要低调，可袁绍依然我行我素。

他不但是名人，还很有正义感，行侠仗义，喜欢当侠客，当然，偶尔也搞搞恶作剧，比方跟儿时的伙伴曹操，两人就壮着胆去抢过一次新娘。

就是这两个人，从小去抢新娘，长大了，就一起抢天下，最后大打出手，打成了举世闻名的官渡之战。

引狼入室

中平元年（公元184年），黄巾大起义爆发，朝廷解除党禁，袁绍这才到大将军何进手下干活，为大将军掾。从此，屠夫出身的何进，看上了门第显赫的袁绍；而袁绍，也看上了何进对宦官的不满。

共同的革命理想，让他们走在了一起。

这段时期，他没什么作为，就是升官，先后任侍御史、虎贲中郎将。中平五年（公元188年），汉灵帝置西园八校尉，他被任命为中军校尉，而好兄弟曹操，则被任命为典军校尉。

中平六年（公元189年）四月，汉灵帝死了，他一直想立王美人生的儿子刘协为太子，可他不是嫡子。临死前，他还不甘心，将刘协托付给掌有兵权的大太监蹇硕，要他替自己完成这个心愿。

可是蹇硕功夫太差劲，被何皇后的哥哥何进先干掉了，于是，大将军

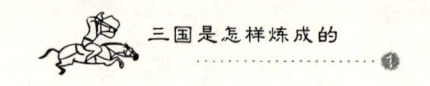

何进，扶立自己外甥刘辩为帝。

皇帝是当上了，但并不代表胜利，因为东汉的传统，外戚与宦官是世仇，经常打得难解难分，你方唱罢我登场。

何进吓死不支持自己的太皇太后后，准备将屠刀砍向太监了。

天赐良机！

袁绍终于等来了这一天。

他极力劝说何进赶紧动手，可太后不同意，何进只好继续等。

夜长梦多。

你在等，别人在动，何进麻烦了。

袁绍看在眼里，他知道，必须采取措施，逼迫太后就范。

既然讲不通，那就来硬的，袁绍建议何进引进外援，召并州牧董卓等人进京，以武力威逼太后。

见只是吓吓人，何进同意了。

这是一个馊主意，主簿陈琳就讥笑这是闭着眼睛抓麻雀，自己骗自己；曹操就更猛，一眼就看出这是瞎胡闹，笑着说，除太监，只需除首恶，一个狱吏就够了，这样折腾，迟早完蛋。

何进不怕完蛋，继续捣蛋。

董卓、桥瑁、丁原都来了，带兵来了，丁原更是把黄河边的孟津渡口烧得火光冲天，火光照到洛阳城内。

这下太后该听了吧？

不听。

这就不够意思了，找了一堆人来，火都放了，还是不开窍。

何进的弟弟何苗和太后的妈妈舞阳君①，都被太监收买，屡次劝太后阻止何进杀太监，还说这是他要独断专权；何苗更是劝何进与太监和好。

何进犹豫了。

袁绍怕何进改变主意，威胁他再不动手，只有死路一条。

---

① 何太后与何进是同父异母兄妹，而与何苗是同母异父兄妹，关系有点乱，知道他们是三兄妹就行了。

何进也感觉箭在弦上，于是任命袁绍为司隶校尉，假节，可随意逮捕和处死罪犯。

终于要动手了，袁绍不但派属下侦察宦官的动向，还催促董卓等人继续进军。

这下，太后怕了。

她将大小太监赶回家，这些人妖，岂肯罢休？他们以退为进，一起跑去向何进请罪，表示一切都听您的。

何进笑了，袁绍急了，劝他趁此机会一网打尽，何进不听。袁绍再三申明理由，何进还是不听。

袁绍感到事态有点失控了，于是假借何进的名义，用公文通知各州郡官府，要他们立即逮捕宦官的家属。

决斗在此一举。

人妖特别能战斗，到了这种地步，他们还能冷静分析，制订了一个智取的方案。

何进的末日到了！

血流成河

何进一直在策划，但一直不执行，这些，都成了公开的秘密。

太监们早知道了，他们决定，孤注一掷。

太监头目张让的儿媳，恰好是何太后的妹妹，张让毫不犹豫地跪在自己儿媳面前，不停地叩头，想进宫侍奉太后最后一次。

这位儿媳不忍心，跟妈妈舞阳君说情，舞阳君又跟太后说情。

成功了，太后准许他们最后一次进宫。

不忍心，要了何进的命。

八月二十五日，何进入长乐宫奏告太后，请求诛杀太监。

张让明白，何进突然进宫，肯定不是什么好事，赶紧派人窃听到他们

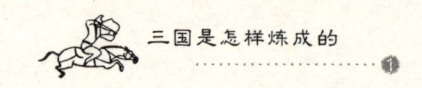

的谈话。

一切水落石出，何进要动手了。

情况紧急，太监们也知道先下手为强的伟大意义，于是决定伏杀何进。

张让率党羽数十人，手持兵器，从侧门出去，埋伏在嘉德殿。

网已结好，就等鱼儿上钩。

他们耍了一个欺骗的手段，等何进出来后，马上假传太后意旨，要他到嘉德殿议事。

何进刚跟妹妹谈完话，以为她意犹未尽，这次去嘉德殿，肯定有国家大事，于是他来了，丝毫没有防备地来了。

进了嘉德殿，才知道掉进了网里。

张让痛骂何进，说天下大乱，也不单是咱们人妖的错，先帝当年差点废黜太后，咱们流着泪解救，每人都出了上千万才让先帝改变主意（汉灵帝贪财）。咱们人妖只是想跟你一起混，如今你却想把咱们全灭掉，这不是欺人太甚吗？

骂完了，砍头。

尚方监渠穆，拔剑，将何进砍死在嘉德殿前。

何进以前是杀猪的，如今却被人像猪一样杀了，折腾来折腾去，还是个杀猪的。

张让等人矫诏，以故太尉樊陵为司隶校尉，少府许相为河南尹，执行命令的尚书看到诏令，觉得可疑，要求请大将军何进出来。死太监懒得多讲，把何进的人头扔了出来，吼道：

"何进谋反，已被诛杀了！"

何进死了，事情并没有结束，袁绍只好被迫反击。骨子里长时间对宦官的痛恨，驱使他必须采取暴力措施，最终解决这些死太监。

袁绍带着弟弟袁术与何进部下，冲进宫去，见太监就杀，一口气杀了两千多人，血流成河。

有一些没长胡子的非太监，也一同被杀，聪明的，就脱了裤子验明正身，才算保住小命。

袁绍彻底疯了，他要把这伙人妖彻底剿灭，一个不留。

阴人还可以，要上阵拼杀，人妖就不行了，毕竟他们不是人，而是妖。

最后，张让带着小皇帝跑了，跑到黄河边，见大势已去，张让绝望了，纵身跳入黄河，没死的太监，也跟着一起跳了黄河。

清净了。

铲除太监，袁绍笑了——苦笑，原来等他跟人妖打得两败俱伤时，还有人在一旁笑眯眯地看热闹。

董卓！

董卓来了，挟持皇帝，带领凶悍的凉州军，进了洛阳，开始了大破坏、大折腾。

累死累活，原来是替别人做嫁妆。

董卓比人妖还人妖，他不但是妖，还是恶魔，在洛阳城内杀人放火，无恶不作。

洛阳，已不再繁华，变成了人间地狱。

逃离洛阳

恶魔又开始折腾，要破旧立新，破了旧皇帝，立新皇帝，他找到袁绍，想跟他商量废立皇帝。

他想以此树立自己的威信，他告诉袁绍，打算改立陈留王刘协为帝，袁绍不同意，说大家都不会同意。

董卓火了，手按剑柄，呵骂袁绍：

"臭小子，敢这么放肆，我要这么干，谁敢不从？你以为董卓的刀不快吗？"

袁绍也火了，吼道：

"天下豪杰，难道就只你董公一人么？"

言毕，他横刀、长揖、径出，连续完成这几个很酷的动作后，闪了。看着酷酷的袁绍扬长而去，董卓无可奈何，谁叫他是世家大族？

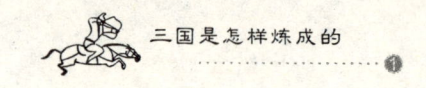

虽然董卓不敢对袁绍下手，可袁绍不这么想，谁知道这个大老粗要干什么？与其看着他烦，不如走人。

袁绍将司隶校尉的符节挂在上东门，急匆匆地离开洛阳，逃往冀州。

冀州不是他的，那里，只有他的一片希望，有希望，才有未来。

自信人生二百年，会当击水三千里！
——毛泽东

袁绍走了，董卓也无所顾忌了，废了刘辩，改立刘协，是为汉献帝。

不但废皇帝，他又毒死何太后，杀了舞阳君，还把何苗的坟刨了，而废帝刘辩，则等来了一杯毒酒。

在洛阳，董卓有仇必报，非反即杀，到处都是血雨腥风，搞得道路以目，人心惶惶。

朝廷陷入万劫不复的境地。

董卓不得人心，很快就成为全民公敌，天下豪杰之士，都准备起兵讨卓。

董卓也想讨好士大夫，封了很多名士为官，但对于袁绍，他就打算干掉，悬赏紧急捉拿。

有人提醒他，袁家门生故吏遍天下，要是袁绍乘机起事，你就麻烦了。

董卓不想麻烦，于是放了袁绍一马，为了笼络他，派使臣拜他为勃海太守，封邟乡侯。

袁绍接受了，接受了这个任命，他知道，不要白不要。

可是他的内心，对董卓恨之入骨。

到了勃海郡，他准备扯起讨董卓的大旗，可是，董卓举荐的冀州牧韩馥，派人时刻监视他。

他不敢轻举妄动。

有人帮忙来了，东郡太守桥瑁，伪造了一份京城三公给各地州郡的控诉书，说咱没法自救，就盼望着各地兴义兵，拯救国家啊！

这份控诉书，韩馥也看到了，作为名士，他不能不管，于是请手下来商议。

韩馥，字文节，颍川人，一个老实人，懦弱，没主见。

他问，现在是该帮袁绍呢，还是帮董卓？

治中从事刘子惠愤然道：

"如今起兵，是为了国家，谈什么袁绍董卓？"

韩馥不好意思。

刘子惠又继续阐明自己的观点，劝韩馥静观其变，不要领头，如果有人起兵，咱们就响应。

韩馥听了，赶紧写信给袁绍，支持他起兵。

路障排除，袁绍终于举起了讨董卓的大旗，他要向世人证明，我袁绍，名门之后，有义务，也有能力，担负起这个伟大而又艰巨的任务。

袁绍风风火火地干起来了，而韩馥，将为自己的这个决定，付出生命的代价。

骗

函谷关以东各州郡全都起兵讨董卓，并推举袁绍为盟主，袁绍自号车骑将军，领司隶校尉，与河内太守王匡驻守河内，而韩馥留在邺城负责军粮，后将军袁术则驻守鲁阳，其他诸如豫州刺史孔伷（音 zhòu）、兖州刺史刘岱、陈留太守张邈、广陵太守张超（张邈弟）、东郡太守桥瑁、山阳太守袁遗、济北相鲍信，还有曹操，全部驻守酸枣。

盟军人数很多，十几万，可是人多不办事，只是浪费粮食。

这伙人聚在一起，名义上打董卓，实际上就是玩，天天喝酒聚会，不图进取，气得曹操都大骂他们无耻。

盟军中，除了孙坚孤军打进洛阳，曹操带着一点点人马悲壮地冲了一下外，其他人，就当做来公费旅游。

袁绍在忙什么呢？忙着改立皇帝，他打算重立幽州牧刘虞为新皇帝，

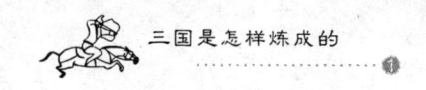

可是没几个人同意，加之刘虞自己也很有觉悟，死活不肯，于是这件事也只好不了了之。

没过多久，待在酸枣的各位大爷，粮食吃完了，就拍拍屁股，一哄而散。散就散了，他们还内斗，互相打起来，甚至发生了兖州刺史刘岱砍死东郡太守桥瑁的恶性事件。

从此，军阀混战正式拉开帷幕。

袁绍当然也不闲着，他盯上了冀州，而要搞定冀州，就要先搞定一个人——冀州牧韩馥。

可是现在实力不济，要打肯定没戏，最后，他采取了一个匪夷所思的方式。

起初，韩馥看到大伙都拥戴袁绍，心里不平衡，暗地里减少对袁绍的军粮供应，打算迫使他的军队解散。

而就在这时，韩馥的部将麴义叛变，韩馥打他，战败，袁绍于是趁机与麴义勾搭在一起。

从这时候开始，袁绍就已经视韩馥为敌人了。

当时的袁绍，虽然是盟主，但其实很不幸，兵少地盘小，还没有粮食，部下又饥又乏；而冀州兵强马壮，要打，根本是鸡蛋碰石头。

怎么办？

为了搞掉韩馥，袁绍用的不是暴力，而是骗。

他制造了一个内外交困的大环境，把韩馥套进去。

首先，他联络公孙瓒，要他出兵攻打冀州，然后，他的骗术开始登场了。

等到公孙瓒出兵，韩馥打了败仗的时候，袁绍的外甥高干，亲信荀谌、郭图、辛评等人，来到了韩馥的面前。

他们告诉韩馥，公孙瓒打不赢，袁绍又蠢蠢欲动，咱们很为将军担心啊！

韩馥怕了，问，为之奈何？

好了，先把你吓晕，再问。

荀彧的弟弟荀谌隆重出场，开始发问：

"您自己掂量一下,宽厚仁义,为天下豪杰所归服,您比得上袁绍吗?"

"比不上。"

"临危不乱,行事果断,智勇过人,您比得上袁绍吗?"

"比不上。"

"数世以来,广施恩德,使天下家家受惠,您比得上袁绍吗?"

"比不上。"

这一连串的发问,把韩馥快搞崩溃了。

就是要搞得你崩溃,崩溃了,就好办了。

既然都比不上,那就滚吧,有多远滚多远。

别急,荀谌还没完,要让你彻底崩溃,还要继续踩上几脚。

巧夺冀州

他郑重其事地告诉韩馥,袁绍是人中豪杰,将军以上三点都不如他,却又站在他头上,袁绍必不为将军下。冀州是战略要地,要是袁绍跟公孙瓒联合攻取冀州,将军必死无葬身之地。袁绍是将军的老朋友,又一起结盟讨董卓,当今之计,如果把冀州让给袁绍,他必然感激将军的大恩大德,而公孙瓒也无力来争,这样,将军不但有了让贤的美德,还能保住性命,并且身安于泰山也(泰山也搬出来了)。

韩馥不想死,也想身安于泰山,于是满口答应了。

上当了!几句骗人的鬼话,就彻底摧毁了他,迫使他答应让出冀州。

当然,他答应,手下不答应也难办。手下长史耿武、别驾闵纯、治中李历,就极力反对,说袁绍孤军,缺乏粮食,不过是怀里的婴儿,不给他奶吃就会饿死,干吗要把冀州让给他?

韩馥很难过,难过这些人怎么脑子不开窍,他好心好意地告诉他们,说我本是袁家的老部下,才干不如袁绍,自知能力不如他,这才让贤,这是古人都称赞的行为,你们怎么老跟着瞎掺和呢?怎么就偏偏要反对呢?

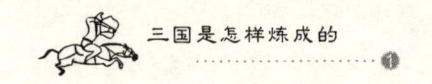

这时，韩馥的属下从事赵浮和程涣两人，带着一万名弓弩手驻扎在孟津，听到这个消息，赶紧跑回来。

一回来，他们就告诉韩馥，袁绍快要完蛋了，不出十天，就能打败他。他们还要韩馥只管打开门睡大觉，既不用担心，也不用害怕。

说这个话，也并非夸夸其谈，而是有事实依据的。就在他们赶回来时，路过袁绍军营，他们就有战船数百艘，士卒万余人，并且士气颇高，袁绍看到，心里都很不是滋味。

韩馥只当他们放屁，于是从官府迁出，派儿子将印绶送给袁绍，正式让出冀州。

彻底无语了！

我不知道他是智商有问题还是脑子进了水，明明很简单的问题，被他一搞，不但很复杂，还很难办。

袁绍来了，正式继任冀州牧，以韩馥为奋威将军，既无官属又无兵；而他自己，不但任命了一大批官员，还积极招募勇士，扩充军备。

这就是被忽悠的后果。

韩馥的悲剧命运，从他听信荀谌他们的鬼话开始，就已注定。

他诚惶诚恐，时刻担忧自己性命不保。

因为有人已经动手了。

都官从事朱汉，以前被韩馥轻慢，这次受袁绍封官，想表现一下，擅自发兵，突然包围韩馥住宅。

韩馥吓得要命，逃到楼上，朱汉捉住他大儿子，打断两条腿。

这样的惨剧发生，袁绍自然不允许，立即处死朱汉，可是，危害已经造成，再也无可挽回。

韩馥心里忧惧不安、惊恐不已，要求赶快走人，远走高飞。

袁绍同意了，于是，韩馥投奔陈留太守张邈。

依然未能保住命，缘于一次误会。

原来，袁绍派人去见张邈，在商议机密时，使者在张邈的耳朵边窃窃私语。

韩馥当时正好在座，看着看着，他做出一个意外动作——跑。

公孙瓒

看你们咬耳朵，我就跑。

韩馥跑了，跑进厕所。

就在那里，他拿出一把刮竹简的书刀（刮去错字的小刀）。

他惶恐不安，以为袁绍还是不放过他，现在正派人来要张邈杀他。

一个误会，一个致命的误会。

他觉得只有一死，方能解脱。

于是，他拿起了书刀，自杀了。

彻底解脱了。

韩馥死了，死不瞑目，到死他都不知道，自己，只是一个误会。

他是一个文人，也是一个老实人，与这些如狼似虎的老狐狸打交道，只有等死的份。

害人之心不可有，防人之心不可无，韩馥恰恰相反，所以他死了。

后来，益州牧刘璋，懦弱多疑，也一样被老狐狸刘备，用几乎同样的诡计给骗了，看来，人太老实，就被人欺负，此言不谬。

领了冀州，袁绍开始大展宏图了，他知道，自己的先天优势，加上自己的后天努力，比谁都跑得快，可是，一个恐怖的敌人，正在前方等着他。

公孙瓒！

公孙瓒打仗凶狠彪悍，人称"白马将军"，是个遇鬼杀鬼，遇佛杀佛的超级猛人。

就在袁绍占据冀州的这年冬天，他大破黄巾军，斩杀无数，俘虏七万余，战备物资不计其数。

公孙瓒威震河北，冀州诸城无不望风而降。

敌人步步紧逼，袁绍不得不奋起应战，之所以公孙瓒这么恨他，缘于他的堂弟被杀，间接被袁绍杀死。

初平三年（公元 192 年）春，袁绍亲自率军在界桥南二十里处，与公孙瓒展开会战。公孙瓒领兵四万，锐不可当，其中突骑万匹，更是令人不寒而栗，而袁绍就兵力远远不如，他将如何面对？

可是，既然面对，就要勇敢和坚强，袁绍豁出去了。

于是，惨烈的界桥大战正式开打。

这一仗，袁绍差点送命。

公孙瓒，字伯珪，辽西令支人，刘备的同学。

他出身贵族，却从小备受歧视，于是养成了反贵族的性格，这个性格，终其一生，最终害了他。

子以母贵，因为母亲地位卑贱，他只当了个郡中小吏，干着抄写员之类的活，但他通过自己的不懈努力，实现了自己的人生之路。

他是翩翩美少年，长得好，声音大，而且人很聪明，机智善辩，记忆力特别好。这些优点，被一个人看上了——辽西侯太守。

看上了，就送个女儿给你，侯太守招他做女婿。

后来，他被岳父派往涿郡，去那里读书，他的老师，就是当世大儒卢植，在这里，他认识了大耳朵同学刘备。

毕业后，他又回来当公务员，为上计吏，专门做审计工作。

工作干得好好的，不幸发生，新任领导刘太守，因犯事被押赴廷尉处置。因为依规定，部下不得随囚车同行，为了照顾太守，他化装成侍卒，像仆役一样，尽心尽力地服侍他。

到了洛阳后，刘太守被判流放数千里之外的日南郡（今越南广治省）。日南瘴气弥漫，一个鸟不拉屎的地方，去了，基本等死，可是公孙瓒要去，只为了自己的这一份责任，以及对上司的这一份信任，虽然，这些都可以不做。

他此意已决，决定上路了，临行前，他跑到北邙山，祭辞先人。

他举杯祈祷：

"昔为人子，今为人臣，此去日南，恐怕再也回不来了，在此向列祖列宗辞别了。"

他慷慨悲泣，放声大哭，而后再拜而去，观者无不叹息落泪。

风萧萧兮易水寒,壮士一去兮不复还。

他抱着必死的决心,踏向日南。

不知是真情感动天还是怎么,刘太守在途中被赦免,他们又往回走。回来后,他被举孝廉,担任辽东郡(今辽阳)属国长史,专门监视周边少数民族,如有叛乱,立马镇压。

从此,他开始了自己的戎马生涯。

第十四章　决战

乱世豪杰，目光短浅，胸无大志，他就是公孙瓒，一个好勇斗狠的寂寞高手。

眼见他起高楼，眼见他宴宾客，眼见他楼塌了。

白马义从

公孙瓒好像天生就是猛人，打仗不怕死，猛打猛冲，毫无顾忌。

举几个例子，来领略一下这位猛人的风采。

有一次，公孙瓒跟随数十名骑兵出巡塞下，突然看到几百个鲜卑骑兵，他紧急部署：

"如不主动进攻，今天就要死光！"

说完，他手持两刃矛，策马冲入敌阵，一番恶战，杀伤数十人，左右阵亡过半，这才奔突而出。

此战后，鲜卑人再也不敢轻易入塞。

青州黄巾攻击勃海，众三十万，准备与黑山军会合。公孙瓒率步骑两万，堵在东光县南进行阻击，一番混战后，大破黄巾，斩首三万余级。

黄巾军丢弃战车辎重，奔走黄河，公孙瓒继续逼近，在敌军渡过一半时，突然出击，黄巾军大败，死者数万，河水尽染成血红色。另外，公孙瓒还俘获七万余俘虏，车子、甲胄以及财物，不可胜数。

公孙瓒追击张纯与乌桓酋长丘力居，大破敌军，由于追得太猛，反被丘力居围困在辽西管子城。

围了两百多天，粮食吃完，吃马；马吃完，吃弓弩、吃盾牌，真正吃到了煮弩为粮的至高境界。

可是面对艰难困境，他没有放弃，始终坚持。最后，他们分散突围，天上，飘起了雨雪，死者十之五六。

正当他山穷水尽的时候，丘力居粮食也吃完了，只好退往柳城。

此役，公孙瓒诏拜降虏校尉，封都亭侯。

你疾恶如仇，他疾胡如仇，只要接到胡人造反的消息，就会声色俱厉，迅速集合兵马，"如赴仇敌，望尘奔逐"，甚至一直打到晚上，还在往死里打。

鉴于公孙瓒猛打暴打，打死打残不负责的精神，并且毫不留情，所以各处的胡人，只要听到他的声音就发抖。

为了摆酷，公孙瓒还有一项特殊爱好——骑白马。他虽然不是白马王子，也不是唐僧，但是"白马将军"。他不但自己骑白马，还选了三千精锐，全部骑白马，号"白马义从"，既是他的禁卫军，也是一支特种部队，专门担任突击任务。

这支部队，异常凶猛，据说，三国名将赵子龙，早年就是"白马义从"中一员。

以骑兵而自豪的乌桓，都怕这玩意，互相通告，一定要尽量避开他们。

威震塞外！

乌桓人打不过，就画了公孙瓒的像，没事射着玩，射中了，就大呼万岁，可这也只是YY[①]而已，最后还是要远窜塞外。

[①] YY，网络用语，意淫的意思。

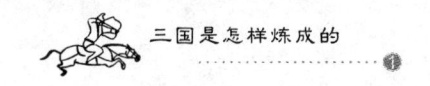

可是，世间万物均有克星，最后，"白马义从"，遇到了它们的终极克星——鞠义。

而公孙瓒，也将遇到他的敌人，这个敌人，就是幽州牧刘虞。

刘虞，字伯安，东海郯县人，皇室成员，汉光武帝刘秀第九子东海恭王刘强五世孙。

他不但是个好官，也是个好人，在东汉末年，绝对是个另类。

混官场，他没有靠祖上的余荫，而是靠自己的努力。年轻的时候，他只做了一个小小户曹吏，因为奉公职守，一直升到幽州刺史，后又为幽州牧。

他为官清廉，艰苦朴素，这么大个官，居然还穿着破衣草鞋，在当时，可以说太有个性。

他很有能力，是搞经济的能手，他来之前的幽州，还要靠救济，每年要从青、冀两州所交的赋税中，拨出两个多亿才能勉强维持。他一来，实行仁政，重点发展农业和养蚕业，并开放边境贸易，在渔阳郡开采丰富的盐铁资源。经过一番艰苦奋斗，幽州不但脱贫致富，还成了当时最富裕的地方之一，从青、徐两州过来避难的人，达百余万。

刘虞将他们全部收留，妥善安置，让他们在当地安居乐业。

搞经济行，搞政治，他也是高手。

内斗

中平四年（公元187年），前中山相张纯，与前泰山太守张举反叛，联合乌桓酋长丘力居，攻城略地，抢劫百姓，到处烧杀抢掠，先后杀护乌桓校尉箕稠、右北平太守刘政、辽东太守阳终等人，拥众十余万。其后，张举自称天子，张纯称弥天将军、安定王。

这伙人十分嚣张，居然布告四方，宣称张举将取代现政权，并要求汉灵帝退位，命公卿奉迎张举。

这就无耻了，反了不说，还恶心人，自然没人搭理，等来的，只有血腥镇压。

公孙瓒出动了，带着他的精锐骑兵，在辽西属国石门山大破敌军。

可他轻敌了，一路狂追，追到辽西管子城，被围，折腾了两百多天，才侥幸跑出来，死者大半。

其后，这伙人又横冲直撞，继续抄掠青、徐、幽、冀四州，公孙瓒这样的猛人也束手无策。

公孙瓒没办到的事，刘虞办到了，他用的不是武力，而是怀柔。

刘虞一上任，便将部队解散，只留下公孙瓒一万人（养虎为患），而后派使臣前往鲜卑等部落，重金悬赏张纯的人头。并且为了重新树立朝廷威信，他对少数民族，也同样行仁政，同等对待，和平相处。

丘力居很高兴，自动归降。失去乌桓贵族的支持，张纯死路一条，没过多久，他的门客王政，就提着他的人头，开开心心地来领赏金了。

兵不血刃，便能达到同样目的，这就是高手。

刘虞被拜为太尉，封容丘侯。

可是，他的怀柔政策，与公孙瓒的铁血政策，产生了巨大矛盾，一个要打，一个要柔，最后的结果就是——矛盾重重，反目成仇。

四年后，他们开始决战，刘虞领大军十万，攻打公孙瓒。可最终的结果，令人大跌眼镜，公孙瓒以区区数百人，不但击破刘虞，还将他活捉。

最后，刘虞为自己的失策，付出了生命的代价。

公孙瓒一直猛打猛冲，大破黄巾后，他冲到了袁绍的地盘，终于，两人的大战开始了。

之所以打袁绍，最主要的原因，还是想要扩充地盘，另有一个重要原因——报仇，他与袁绍有仇，私仇。

刘虞的儿子刘和，在朝廷担任侍中，汉献帝当时被董卓控制，想要他回去搬救兵，要刘虞出兵护送他回洛阳。

刘和上路了，赶往幽州，可还在南阳时，被该死的袁术逮住。

袁术认为奇货可居，想抢功，为了利用刘虞，于是扣留刘和，要他写信，要刘虞派兵来南阳，自己也带点兵一起去迎献帝。

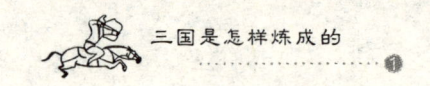

反正就要算我一份。

刘虞接信后，随即派了数千名骑兵去见刘和，可这时，公孙瓒跳出来捣乱，他知道袁术不怀好意，阻止刘虞派兵。

刘虞不听。

公孙瓒慌了，怕袁术知道后怨恨自己，于是要堂弟公孙越也带了一千名骑兵，一起来见袁术。

这就算了，可公孙瓒还要耍花招，暗中挑唆袁术扣留刘和，并吃了刘虞派去的军队。

袁术吃了块肥肉，而公孙瓒与刘虞的矛盾，越来越大。

公孙瓒卖了一次乖，可是，好事不常有，恐惧来了——公孙越被人射死。

当时袁术、袁绍两兄弟对打，袁绍派周昂偷袭袁术盟友孙坚的根据地阳城，孙坚回军，打败周昂，败退。

为了报复，袁术又派公孙越去帮孙坚，一同进攻周昂。

就是在这场战斗中，公孙越被流矢射中，死了。

界桥大战

死了别人还好办，可惜他是公孙瓒的弟弟，得知这一消息后，公孙瓒大怒，痛骂道：

"我弟弟的死，罪魁祸首就是袁绍啊！"

为了给弟弟报仇，他立即挥军盘驻磐（音 pán）河，然后上书朝廷，血泪控诉，揭露袁绍十大罪状，可以说把能想到的滔天大罪与恶毒词语，全派上用场了，最后要结尾，竟然还要大骂：

"绍之罪戾，虽南山之竹不能载。"

这就不厚道了，死了一个人，居然搞得这么鸡飞狗跳，不过袁绍得知消息后，怕了。

好，骂完，就打。

袁绍战败。

其实一开始，袁绍还是想和的，为了示好，他将自己坐了很久的勃海太守的位子，特意让给公孙瓒的堂弟公孙范。可是公孙范很鬼，到了勃海，带着兵就跑了，跑去支援公孙瓒。

哑巴吃黄连。

形势一片大好，冀州许多地方都叛了，公孙瓒志向远大，一连任命了三个州的刺史：严纲为冀州刺史，田楷为青州刺史，单经为兖州刺史，并全部更换了各州郡长官。

这样的举动，除了满足一下虚荣心，没什么实际意义；相反，这个自以为是的行为，其实很愚蠢——树敌太多，把这些地方的现任，全给得罪了。后来，他被围在碉堡里下不来，救都没人救，就是从这时候埋下的祸根。

见公孙瓒这么讨厌，袁绍决定，硬着头皮再跟他干一架，虽然把握不大，但他手上有筹码——王牌麹义，还有强弩。

这两者的组合，能否对付公孙瓒那令人望而生畏的"白马义从"呢？

界桥南，大战。

双方阵容：

公孙瓒，步兵三万余，列为方阵；骑兵分两翼，左右各五千余，特种部队"白马义从"为中坚，亦分左右两队。

"旌旗铠甲，光照天地"，这就是当时的盛况。

袁绍，步兵数万，为后阵；前锋，麹义八百敢死队，皆骁勇善战之辈；两翼，一千张强弩，随时进行密集饱和攻击。

公孙瓒见麹义兵少，根本不看在眼里，放心大胆地出动骑兵即刻冲阵。

骑兵如利箭，飞速冲来，越来越近，麹义命士兵用盾牌掩护身体，像乌龟一样，趴在那里一动不动。

镇定，以及无畏的勇气。

近了，近了，眼看就要到跟前了！相距数十步时，两侧强弩突然齐发，响声如雷，所中必倒。伏在盾牌下的敢死队员，忽然变成神勇无比的

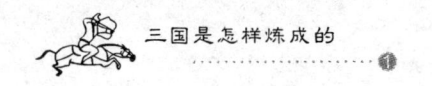

"忍者神龟",猛地呼喊而起,一齐冲出,扬尘大叫,所向无敌!

喊杀声震天动地。

"乌龟"大胜,公孙瓒大败,所置冀州刺史严纲阵亡,千余人被斩。

麹义继续猛追,公孙瓒敛兵再战,又败。

公孙瓒继续逃,麹义继续追,一直追到公孙瓒的营地,拔其牙门。

公孙瓒逃走。

奇迹,简直就是奇迹!

威震河北的公孙瓒,马失前蹄,大名鼎鼎的"白马义从",居然被"乌龟"给破了。

几张弩,几个人,就这样破了,太丢人。

见打了胜仗,袁绍也很高兴——太高兴,就要坏事,所谓乐极生悲。

有大麻烦了,袁绍,在鬼门关前走了一遭。

袁绍的勇气

袁绍在麹义后面十多里,听说公孙瓒破了,大喜。

大喜,就放松警惕了。

为了庆祝这个伟大的胜利,袁绍下马休息,他身边,只有强弩数十张,大戟士一百多人。

危险一步步逼近,袁绍全然不知。

突然,公孙瓒余部的两千多骑兵飞驰而来,将袁绍团团围住,瞬时乱箭齐射,仿若下雨一般,从头顶直泄而下。

形势万分危急!

田丰赶紧保护主公安全,准备扶袁绍躲进断墙之内,袁绍不肯,摘下头盔,狠狠地甩到地上,大吼道:

"大丈夫就要战死沙场,岂能躲在墙壁里?"

言毕,他奋起而出,命令弓弩手进行反击,顿时强弩乱发,敌骑多有死伤。

但他们没一个人认识袁绍,也就没有采取斩首行动,袁绍因无人识,逃过一劫。

这样打,肯定没戏,幸好麹义赶来了,敌人见有增援,撤走。

这时候的袁绍,展现出了一个统帅应有的冷静、勇敢和无畏。

心有余悸,侥幸逃生。

公孙瓒不甘失败,不久又遣部队来攻,在龙凑再次被袁绍击败,他无能为力,只好败退回蓟城。

袁绍遣崔巨业追击,到了故安,又用几万人围起来。

围了很久,打不下来,只好撤。

这次,公孙瓒捞到了便宜,趁着袁军疲惫撤走时,率步骑三万,突然追击,在巨马水(今拒马河)大破袁军,死者七八千。

公孙瓒乘胜前进,一直抵达平原,并让青州刺史田楷据守青州。

其后,双方连战两年,打到"粮食并尽,士卒疲困,互掠百姓,野无青草"的地步。而这时候,田楷的身边,还活跃着一个影子——刘备,当时被起义军打得走投无路的刘备,跑来投靠公孙瓒了,帮他一起打袁绍;可是后来,这个大耳朵,却公开背叛老同学,投奔了陶谦。

后来,袁绍又派儿子袁谭为青州刺史,与田楷大战,胜!

不久,公孙瓒方面传来令人绝望的消息:刘虞被杀了,公孙瓒是凶手。

不久,袁绍方面也传来令人绝望的消息:属下魏郡反叛,与黑山军数万人联合攻占大本营邺城,杀魏郡太守。

当时,袁绍正在大会宾客,听到这个消息,很多人惊慌失措,尤其是有家在邺城的,更是恐慌失色,一个劲地哭鼻子,哭声一片。

袁绍的家,虽然也在邺城,但他是一军统帅,必须冷静。所以我们看到的他,依然容貌不变,谈笑自若。

泰山崩于前而色不变,沉着、冷静,而有大家风范,这就是真实的袁绍。

刘虞之死,是一个悲剧,而这个悲剧的起因,还是他们谁也容不下对方。

在处理少数民族问题上，公孙瓒要打，刘虞要抚，结果显而易见，公孙瓒打了这么多年，还在打，打来打去，也没个完；而刘虞的怀柔政策，效果立竿见影，毕竟谁也不愿打仗，都想好好过日子。

不知公孙瓒与乌桓这些人有什么深仇大恨，他根本不理刘虞这套，看到刘虞给他们送东西，都要派兵去抢。

刘虞很受这些少数民族的欢迎，而公孙瓒，他们就只有恨，所谓羡慕嫉妒恨。

公孙瓒自以为兵强马壮，没事，就放纵部下抢掠百姓。刘虞素以爱民著称，时刻担忧百姓的安危，很反感这种行为——民为重，才是他的基本理念。

另外，刘虞一向主张和平共处，对于公孙瓒与袁绍的战事，也是深表不满。

既然劝说无效，那就断你粮草。

刘虞逐渐减少对公孙瓒的粮草供应。

公孙瓒有脾气了，不断违背刘虞的命令，继续侵扰百姓。

杀死刘虞

刘虞忍无可忍，上书朝廷，指责公孙瓒残害百姓，公孙瓒也毫不示弱，上书指责刘虞克扣军粮。

两人互掐，你一本，我一本，不断上奏，就像打网球一样，相互攻击，丝毫不让步。掐到最后，连朝廷都烦了，不管他们，由他们自己玩去。

公孙瓒为了安全，在蓟城东南面修了一座小城，把军队藏在里面，自己也躲在里面。

刘虞多次要他来见见面，他都称病不来。

看公孙瓒的举动，蠢人都知道他要干什么。刘虞很担心他叛乱，于是准备趁着他与曹操战败之机，一举将其歼灭。

可是有人反对——东曹掾魏攸，要他忍忍。

刘虞忍了，忍了一年。

一年后，魏攸死了，刘虞出兵了，十万！

有人劝他不要打，最好是武力威慑，让公孙瓒自动投降。

刘虞不听，还把劝告之人杀了，他的决心无比坚定。

本来是想秘密行动，打公孙瓒一个措手不及的，可他命大——冀州从事公孙纪与公孙瓒同姓，之前受过公孙瓒的厚待，趁夜送去了这个绝密情报。

公孙瓒很被动，当时他的部队都分散在外，一时间集结不起来，他准备挖地道逃跑。

哪晓得刘虞兄弟玩政治厉害，军事却是个白痴，他很爱惜民房，为了不侵扰百姓，下令不得放火，还特意告诫部下：

"不要伤害其他人，只杀公孙瓒一人而已。"

这就荒唐了，公孙瓒又不是绑在笼子里的一只鸡，只杀他一人，还打个屁仗？

你不放火，别人就放。

公孙瓒看刘虞的部队缺乏训练，不成建制，更不会打仗，围了这么久，这么多人都啃不下一个城，他知道，自己所面对的，只是一群饭桶。

既然是饭桶，那就去死吧！

他与刘虞展开最后的决战。

公孙瓒不动声色，挑选了几百名勇士，他知道，这一去，不知生死几许，但自己的身家性命，都在此孤注一掷。

起风了，机会来了，公孙瓒率领数百骑兵，突然出城，因风纵火，借着火势，向刘虞的军队猛冲而去。

十万人的部队，几百个人一冲，就彻底散了——溃散。

刘虞带着部属，怀着不可思议的心情，逃到居庸县，公孙瓒追来，开始围。

围了三天，城破，刘虞和他妻儿，被公孙瓒像老鹰抓小鸡一样，捉回蓟城。

为了废物利用，公孙瓒让刘虞继续处理州府政务，签署文件。

兵者，凶器也。

刘虞不是不懂，而是不忍心，他怕害了百姓，为了百姓，他下令不得放火，免得烧了民房。

流氓打败了君子，历史的怪现象，再次上演。

不知兵，只有这结果了，在战争年代，你太君子，往往就是作茧自缚、自寻死路。

没办法，对付流氓，只能用流氓的办法，说起来心酸，却是事实。

落到公孙瓒手里，自然就是猫捉老鼠的游戏，玩一玩，再把你弄死。

正在这时，朝廷派使者段训来宣示诏书，增刘虞封邑，督六州事；任命公孙瓒为前将军，封易侯，假节，督青、幽、并、冀四州。

就是趁着这机会，公孙瓒终于露出了獠牙，诬告刘虞先前与袁绍串通，要当皇帝，胁迫段训在闹市中，处死刘虞及其妻儿。

刘虞就这样死了，不应该，也很无奈。

但终究还是死了。

公孙瓒想借刀杀人，最后搬起石头砸自己的脚。杀了刘虞，是他一生犯下的最大错误，最后，可以说，他就死在这上面。

一生为国

刘虞之死，引发大地震，由于他生前为官清廉，政绩卓著，而且为人宽厚，广施仁义，因此深得民心。

幽州的百姓，无论是本地人，还是外地人，无不痛惜他的惨死——百姓流旧[①]，莫不痛惜焉。

有人在半路上截下送往京师的刘虞人头，好好安葬；有人聚在一起，对着公孙瓒破口大骂，与刘虞一起被杀；有人跪在刘虞墓前痛哭祭拜，并

---

① 流旧，就是外地人和本地人的意思，胡三省注："流者，他州人流入幽州者也；旧者，旧著籍幽州者也。"

带着数百人盟誓：

"此仇不报，我不活了！"

更可怕的是，连少数民族都来凑热闹，聚兵数万，最后把公孙瓒逼上绝路。

得人心者，得天下。

给刘虞定的这个罪名，简直让人笑掉大牙，因为地球人都知道，当初袁绍要立他为帝时，刘虞是死活不同意，还厉声呵斥他们：

"我们本应尽忠职守，怎么反而策划这种逆谋来玷污我？"

后来袁绍又要他领尚书事，代表皇帝封爵任官，他依然不同意，还斩了来使，后来又以逃往匈奴相威胁。

袁绍这才作罢。

如果说他要做皇帝，说公鸡下蛋还有人信些。

欲加之罪，何患无辞。

并且在死前，公孙瓒还不忘耍一把流氓。他将刘虞绑在闹市中，然后虚情假意地送给他祝福，说你若为天子，上天就应当刮风下雨来救你。

此时正值盛暑，已经很久没下雨了，这不是拿他寻开心吗？

受尽侮辱。

刘虞，出身皇族，汉室宗亲，当世名臣。他出类拔萃，忠心报国，一心为百姓想，虽身在高位，而厉行节约，打仗都怕烧坏百姓房屋；他励精图治，实行仁政，发展经济，视民如子；对待少数民族，他主张和平共处，而公孙瓒主张暴力解决，由此，两人分道扬镳，最后酿成惨剧，身死闹市，死得凄凉。

他出身高贵，很有能力，政绩卓越，受人爱戴，他是一个忠臣，更是一个悲剧。

一生为国，从不背叛。

所有的仁慈，最后难逃一个死。

军阀混战中，仁慈只能被看做是笑话，可是刘虞这样做了，虽然他死了，但他实现了儒家的价值，宽厚、仁和、有为，他是令人敬佩的。

亲亲而仁民，仁民而爱物。他做到了，在那个时代，他是污水中的一朵浪花，跳动起来，在太阳底下闪亮夺目，之后，它就消失了，没入污水之中。

何日，我们再能看到那朵浪花呢？

石可破也，不可夺其坚；丹可磨也，不可夺其赤。
　　　　　　　　　　　　　　　　——《吕氏春秋》

灭了刘虞，公孙瓒得意了，以前说过，得意，就容易忘形，公孙瓒也在这条光辉大道上狂奔，无怨无悔。

霸占幽州后，他感到无比的快慰，更加趾高气扬，横行无忌，倚仗自己的才干和武力，不体恤百姓。他性格古怪，记过忘善，睚眦（音 yázì）必报，并且还有个难以理解的癖好：喜欢用庸才。

对于士大夫，名望在他之上的，他必定想方设法陷害；对于有才能的人，他也要想方设法压制，搞得别人贫困潦倒，他就很开心。

有人问他这样做的原因，公孙瓒给出了自认为聪明的答案：

"士大夫这些人，都自认为应当富贵，给他们富贵，他们也不会感激。"

那他也要办事，用什么人呢？

庸人。

他所信任的人才，也都比较有个性，如算命先生刘纬台、丝绸贩子李移子、生意人乐何当，就是这些人，辅佐不可一世的公孙瓒，让他死得更快些。

他们或结为兄弟，或互通婚姻，并且勾结在一起，专门欺负老百姓。这伙人，簇拥着公孙瓒，坐在一个即将引爆的火药桶上。

公孙瓒的巨大麻烦来了。

超级宅男

兴平二年（公元 195 年），刘虞的部下前来报仇，他们率领大军，气势汹汹地来取公孙瓒狗命。

刘虞从事鲜于辅等人，集结军队，共推阎柔为乌桓司马，举兵攻打公孙瓒。阎柔同时招集胡人，一起联兵数万，在潞县北大战，将渔阳太守邹丹斩首，消灭其部下四千余人。

其后，乌桓峭王也率领乌桓人与鲜卑人，共七千骑兵，追随刘虞之子刘和，并与袁绍部将麴义联合，合兵十万，一起痛打落水狗。

鲍丘，这里又成为公孙瓒的死亡之地，惨败，两万多人全部报销。

这引起连锁反应，代郡、广阳、上谷、右北平等地，纷纷起兵，斩杀公孙瓒委任的官员，而后与鲜于辅、刘和会师，共击公孙瓒。

公孙瓒被围攻，这些人带着巨大的仇恨，使劲拍砖，公孙瓒毫无还手之力，屡战屡败。

这时候的公孙瓒，是郁闷的，估计看到这样的局面，肯定很后悔杀了刘虞。早知如此，留着他，说不定还能控制这些人，大不了浪费点粮食。

可是这一切，已无可挽回，他必须面对这一切，这一切的荒谬与诡异。

元气大伤，何去何从？

这时候的公孙瓒，失去了往日猛打猛冲的个性，他只想藏起来，藏进一个小屋子里。

他实现了。

有童谣曰："燕南垂，赵北际，中央不合大如砺，唯有此中可避世。"

公孙瓒认为，童谣说的这个地方，就是易县，为了找个地方躲起来，他将大本营迁到这里。

在这里，他开始建造易京。

建好城后，第一件事，就是挖沟，在城池周围，他挖了数十条战壕，又在战壕里筑土丘，每座土丘五六丈来高，土丘筑好后，他又在上面修碉堡。

这些碉堡，公孙瓒修了上千个（不容易），部将每家每户都有一个，真正做到了服务到家；并且为了保证能持续战斗，他还在碉堡里，存放了三百万斛粮食。

这是一个巨大无比的箭靶。

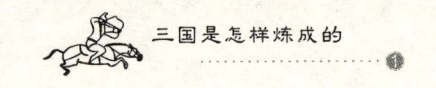

而公孙瓒自己，就住在箭靶的中央，最高的一个楼上——这个楼在最中间，土丘高十丈，还专门装了铁门（比较狠），左右侍卫都只能待在铁门外，并且七岁以上的男子，严禁出入，陪着他的，只有婢妾。

欲练神功，引刀自宫，公孙瓒把自己的斗志彻底阉割了。

坐以待毙！

为了与外界联系，他创造性地发明了两项专利：文件文书，用绳子吊上来；传递信息的方式更为独特——吼。

他找来女高音，经过专门训练，一吼，声闻数百步，要向其他碉堡传令，就大吼一声，大老远都能听到。

躲在"小炮楼"上，公孙瓒也逐渐疏远宾客，亲信都不要了，猛将谋士渐渐离散。

他当起了宅男，一宅就是好几年，可称之为资深宅男。

从此，公孙瓒成了谁也见不到的东方不败。

成天躲在屋子里干什么，我不知道，但我知道，最后那个屋子，还是破了。

固若金汤，是为固守，可有时也是自造牢笼。

任何堡垒，都会被攻破，因为再坚固的防线，也有其致命的弱点。

他也几乎不出来打仗，有人问起原因，他解释说，大局不是我所能决定的，不如让将士们养精蓄锐，等吃完了这些粮食，外面的局势也就一清二楚了。

原来，他是想打算以静制动，自己躲起来，看着别人一个一个地毁灭，最后他光荣出关，收拾残局。

想法是好，可有人不让他这么想。

袁绍来了。

袁绍把公孙瓒围起来，打算困死他。

可是对付骑兵有办法，对付这些有吃有喝的碉堡，袁绍就没辙了。

袁绍接连攻打，连年不能拔，四年后，拔了。

拔掉这颗钉子，因为一封信。

自焚

　　这么打，估计迟早要破，公孙瓒派儿子公孙续去向黑山军求援，并准备自己亲自出马，率精锐出城，与黑山军联合切断袁绍后路。

　　后来有人劝说，他放弃了，袁绍大军日益紧逼，公孙瓒日益窘迫。

　　建安四年（公元199年）春，公孙续去请的黑山军，终于来了，黑山军首领张燕，率军十万，分三路来救公孙瓒。

　　袁绍即将陷入两面夹击。

　　可是公孙瓒太急，心急吃不了热豆腐，最后，他把自己烫死了。

　　援军还没到，他就急不可耐地写了一封信，秘密派使者送给公孙续，要他率五千铁骑，埋伏在北方低洼地带，点火为号，然后自己出城，一同夹击袁绍。

　　信，送出去了，终于等来了火。

　　公孙瓒出战，不料袁绍的伏兵突然杀出，大败公孙瓒，他只好退回城内。

　　退回去的公孙瓒，都缓不过神来，他哪里知道，自己的信，已经被袁绍的巡逻兵查获，交到了袁绍手上。

　　他的计谋，已是公开的秘密。

　　袁绍将计就计。

　　他知道，必须尽快解决公孙瓒，不然援军来了就麻烦了。

　　袁绍打起了地道战，一直挖到公孙瓒驻守的碉堡下，他用木头撑住，估计挖到一半时，便纵火烧毁木头，公孙瓒的碉堡塌了。

　　地道已经挖到了脚底下，楼也塌了，连地下都能听到鼓角声。袁绍用兵如神鬼，公孙瓒知道，大势已去，必死无疑。

　　必死无疑的公孙瓒，绞死自己的姐妹和妻儿，然后放火自焚。

　　他化作了一团火球，倏然间灰飞烟灭，数十年的努力，付之一炬，一切成灰。

公孙瓒一死，其他人也作鸟兽散，要么投降，要么跑，总之是树倒猢狲散，公孙瓒势力，彻底崩溃。

公孙瓒，美男子，英俊潇洒，从一郡中小吏，猛打猛冲，成长为一名令人望而生畏的猛将，威震四方。年轻时，他极讲义气，后来又极度自私；他骄傲自大，刚愎自用，不能容人，不能自制，不能宽容，袭扰百姓，可谓无耻。

他的人才观极其另类，与曹操的唯才是举刚好相反，可称之为"唯不才是举"。不懂得珍惜人才，手下皆为跳梁小丑，何以成事？我猜想，应该是小时候受歧视留下的心理阴影，导致他对于有才的人，心怀怨恨。

杀刘虞，是他一生最大的错误，最终造成自己四面楚歌的下场。如果当初两人联手，肯定所向无敌，一个内政一流，一个打仗一流，说不定还能干掉袁绍，灭掉曹操。

他是一头孤独的狼。

他不懂得政治，只懂得喊打喊杀，以为武力能解决一切问题，可他哪里知道，武力，也只是政治的延伸，最后所有的问题，都需要政治来解决。

迷信武力，最后就是被武力所破。

他是个猛人，但不是个能人，缺乏谋略，尤其是最后居然困守高楼，自愿培养成困兽，自以为是，自取灭亡，实在很雷人。

乱世豪杰，目光短浅，胸无大志，他就是公孙瓒，一个好勇斗狠的寂寞高手。

眼见他起高楼，眼见他宴宾客，眼见他楼塌了。

物极必反，世事无常。

灭了公孙瓒，袁绍以长子袁谭为青州刺史，以次子袁熙为幽州刺史，以外甥高干为并州刺史，自领大将军、兼冀州牧，雄踞青、幽、并、冀四州，精兵数十万，成为北方最强大的军阀，也是全国最具实力的一方诸侯。

他的下一个目标——曹操。

在此之前，他还消灭攻击邺城的黑山军，斩杀其首领于毒，部下一万多人，一概收拾。

随后，他又先后击破起义军左髭①丈八、黄龙、青牛角、李大目、郭大贤等部，屠杀数万人，摧毁其营寨；另外，他还与黑山军首领张燕大战于常山，打了个平手，各自撤军。

正因为与张燕有如此大的过节，所以公孙瓒找援兵，首先就想到黑山军。

在发动对曹操的战争前，袁绍内部，还进行了一番激烈争论，争论的主题是：怎么打？

激烈的争执

袁绍兵强马壮，不免洋洋得意，尤其是消灭公孙瓒之后，就更为骄横了，不但对朝廷进贡的次数和数量减少，还发了做皇帝的春秋大梦。

刚好这年的四五月间，那个总跟自己作对的弟弟袁术，走投无路，要求把帝号免费送给他，他就有点心痒痒了。

自己不好说，就找个人，于是他暗地里找了个人——主簿耿包，要他鼓动自己称帝。

没想到，没人支持，属下全部反对，还说耿包妖言惑众，该杀。

这就不好玩了，皇帝还没做，就要挨骂。

也罢，只能弃车保帅，耿包，也只能去顶包了。

袁绍不得已，杀了耿包，以平众怒。

皇帝做不成，那就去收拾曹操，把皇帝抢过来。

袁绍挑选精兵十万，战马万匹，以审配、逢纪统军事，田丰、荀谌、许攸为军师，颜良、文丑为将帅，准备渡过黄河，直击许都。

决战曹操，这是一个大胆的想法。

内部闹矛盾了。

---

① 髭，音 zī，嘴上边的胡子。

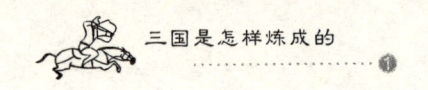

沮授、田丰反对决战，建议稳扎稳打，三年，可摆平曹操。

郭图、审配赞同决战，建议马上出兵，瞬间，可摆平曹操。

最后，他们闹起来了，沮授说师出无名，我很担忧；郭图说你不懂，天予不取，反受其咎。

闹到最后，袁绍采纳了郭图的意见，这个才对他胃口，本来自己就这么想的。早定大业，才是当务之急，什么师出无名，什么后勤不济，什么持久战，都他妈瞎扯淡，我想打谁就打谁，动不动就搬出骄兵义兵来说事，迂腐。

沮授很郁闷，更郁闷的是，郭图等人，还在背后说他坏话。

他们要求解除沮授的监军职务，免得以后受欺负，毕竟现在都已经针锋相对了。

袁绍听了，将沮授统领的部队，分由三个都督指挥，沮授、郭图、淳于琼，各领一军。

这时，骑都尉崔琰又进谏，劝他不要打，袁绍信心满满，哪里听得进去。

袁绍开始进行战前部署，准备大举南进，他要直捣许都。

袁绍这边争论不休，曹操这边也不甘示弱，争得一塌糊涂。

争论的焦点，只有一个，有没有信心？

袁绍要大举进攻许都的消息传来，犹似一颗小型核弹，产生的冲击波，将许多将领的信心，基本摧毁了。

他们惶恐不安。

气可鼓，不可泄。

作为领导的曹操，没有跟着一起起哄，相反，他斗志昂扬，为了开导各位，特意说了一番激动人心的话，意思就是我必胜，袁绍必败！最后，他还讲了一句更为激动的话：

"他土地虽广，粮食虽多，但都是为我准备的。"

口气好大，别人家里的东西，都为你准备的？但此时此刻，曹操只能这么做，他要给到部下足够的信心，让他们面对这个敌人时，把他看做一只猫，而不是一只老虎。

上下同欲者胜，信心，决定一切。

虽然如此，还是有唱反调的，孔融就是其中一个，他的意思是，敌人很强大，咱打不赢，等死算了。

太消极了，长他人志气，灭自己威风。

荀彧对于这种悲观言论，予以最严厉的谴责，他一一反驳孔融的观点，得出的结论是，敌人有很多弱点，我们必胜。

曹操懒得理孔融，虽然他到处放毒，大放厥词，蛊惑人心，但谁叫他是孔老夫子的后人，也就睁一只眼闭一只眼。

直到有一天，他再也看不下去了，于是，他举起了屠刀。

经过一番争论后，终于达成一致意见：面对袁绍，只有打一条路，否则，就是死路一条。

曹操已经做好了一切准备，准备与袁绍决一死战，虽然，实力远不及他，但是，他有着必胜的信心。

胜利，只会属于那些坚信自己能够胜利的人。

其实，对于袁绍这个强劲对手，曹操早就跟他有过较量。

恩怨情仇

曹操与袁绍，是从小玩到大的伙伴，两人自小就在一起玩，一起成长，一起搞恶作剧。

可是，时间改变了一切，随着两人的慢慢长大，他们不是感情日深，而是渐行渐远，最后，分道扬镳，反目成仇。

所以，他与袁绍，是一个由爱生恨的故事。

这个故事，有无数的配角，但主角，始终是两个，袁绍和曹操。他们在各自解决各自的敌人后，终于整顿好兵马，准备最后的决战。

在此之前，他们就开始斗，虽然没有死去活来，但也够让人心痛了。

早在讨董卓的时候，曹操对于袁绍的所作所为就很讨厌，甚至产生干

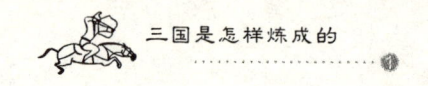

掉他的想法。后来，他们也是若即若离，为了各自的利益，时有合作，时有冲突。比方曹操帮袁绍大破严重威胁冀州的黑山军白绕部，袁绍就表他为东郡太守，帮助他起家；袁绍与公孙瓒和弟弟袁术互掐，曹操也是帮着打袁术、公孙瓒，这让袁绍减轻了不少压力；曹操打陶谦时，袁绍派兵支援，后院起火，失去兖州时，袁绍乘人之危，要他将家属送去邺城当人质，好借此控制；曹操迎帝都许后，下诏谴责袁绍，袁绍予以辩护，还批评他党同伐异，曹操只好封他为太尉、邺侯，袁绍不要，因为此时的曹操，已是大将军，在他之上，曹操知道敌不过袁绍，只好再次让步，把大将军的帽子送给袁绍。

至此，双方彻底决裂，从此，两人做梦都想的就是，怎么搞死对方。

建安三年（公元198年）春，袁绍要求曹操把汉献帝迁到鄄城，曹操拒绝了。不上你的当，那里距你的大本营太近，我还不知道你的坏心眼？

见曹操不把自己放在眼里，袁绍愤怒了，就在曹操还在穰城打张绣的时候，田丰就要他攻进许都，劫持汉献帝。

袁绍不听，但这也直接导致曹操从穰城匆忙撤军的严重后果。

回来后，才知道是虚惊一场，他妈的，被人耍了。

就在第一次征张绣惨败而归的时候，袁绍就想趁火打劫，但鉴于当时与公孙瓒死磕，也就没有动手，但为了恶心曹操，他还是写了一封信，措辞十分傲慢。

曹操看过信后，大怒，恨不得掐住袁绍的脖子，一把就捏死他。

发怒，就不再冷静，一些反常行为也表现出来了。

他要向袁绍开战。

大家都以为他是因为刚刚打了败仗的缘故，后来钟繇跑来问荀彧，荀彧便去问曹操。

曹操将袁绍的信拿出来，而在当时，郭嘉也恰好在场。

曹操对他们俩说，我要打袁绍，可又打不过，怎么办？

透过现象抓本质，于是，荀彧的"四胜论"登场了，他从用人、谋略、武功、品德四个方面进行比较，得出的结论是：曹操必胜，袁绍必败。

袁绍比不过曹操，荀彧说了四个理由，郭嘉不甘落后，不但同样举了刘邦项羽的例子，还一口气说了十个理由，反正都是袁绍很差，曹操很牛。

这就是郭嘉所谓的"十胜十败"论，在荀彧的基础上，更为细致地将袁绍与曹操的十个方面进行对比，得出的结论是：曹操必胜，袁绍必败。

这就搞得曹操自己都不好意思了，笑着说，我怎能担当得起这样的夸奖呢！

嘴上虽这么说，其实我想，他心里肯定高兴坏了。

曹操本来还信心不足，听他们俩的精辟分析，顿时觉得自己要强大很多了，袁绍，不过如此！当年抢新娘，还不是掉进刺堆里？

从这时开始，曹操就有了打败袁绍的信心，但当时双方都有人缠着，也就没有开打。

可是争夺天下的这个矛盾，是不可能解开的，唯一的结果，就是决战。

这一天来得很快，当双方都解决了各自的后顾之忧后，就一起操着刀，奔对方去了。

曾经的挚友，在利益面前，变成了仇敌。

一切成风，幻化成雨，伤心的雨。

于是，官渡之战，正式拉开序幕。

第十五章 官渡之战（上）

在黄河北，曹操安了一颗钉子，这里，将成为他的前哨阵地，以此牵制袁绍，延缓其进攻。

对于袁绍，曹操采取的对策是：战略上藐视，战术上重视。

准备战斗

袁绍总的战略制定后，随即率十万大军，直趋黎阳，南下攻许。

虎爪已经伸向了前方的猎物，袁绍志在必得。

袁绍来战，其实曹操早有准备，早在四月份，他就渡河攻击归附袁绍的眭（音 suī）固。

眭固，字白兔，原来是黑山军首领，后来成为屯驻河内的张杨部下。

建安三年（公元198年），曹操打吕布时，张杨带兵在遥远的东市，虚张了一下声势，就是这个举动，给他带来了杀身之祸。

部下杨丑，杀了张杨，准备带部队去投奔曹操，无奈被小白兔眭固打了埋伏，被杀。

其后，眭固屯军射犬，投奔袁绍。

为了打掉这个麻烦，曹操出兵了，派徐晃、曹仁和史涣渡过黄河，猛攻眭固。

眭固知道不敌，于是让人留守射犬，自己带兵北上，向袁绍求援。

既然出城了，那就别想跑。

在射犬北面的犬城，曹仁等人发起攻击，小白兔毕竟打不过大灰狼，眭固大败，本人被杀。

随后，曹操亲自率军渡河，包围射犬，众皆降。

至此，曹操吞并河内，任命魏种为河内太守。

魏种是个能人，当年曹操在兖州时，就举他为孝廉，后来张邈反叛，许多人都跑了，唯独十分信任他，说只有魏种不会辜负我啊！

说完，魏种就闪人了。

太伤自尊了！曹操恨得咬牙切齿，说好你个魏种，只要你不逃到南越、北胡去，孤就不放过你。

这次攻下射犬，魏种刚好在城里。

见到魏种，曹操没有发怒，反而很高兴，还说你太有才了。而后为他松绑，任命他为河内太守，让他负责黄河以北的事务。

真正爱惜人才，才有海一般的博大胸怀。

在黄河北，曹操安了一颗钉子，这里，将成为他的前哨阵地，以此牵制袁绍，延缓其进攻。

对于袁绍，曹操采取的对策是：战略上藐视，战术上重视。

为了击败袁绍，他进行了一系列战略部署，主要有几点：

一、摆了三道防线，占据黄河北的黎阳，与射犬呼应，构筑第一道防线；在黄河南岸的延津、白马、鄄城派兵驻守，沿黄河一字排开，构筑第二道防线；自己返回许都，遣徐晃、张辽屯军官渡，最后决战，这里是袁绍南下攻许的必经之路，在这里设防，构筑第三道防线。

二、安抚孙策，遣卫觊（音 jì）镇抚关中，并积极争取刘表的中立。

三、命夏侯惇防守孟津、敖仓两地，保护左翼安全；命臧霸等人带精兵进入青州，防止青州方面趁机进攻，巩固右翼；命曹仁、曹洪、李通、

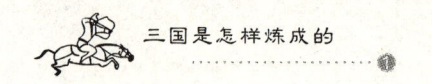

满宠等人分别在外围布防,以牵制敌人,并让荀彧留守许都,负责后勤及其他各项事务。

这是一个天才般的整体防御体系,自北而南,有层次、有纵深、有呼应,还能相互驰援,有进有退,好像弹簧一样,既能收,又能伸。

决战防御,而非消极防御。

曹操准备以逸待劳,后发制人。

袁绍看似面临巨大的麻烦,但他倚仗强大的武力,稳步前进,倒也丝毫不担忧。我想,曹操在他眼里,只是一只一掌就能拍死的苍蝇。

他的轻敌,最后将付出惨重的代价。

而此时的曹操,一件喜事送上门来了——张绣投降。

张绣是在贾诩的鼓动下投降的,本来他要投奔袁绍,被贾诩一倒腾,就来了。

曹操特别高兴,哈哈大笑,自己的心腹大患,彻底解除。

世界上的事,就是这么奇怪,好事不会全摊在你头上,否极泰来,乐极生悲,曹操的形势,突然大逆转。

有人背后捅刀子。

谋杀

干这些勾当的,有三波人,分别是徐他、董承和刘备。

前两起,是谋杀事件,后面的刘备,则是背叛曹操,配合袁绍,在背后袭扰。

徐他,来历不明,曹操身边的保镖,也不知道什么原因(史料不载),在曹操到达官渡时,准备刺杀他。

但在曹操的身边,有一个贴身侍卫长,名叫许褚,勇猛非常、力大无穷。典韦死后,他接替典韦统领曹操的虎卫军,担任突击和护卫曹操的工作。

许褚是个超级牛人,连史书记载都很牛:"长八尺余,腰大十围,容貌雄毅,勇力绝人。"

这么个人,神仙看了都怕,徐他也怕,所以一直没敢动手。

机会来了!

这天,刚好赶上许褚休息,徐他等人怀刀而入,进入曹操的大帐,准备伺机刺杀。

就在他要动手时,许褚突然出现,老鼠见了猫,徐他一伙顿时脸色大变,大为惊骇。

许褚一看就明白是怎么回事,即刻秒杀,将徐他一帮人全部干掉。

曹操侥幸脱险,而许褚的出现,缘于他的细心。

他回家后,总感觉不对劲,又立即返回大帐,而徐他毫不知情,所以一见到许褚,还以为神人天降,这才如此惊惶失措。

可见许褚的威慑力,非常人可比。就是这个许褚,一直跟随曹操,冒死保卫他,几次都差点挂掉。他力大如虎,还有点傻傻的感觉,所以军中给他起了个绰号:虎痴。

这件事后,曹操对他更加信任,出入同行,不离左右。

二十一年后,曹操死了,许褚号啕大哭,哭至吐血。其后,他又成为接班人曹丕的禁军统领,护卫曹丕的安全。

这就是忠诚,还有友谊。

躲过这一劫,曹操又来一劫——汉献帝要杀他。

汉献帝,在很多人的印象中,是个傀儡加木偶,软弱无能,很乖,其实不然,他是个很有性格的人。一生当中,虽然时时被别人控制,但他的心是自由的,也向往那片自由的天空。

为了自由,他就经常幻想,比如,幻想干掉曹操。

他没有亲自动手(打不过),而是下密诏给自己的岳父——车骑将军董承。

董承是汉灵帝妈妈董太后的侄子,后来跟了董卓,再后来,就跟了曹操。

他的女儿嫁给汉献帝,是为董贵人。

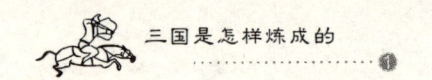

自从来到许都之后，命运彻底改变，虽然有吃有喝，生活无忧，可是大权旁落，野心勃勃的他，看到曹操风光无限，也不甘落后，想取而代之，而方法就是——政变。

他开始秘密行动，拉上了偏将军王服、越骑校尉种辑、议郎吴硕等人，一同密谋干掉曹操。

可是要杀曹操，难度比赤手空拳打老虎小不了多少，他耳目众多，单挑、打群架都不行，唯一的办法，就是走捷径。

董承脑瓜子就是好使，想出一个绝妙好计——忽悠汉献帝。

汉献帝本来年纪就轻（十九岁），社会经验不足，加上又不甘寂寞，被董承一忽悠，就下了密诏，要他领头，诛杀曹操。

为了不被发觉，这封密诏，藏在汉献帝的一根衣带当中，即所谓"衣带诏"。

曹操毫不知情。

有了密诏，董承很兴奋，他要广结天下义士，一同搞掉曹操，夺取他的兵权。

衣带诏

开始本来是拉上了刚好在许都的刘备的，可是刘备不厚道，在事件爆发前，跑了。

少了你，地球照样转，自己干。

运气实在太差，还没干，东窗事发。

谋事不密，哪里出了漏子不知道，只是全给暴露了。

走上绝路，无可挽回，不但干不掉曹操，自己也要被干掉。

于是，"衣带诏"事件，彻底爆发！

建安五年（公元200年）正月，得知阴谋的曹操，果断采取措施，将董承一伙一网打尽，董承及其谋事者，全部被杀，夷三族。

"董承等谋泄，皆伏诛"，短短几个字，就彻底结束了这一次阴谋政变。

这起事件，疑点很多，连史书记载也疑点很多，含糊不清、莫衷一是。有说是汉献帝被曹操逼得没办法，只好下密诏给董承，要他干掉曹操；有说是根本与汉献帝无关，只是董承私自行动，要谋杀曹操；更有甚者，说董承是矫诏发动，这就不单单是私自行动了，还有谋逆的嫌疑。

总之这件事，扯不清，但我倾向于，汉献帝也参与了，不过他是被董承唆使才下了那封密诏，他也是无辜的，这也是为什么后来，他一点事都没有的原因之一（当然主要还是曹操觉得他还有利用价值）。

现在有人一讲起这个事，就很激动，痛骂曹操，赞颂董承，对他的失败椎心顿足、痛心疾首，可惜，这些都是受《三国演义》的毒害太深，真实的历史，完全两个样。

其他先不扯，先来说说董承这个人，这家伙也不是什么好东西，一直在算计。当年汉献帝被李傕、郭汜追得到处跑的时候，他看到伏皇后带了几匹丝绸，都要派人拿刀子去抢，还杀了皇后身边的侍者，鲜血溅了皇后一身。

虽然一路保护汉献帝到了洛阳，但他听说曹操要来迎皇帝，怕对自己不利，极力反对。可是后来，因为与韩暹争权，他又变了一副面孔，密召曹操进京。

他的如意算盘就是，利用曹操，搞掉韩暹，没想到开门揖盗，自己的权力，被狡猾的曹操偷走了。

他不甘心！

不甘心就要反，最好的办法，就是鼓动汉献帝杀了曹操，于是，就有了"衣带诏"这出诡谲的大戏。

说来说去，都是为了争权夺利，不过是一场失败的阴谋，仅此而已。

如果要像罗贯中先生那样，对这个事大书特书，提升到无比高尚的政治高度，把董承吹上天，说什么"忠贞千古在"，那就是瞎扯淡了。

我在其中，只看到利益，没看到忠奸。

董承为了夺权，被曹操干掉，就这么简单。

但这件事，曹操把董贵人也杀了，就很不地道了。

董贵人只是一个弱女子,而且有孕在身,汉献帝多次求情,都无济于事。

既然是夷三族,那就没得救了,曹操将董贵人一起杀了。

再说一次,怀了小孩子的董贵人,也被杀了。

何其残忍!

这件事,在伏皇后的心中,造成极为严重的损害,每每想起曹操的暴戾,她就后怕,这个心理阴影,一直伴随着她。

直到有一天,她写信给自己的父亲屯骑校尉伏完,要他干掉曹操。由此,引发了一场更大的血案。

终身的祸害

"衣带诏"这次谋反事件,有一条漏网之鱼,那就是刘备,刘备在阴谋发动前,就跑了。

刘备早就想跑,只是一直没有机会。

灭了吕布,刘备十分高兴,高兴十分钟,因为曹操压根就没想过让他继续徐州牧的光辉事业。

曹操把他带回许都,封他左将军,礼遇甚厚,出则同车、坐则同席。

目的,就是笼络刘备,并加以控制。

可是,刘备怎么会被你控制?自由,一直是他的理想,无论跟谁,他都是来去自由,想走就走。

可要从许都逃走,也没那么容易,他只好一直等。

终于等来了机会。

袁术要去青州,要经过下邳,曹操要派人截击。

刘备刚好合适,因为那里曾经是他的地盘,轻车熟路,于是,他主动请缨。曹操随即派刘备,带领路招、朱灵一起去下邳守株待兔。

人走了,袁术没有来。

程昱、郭嘉、董昭一齐劝谏，说刘备千万不能放跑了，曹操这才重视起来，可此时的刘备，已逃之夭夭，一去不复返。

轻轻的我走了，正如我轻轻的来，挥一挥衣袖，不带走一片云彩。

刘备没带走云彩，却带走了豫州牧、宜城亭侯、左将军这些头衔，而且都是朝廷正式承认，这为他的人生，带来了极大的便利。但从此以后，他与曹操，也成为势不两立的超级对手，两人斗了一辈子，到死仍不罢休。

一念之差，铸成大错。

刘备跑回徐州，杀了曹操任命的徐州刺史车胄，留关羽守下邳，而自己，又跑回小沛。

放跑刘备，是曹操犯下的一个巨大错误，至今我都想不通，程昱、郭嘉这些人精，早就看透刘备这个人，多次劝他动手，可曹操总以一些似是而非的理由拒绝。

没有动手，就留下祸害，终身的祸害。

刘备叛逃，引发的后果极其严重，不但失去徐州的控制权，东海归附的义军首领昌霸及其郡县，也一齐起哄，背叛曹操，依附刘备。

刘备短短时间，就拥众数万，还派人联合袁绍，一起对付曹操。

袁绍很高兴，曹操的敌人，就是自己的朋友，他赶紧派骑兵，协助在小沛的刘备。

曹操的背后，多了一个可怕的敌人。

必须尽快解决他，曹操动手了，派司空长史刘岱、中郎将王忠带兵出击，白干，还让刘备吹了一次牛，说就算你曹操自己来，我也不怕。

那好吧，我自己来。

曹操决定亲自出马，痛击刘备。

可是，几乎所有人都反对——时机不对。

这时候，正是与袁绍交手的时候，面对强大的袁绍都力不从心，如今又要去打刘备，这不是故意找死？

只要袁绍趁机从背后攻击，曹操就没得玩了。

曹操不以为然，他必须解决掉刘备。

"刘备是人杰，今不击，必为后患。"曹操的回答掷地有声。

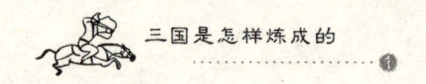

这时，郭嘉站出来支持曹操，他认为，袁绍生性多疑，不会趁火打劫，而刘备刚好立足未稳，击之必败。

曹操果断出击，分留诸将屯守官渡，自己亲率主力大军，奔袭徐州。

而就在这时，在袁绍的军营里，发生了一件难以理解的事情。

正式宣战

得知曹操开小差，跑去打刘备了，谋士田丰赶紧献策，要袁绍趁机袭击曹操后方，说可一举而定。

袁绍不答应，原因是儿子病了。

不听良言，错失良机。

田丰气坏了，拿着根棍子就往地上打，一边打还一边骂：

"这么难得的机会，却以儿子生病来推脱，可惜啊，大势去矣！"

听他这么讲，袁绍很气愤，从此疏远了他。

田丰的心，已近乎绝望，更绝望的是，没过多久，袁绍就给他戴上刑具，关了起来。

曹操来了，刘备还不信，侦察兵报告，说曹操大军来了，他大惊失色，但还是不信。

眼见为实，他自己带了数十骑，跑出去看，一看，果然就看到曹操的大旗。

信了。

信了，就跑！这是刘备多年的保留节目，见到曹操，基本就是跑，老婆孩子都不要。

刘备弃众而逃。

曹操以迅雷不及掩耳盗铃之势，大破刘备，擒获其妻子，收其众；而后进击下邳，俘获关羽，接着又击破昌霸，这才安安心心地回官渡。

短短十多天时间，曹操就彻底解决刘备，解除了自己的后顾之忧，他可以静下心来，专心对付袁绍了。

而袁绍，见刘备被打得惨败，可怜兮兮地跑来投奔自己，他知道，事态严重了，再迟疑不定，就会被该死的曹操各个击破。

好吧，那就摊牌吧！

袁绍决定，直击许都，这时，一个人跳出来说，不行。

还是田丰，田丰劝袁绍要冷静，他认为现在已错失良机，不能再轻举妄动。他的意见是，采取疲敌战术，打持久战，拖死曹操。

袁绍哪里听得进去？田丰也不会见风使舵，坚持己见，他知道，此事事关重大，万不可轻易妥协。

他摆出一副绝不罢休的态势，反复陈说，终于把袁绍搞火了。

像个唐僧一样，烦死了！扰乱军心，袁绍把田丰铐上刑具，丢进牢房。

在那里，他将等待官渡之战最后的消息，并且，他还等来了袁绍的死亡判决书。

再没人敢站出来，袁绍开始折腾了。

出兵前，他还是下了一番苦功的，为了做广告、造舆论，他请人写了一篇文章，痛骂曹操，并传布天下。

这篇文章，就是历史上非常有名的《为袁绍檄豫州文》，它的作者，是"建安七子"之一的陈琳。后来，因为这篇文章，不但闹出了一个"爱其才而不咎"的千古佳话，还让陈琳换了新工作，在曹操手下当秘书。

只是十多年后，陈琳得瘟疫死了，实在可惜。

这篇千余字的檄文，极富煽动力，可称之为千古奇文，纵观历史，恐怕也只有骆宾王的《讨武氏檄》能与之媲美。

在文中，陈琳痛骂曹操：

"历观古今书籍，所载贪残虐烈无道之臣，于操为甚。"

反正是把曹操贬得一文不值，不但进行政治攻击，还进行人格侮辱，甚至连祖宗都不放过，说他爷爷是妖孽，爸爸是乞丐，而曹操，就是赘阉遗丑，总之都不是人。

无所不用其极。

无恶不作、十恶不赦，这些对于曹操而言，恐怕是世界上最恶毒的文字了，尤其是骂祖宗，更是不可饶恕。

这些文字，大多是污蔑之词，但文章写得好，也就留了下来，让我们现在还能看到当时的人们，是怎么骂曹操的。

发檄文，就代表公开下了战书，表明不跟你来暗的了，咱明着打。

袁绍正式向曹操宣战。

第十六章　官渡之战（下）

他豁出去了，此战如不能攻破乌巢，则注定惨败，他抱着破釜沉舟的决心，背水一战。

人，很多时候都是被逼出来的。

投之亡地然后存，陷之死地然后生。

突袭白马

袁绍首先突破曹操的第一道防线，怎么破的，不知道，史书没记，但肯定是破了。

只要闯过这三道关，就到了许都，袁绍开始闯第二道关，他的第一个目标——白马。

建安五年（公元200年）二月，袁绍遣大将颜良与郭图、淳于琼一同围攻白马；而他自己，则引兵至黎阳，准备随时渡河。

此时守卫白马城的，是东郡太守刘延。

刘延告急，但曹操不敢轻易救援，因为袁绍就在河对岸，不清楚他的

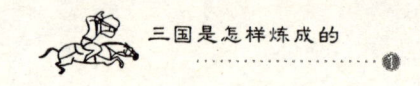

下一步计划。如果贸然出兵，就有可能被袁绍一举歼灭。

所以，他在等。

刘延也在等，在他苦苦坚守了两个月后，终于等来了曹操的援兵。

曹操见袁绍没有大举渡河，于是决定，援救白马，解刘延之围。

可是自己兵少，怎么办？

军师荀攸站了出来，献了一个计。

曹操听了。

曹操先率军向延津冲去，扬言要渡河袭击袁绍的后方，袁绍听说曹操要在延津北渡黄河，立即分兵向西阻截。

获知袁绍大军向延津方向运动，曹操马不停蹄，即刻掉头向东，日夜兼程，向白马急速挺进。

一切皆已揭晓，真正的目标，不是延津，而是白马。

这就是荀攸的声东击西计，目的就是分散袁绍兵力，让他疲于应付，然后突袭白马。

迅速，欺骗，出人意料。

兵者，诡道也。

在曹操距白马还有十多里的时候，在白马城外啃城墙的颜良，得知这个消息，大吃一惊，慌忙之中，仓促应战。

十多里，骑兵一下就到了，颜良摆好阵势准备迎战。

曹操也不含糊，随即派张辽、关羽为先锋，攻击敌军。

关羽出战，刚上场，就来了个斩首行动。

他远远看到颜良的元帅大旗和车盖，策马直冲而去，直取大将颜良。

颜良哪里想到关羽会来这招？猝不及防，眼睛一眨，就被砍了脑袋。

关羽阵斩颜良后，往回奔走，袁绍军中无一人敢上前阻拦——吓呆了。

刺敌于万众之中，百万军中取上将首级，如探囊取物，这就是关羽，英勇无畏、武艺超群。

仗还没打，就阵斩主将，这是个要命的事情，袁军很难接受，一片混乱。

趁着这个机会，曹军掩杀过去，击破敌阵。

曹操大获全胜，白马围解。

他知道，击败颜良，并不能解决问题，袁绍虽然分兵，但他本人还在对岸，随时都可能过河。

现在懒得跟你面对面，惹不起，还躲不起吗？

曹操决定，放弃白马，暂时向西撤退。

他带着城中百姓和所有辎重，沿着黄河向西迁徙，他要带着他们，远离袁绍，在后方再筑起防线。

不在乎一城一地之得失，只为了全局的胜利。

可他踏上的，是一条危险的道路，因为袁绍绝不会放过他。

待在黎阳的袁绍，知道被曹操骗了，气急败坏，嚷着就要跳过黄河去捉曹操。

沮授再次进谏，劝他不要轻举冒进，袁绍又不听。

沮授失望了，劝你迎天子，你不听；劝你稳扎稳打，你不听；劝你不要用颜良为主将，你不听。如今又来劝你，好心好意，全为了你。

可是，在你的眼里，我只是一粒尘土了，无关紧要。

他非常失落，乃至绝望。

在渡河前，对着黄河，他喊出了心中的愤懑和无奈：

"领导狂妄自大，属下只会贪功，悠悠黄河啊，我们还能回来吗？"

这是一个智者，面对汹涌的黄河，发出的一声长叹，无助、愤慨，还有孤独。

他是寂寞的，唯一的知心人田丰，如今还坐在牢里；而袁绍，已经恼羞成怒，下令全军渡过黄河，追击曹操。

他又将迎接另一个失败。

与其被漠视，不如走了吧！

他决定辞职，称病辞职。

可是袁绍不让，偏不让他走，为了给点颜色他看看，还解除了他的兵权。

沮授被抛弃了，从此，他淡出袁绍的决策层，和田丰一样，无可奈何地等待命运的判决。

最后，田丰等来了死亡，他也一样，都是一个死。

诱敌计

袁绍大军渡过了黄河，张牙舞爪地向眼前的猎物扑来。

当他追到延津南的时候，曹操已经到了白马山下的南坡扎营，他知道，袁绍来追，绝不是喊他回家吃饭。

袁绍首先派出文丑和刘备挑战，意图一举击败曹操。

敌人来了，骑兵至少五六千，步兵不计其数，而曹操——骑兵不到六百。

这是一次相差悬殊的对决，一般人见到这种情况，基本都会有刘备的想法：跑！

曹操没有跑，他停了下来，悠然自得。

哨兵登高望远，随时报告敌情。

不一会，哨兵报告，大约五六百骑兵追来了。

曹操没有理。

过了一会，哨兵报告，骑兵越来越多，步兵不计其数。

曹操说，不用再报了。

他命令解下马鞍，放马四散休息，同时，将从白马运来的辎重，全部丢在路上，扔了一地。

疯了，敌人马上就要来了，还有工夫摆地摊？

诸将不知道曹操玩什么游戏，见袁军来势汹汹，都很恐慌，纷纷要求曹操赶紧收拾兵马，回营自守。

毕竟回营自守，总比坐在这里等死要强。

军师荀攸倒很自在，慢悠悠地说，这正是要诱敌上钩，怎么能走呢？

只有荀攸，才明白曹操的一片苦心。

他看着荀攸，会心一笑，他的笑容，已然给出了答案：这是一个计谋

(是否出自荀攸，史书不载)。

文丑和刘备带领的五六千骑兵，先后赶到，诸将要求赶紧上马。

曹操没有动，觉得不是时候。

还不是时候，要到什么时候？军纪严明，没有曹操的命令，他们也不敢动，敢怒不敢言。

又过了一会，敌人的骑兵越来越多，并且争先恐后地跑去抢曹军的辎重，阵型混乱。

时候到了，你抢我东西，我就打你。

曹操紧急下令：

"可矣！"

随后，他带着这不满六百人的骑兵部队，向敌军冲去，纵兵突击。

袁军还在抢东西，乱作一团，哪里料到曹操会突然发动攻击，没准备，就只有等死了。

文丑、刘备大败，文丑更惨，被当场斩杀，刘备会跑，逃了。

面对十倍于己的敌人，曹操没有害怕，而是主动出击，他冷静、果敢，身先士卒，将战场诡计运用得出神入化，高超的指挥艺术，足以让敌人崩溃。碰到这样的对手，一个远胜于公孙瓒的超级对手，是袁绍的悲哀。

颜良、文丑，都是袁绍军中赫赫有名的大将，出师未捷身先死，对于袁军的心理震撼，十分巨大，士气大受影响。

但是，袁绍毕竟家大业大，这点损失，还是承受得住的，他还有机会，还有机会灭掉曹操。

可是，刚愎自用的性格，听不进正确意见，再次害了他。

白马、延津之战，只是两场小战斗，但影响深远，对于提升自己的士气，大有效果，至少让将士们看到，袁绍，也只是个纸老虎。

打败袁绍，已不再是个梦想，关键在于你是否有信心，信心，将摧毁一切。

首战失败，袁绍郁闷了，曹操笑了，他胜不在自己的兵强，而在于自己的勇敢和智谋。

斗力与斗智，后者胜。

曹操胜就胜在出奇制胜，袁绍败就败在贻误战机，不过，两次失败，并不能击败他，他还有强大的兵力和后勤支撑。

打仗打的是钱粮，实力，往往是制胜的关键。

袁绍准备再次战斗，将主力推进到阳武，与退守官渡的曹操对峙。

官渡之战，正式进入实质性阶段，曹操的麻烦，才刚刚开始。

首战告捷，曹操很高兴，但很快，就不高兴了——关羽走了。

兄弟情

关羽是自己要走，不是待不下去，而是要去找刘备。

他难以舍下心中的那一份情，那一份生死与共的兄弟情。

在下邳俘获关羽后，曹操把他带到许都，如同刘备一样，厚加礼遇。

可是，关羽没有久留的意思，他总想着去找"大哥"刘备，曹操只好派张辽去探探他的想法。

关羽告诉他，我与刘备誓同生死，不能背弃诺言，我最终不会留在这里，但要走，也要等立了功之后才走。

张辽很为难，报告曹操，又怕曹操杀了他，不报，又是失职。

他无奈地叹道：

"曹公是领导，关羽是兄弟啊！"

叹完了，还是要办事，经过一番斗争，张辽最后如实告诉了曹操。

曹操没有生气，相反很敬佩他的为人，感慨道：

"事君不忘本，天下义士也！他何时走？"

张辽回答说，要等立了功，报答了你的恩情后。

很快，就立了功，白马一战，关羽阵斩颜良，曹操知道，关羽可能要走了。

但他还是抱有一丝希望，希望能够留住他，为了笼络他，曹操重加赏赐，封他为汉寿亭侯。

关羽没有动心，他的心里，只有刘备。

当他打听到刘备正在袁绍军中效力，相去不远时，他准备走了。

他将曹操赏赐的东西全部封存起来，留下一封拜别的书信，义无反顾，只身前往袁绍军营。

不辞而别。

在那里，他将找到朝思暮想的"大哥"，两人从此以后，再也没有分开。

左右发现关羽跑了，要曹操赶紧去追，曹操只是淡淡地说：

"各为其主，不要追了。"

他知道，关羽去意已决，追回来，还是要走，不如不追；况且，这种忠义之士，自己也颇为欣赏。

关羽走了，离开了曹操，去投奔此时还寄人篱下的刘备。

舍弃荣华，拥抱困苦，这是一种精神的力量——勇敢、忠义，以及坚持到底的信念。

在《三国演义》中，这件事，被改编成"千里走单骑"、"过五关斩六将"的英雄故事，虽然是小说家言，但在其中，我们能看到一个人的信念，还有浓厚的兄弟情义。

忠义慨然冲宇宙，英雄从此震江山。

这种感情，虽然很少碰到，但在这个世间，除了爱情、亲情，还有一种兄弟情。它超越了地域和血缘，它很脆弱，但很感人，因为，这是两个志同道合的男人，为了共同的革命理想，走在了一起，开始了共同奋斗、开始了艰苦创业，相互协助、相互照应，一起去迎接胜利的明天。

茫茫人海中，就因为这偶然的相遇。

兄弟情，四海情；兄弟情，一辈子。

很美，很期待，但不常有。

为了配合正面作战，曹操又派于禁与乐进等人率步骑五千，从侧翼袭扰袁绍，以牵制他的主力。

于禁从延津西南北渡黄河，到达汲、获嘉二县，随即发起猛攻，焚烧袁军堡垒三十余个，斩首俘敌各数千，并且招降袁绍部将何茂、王摩等二

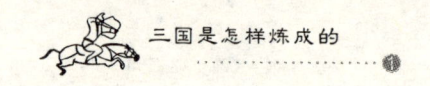

十余人。随后，于禁又屯兵原武，击破袁绍驻扎在黄河边杜氏津的兵营，这些袭扰，对曹操的正面战场，无疑是一个极为有力的配合。

虽然如此，袁绍还是兵力远胜于曹操，所以曹操很聪明，见打不过，就跑，绝不会等着你来打。

见袁绍攻势凌厉，他主动放弃第二道防线，撤回官渡，进行战略退却，将重兵集结在第三道防线，以拉长敌人的补给线。

这是最后一道防线，突破它，许都，就完全暴露在眼前。

越过第二道防线，袁绍开始闯第三关了。

曹操，除了耍诡计我不如你，可是打硬仗，你只能靠边站！打公孙瓒，我打了八年，最后还不是把他逼进那个"小炮楼"里，自己把自己烧死？

曹操面对的，将是一个善于攻坚战的可怕对手。

官渡，才是双方的主战场，在这里，我们将看到战场的残酷和无情，还有智慧的较量和勇气的对决。

两军相持于官渡，开始了 PK 大战。

空袭

前线痛苦得要命，后方也有麻烦了。

汝南黄巾刘辟等人，背叛曹操，响应袁绍。袁绍高兴坏了，在曹操背后捅刀子，那才叫过瘾。

他火速命令刘备去曹操的背后开辟敌后根据地，统兵援助刘辟，周围郡县纷纷响应起来。

为了缓解矛盾，曹操采取了一些安抚措施，比如退税，把一些已征收的绢绵都退还给老百姓。

人心是安定了不少，可是刘备很烦人，曹操很忧虑。

因为刘备率军攻掠汝、颍地区，自许都以南，官民人心不安。

为了心安，曹操找来了曹仁，曹仁说，必须打刘备一个措手不及。

曹操照办了，曹仁带骑兵一路扫过去，秋风扫落叶，把刘备又扫回袁绍那儿。

袁绍力求进步，为了争取主动，派部将韩荀绕道西面，准备抄曹操的后路。

曹仁也不讲客气，在鸡洛山，连韩荀一块收拾了，大破之。

袁绍打怕了，从此，再也不敢轻易分兵外出。

刘备回到袁绍军中，没多久又回来了，袁绍要他去联合刘表，带领旧部进军汝南，与义军首领龚都合作，众数千人。

还来烦？再扫一次！曹操命叶县守将蔡阳（另作蔡杨或蔡扬）扫掉刘备。

没想到蔡阳功课没做好，不但没扫掉刘备，相反被刘备杀了。

这伙人又开始了幸福生活，因为曹操没空搭理他们，一年后，刘备将再次体验失败的滋味。

没空搭理，是因为官渡战场，已经撑不住了。

袁绍驻军阳武后，再次拒绝了沮授打持久战的建议，快速推进，以求速战速决。

袁绍心急火燎，恨不得找到曹操，冲上去就是两板砖，曹操不跟他玩，躲在官渡城内捉迷藏。

袁绍只好采取连营推进、步步紧逼的方法，试图用铁壁合围的囚笼战术，困死曹操。

他紧靠曹操扎营，在原武、官渡以北一线屯集重兵，依沙堆立营，东西延绵数十里。曹操则分兵把守，坚守各处营垒，伺机而动。

为了加强实力，曹操急调于禁回官渡，他决定跟袁绍打一次会战。

九月初一这天，出现日食，曹操出兵，与袁绍大战，不利，回营，坚守。

双方又进入对峙局面。

曹操躲猫猫，袁绍干着急，为了打破僵局，他准备空袭。

站得高，看得远，才能打得远。

袁绍决定，造楼。

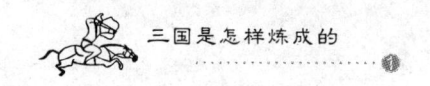

袁绍建起一座座高橹（形似高高的瞭望台）和土山，居高临下，派弓弩手爬上去，向曹营拼命射箭。

箭如雨下。

曹军伤亡很大，更要命的是，精神高度紧张，每每在营内走动，都要带一块盾牌，不然马上就会有不明飞行物，把你的脑袋射成刺猬。

更搞笑的是，袁绍还想得特周到，命军中各持三尺绳，只要曹操来投降，就一把捆了。

这是他自己做梦，曹操打死都不会投降，他正在城内闭门造车。

他造的这种车，不是兜风的，而是丢石头，名霹雳车，俗称抛石车。

你有高橹，我有霹雳车，看谁厉害？

这种车非常厉害，也称为炮车（不是跑车），相当于一个大机械手，专门往远处扔石头。一般一块石头重十二斤，装在上面，再利用杠杆的力量，使劲甩出去，一炮可以打三百步，相当于现在四百多米。由于抛射的声音很大，"炮石雷骇"，声震天地，所以称霹雳车。

霹雳车上愤怒的石头，"呼呼呼"地飞向袁绍的高橹，所击无不摧破。高橹在霹雳车的呼啸声中，被一一摧毁。

面对如此强悍的"地对空导弹"，空袭是没法再继续了。既然用空袭搞不定你，那就跟你打立体战，立体，高科技。

空中不行，就从地下来，反正就是要把你搞崩溃。

袁绍又发扬打公孙瓒时不怕苦不怕累的精神，开始挖地道。

最艰难的时刻

一直挖一直挖，终于要挖穿了曹操坚固的城墙。

他又在等待曹操自焚的那一幕。

可惜，曹操不是公孙瓒，公孙瓒只能感叹袁绍用兵如神鬼，坐以待毙，而曹操，就自己宛若神鬼。

袁绍挖地道，曹操没有在一旁看热闹，他也不甘示弱，谁怕谁，一起挖！

他不是挖到城外去，而是往地下狠狠地挖。在城内，他依城墙，挖了一圈深过袁绍地道的壕沟，然后派兵把守。

这个绝活，不画个图，还比较难解释清楚，说简单点，就是袁绍往里面挖，而曹操就垂直往下面挖。等你开开心心、满头大汗地挖穿了，看到的，不是光明的未来，而是一条深不可测的壕沟，并且迎接你的，是无情的刀箭和愤怒的口水。

现在明白了吧，无论你怎么挖，都进不了城，最终都要到达壕沟。所以，无论你多努力、多辛苦，最多只能是多增加几具尸体而已。

这就是曹操的可怕之处，说他用兵如神鬼，那才叫一点都不冤枉。

能想出这种绝招的，只有天才。

虽然破了袁绍的空袭和地道战，但曹操的处境，比袁绍还惨。

主要是军需物资严重匮乏，尤其是军粮不足。为了节约，曹操把原本当垃圾处理，仅仅几寸长的竹片都拿来做盾牌，可见已经是山穷水尽。

据史料记载，曹操在官渡前线，不足一万人，还有一部分是伤兵。不足一万，虽不可信，但兵力远少于袁绍是肯定的，由于战线拉得太长，人又少，自然不堪重负，战斗力大为减弱。

不堪重负，但还是要撑，不撑就是死，可是再这么撑，也会撑死。

由于兵少粮尽，百姓也不堪忍受沉重的战争负担，纷纷叛逃袁绍，连军中的将领与后方许都的官员，都暗中给袁绍写信，准备投降。

形势异常艰巨！

曹操也顶不住了，他想撤回许都，诱敌深入。

这个想法十分危险，今天看来，如果放弃官渡，就基本等于放弃这场战争，自寻死路。

曹操写了一封信给大管家荀彧，征询他的意见，很快，就收到了荀彧的回信。

在信中，荀彧告诉曹操，无论如何，都要坚持下去。

曹操豁然开朗，为了慎重起见，他又征询贾诩的意见。

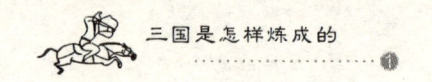

贾诩也告诉他，你胜过袁绍，但总想万无一失，就成了现在这个样子，所以必须寻找战机，当机立断，才能迎来伟大的胜利。

贾诩的话，让他更有信心了，曹操决定，继续撑，就是撑死，也要撑。

最困难的时候，也就是离成功不远的时候。
——拿破仑

成功，就在于最后一刻的坚持。

曹操命令部队继续坚守，并及时捕捉战机。

终于苦苦撑到十月，绝境逢生，一个人的到来，彻底改变战局。

面对困境，很多人选择放弃，最后他们得到的，只有失败；但有一些人，不抛弃、不放弃，愈挫愈勇，坦然面对，坚强、坚定、坚持！最后他们得到的，是难得的胜利。

虽然艰苦，但很满足。

在此之前，曹操还盯上了袁绍的后勤补给线。

荀攸献计，说袁绍运送后勤物资的车队马上就要到了，押送的大将韩猛锐而轻敌，击之可破。

曹操问，派谁去好呢？

荀攸说，徐晃。

于是，曹操速派徐晃与史涣半路截击韩猛，把他打跑，将其辎重粮草全部烧毁。

你烧，我也烧！袁绍同样派兵袭击曹操的后勤部队，但负责后勤运输的任峻太牛，防守极为严密，根本没有机会。

袁绍只好放弃，也向曹操学习，重点保护粮草。

失败了不可怕，怕的是不再运粮了。袁绍又开始运粮，一万余车，这次，他决定加派重兵，由淳于琼等五个将领，率一万多人护送。

果然奏效，半路没出事，粮草就要安全到达，袁绍将这些宝贝集中屯放在距离官渡大营北四十里处的乌巢和故市两个地方。

万事无忧，就等着曹操饿死。

赤脚迎许攸

这时，沮授又跑出来烦人，要袁绍派蒋奇驻守在淳于琼外侧，防止曹操来抢粮。

袁绍照样不听，反正每次都当你放屁。

谋士许攸也不甘寂寞，献了一个锦囊妙计，要袁绍趁曹操后方空虚，连夜突袭许都。

宁国中郎将张郃也同意这么做，劝袁绍避实就虚，掩袭许都。可是袁绍自恃兵多将广，势头正盛，根本听不进去，相反还说了一句很雷人的话：

"我一定要捉住曹操！"

他只想一举擒获曹操。

总想着老鹰抓小鸡，最后，就是被猎枪瞄准。

为了一件正确的事情不放弃，可称之为坚持；为了一件错误的事情不放弃，只能说是愚蠢。

袁绍本来是个聪明人，可是狂妄自大，过于轻敌，顽固不化，不懂变通，往往就在一些重要事情上，犯下致命错误。

这是他打败曹操的最后两次机会，失去了，他将陷入被动局面。

许攸很不爽，有想法了。

他是曹操的老朋友了，当年还跟着王芬一起策划改立皇帝，可见是个胆子特别大的人。这人还有个毛病，比较喜欢钱，而袁绍又不能满足他，所以他对袁绍并没有多少好感，在那里混，只是为了混口饭吃。

这时，一件事，让他改变了主意，他不想继续混了。

一个消息从远方传来：家里有人犯了事，被留守邺城的政敌审配抓起来了。

这不是欺负人吗？

许攸大怒，一怒之下，就跑了。

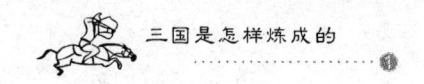

跑去投靠曹操。

袁绍麻烦了。

听说许攸来了，曹操鞋子都来不及穿，不顾严寒，光着脚丫子就跑了出来，一见到许攸就拍手大笑：

"子卿①大老远跑我这儿来，我的大事就要成了。"

曹操笑呵呵地把老朋友请进去，坐定，许攸开门见山：袁绍很强大，你打算怎么对付他？

还没等曹操回答，一个更尖锐的问题又丢来了：现在军中还有多少粮草？

曹操回答：还可以支撑一年。

许攸知道，这是曹操忽悠他的，于是咄咄逼人：不对，再说一次。

曹操只好改口说，还可以支撑半年。

还在忽悠，这不是逗小孩子玩吗？许攸火了，责问曹操：你是存心不想打败袁绍吧？为什么不说实话？

曹操知道，这家伙，忽悠不了，于是赶紧满脸堆笑：刚才不过是想跟你开个玩笑，说实话，军中的粮食，只能应付一个月了。

曹操也不含糊，最后抛出最重要的问题：怎么办？

许攸明白得很，就是想套他的话，不过这次来，本来就是来帮曹操的，所谓知无不言、言无不尽，于是，许攸发挥非凡的口才，为曹操出谋划策。

他首先分析了一下曹操的处境，说你内无粮草，外无救兵，孤军坚守，十分危险啊！我有一个好主意，不出三天，袁绍自败。

难道神仙来了？没错，真是神仙来了，就因为许攸的这个主意，彻底翻盘。

莫非是个诡计？大伙全都不信，只有荀攸、贾诩信。

这两个人精说没问题，那就是没问题。

---

① 《资治通鉴》胡三省注："许攸，字子远，今呼为子卿，贵之也。或曰：操字攸曰：'子远，卿来，吾事济矣。'于文为顺。"

曹操大喜，依计而行，留曹洪、荀攸守大营，自己亲率五千精锐步骑，连夜出发，直奔目的地。

他的目的地——乌巢！

火烧乌巢

乌巢，既不是乌龟的巢，也不是乌鸦的巢，而是一个地名。

曹操带着这一支轻军，借着夜色，抄小路往乌巢方向疾驰而去。

他打着袁军的旗帜，冒充袁军，为防止喧哗，令将士衔枚[①]，马嘴也用绳子绑上；另外，他还让士兵每人都抱着一捆干柴。

难道去搞野炊？不是，明日一早，将见分晓。

乌巢，离袁绍大营四十里，一路上，肯定有袁军活动。

在路上，终于碰到袁军的盘问，曹操早就想好了台词，告诉他们，袁将军怕曹操抄略后军，特派我们去乌巢加强防守。

骗过了。

毫无戒备。

毫无戒备的袁军，只有等死。

到了乌巢后，曹操立即围住袁军的后勤仓库，四处放火。

守卫乌巢的袁军，怎么也想不到，有人来搞偷袭了，顿时大乱。

正在这时，天色已经放亮，袁军主将淳于琼，见曹操兵少，便在营外摆开阵势，守住粮食。

曹操是有备而来，根本不给淳于琼机会，一顿猛揍，将他打回营内。

淳于琼等待救援。

曹操随即攻营。

曹操偷袭乌巢的消息，迅即传来，袁绍没有悲伤，相反很兴奋，他认

[①] 衔枚，古代行军时，为了防止出声，士卒嘴里含一个类似筷子一样的东西，据说两端有带，可系于颈上（没见过），这样可以增强行动的隐蔽性。

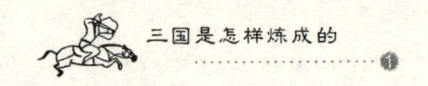

为,这是一个拿下曹操大营的大好机会。

为了表达自己的兴奋心情,他还笑眯眯地对大儿子袁谭说:

"只要攻破曹操的大营,他就无家可归了。"

袁绍命令高览、张郃攻打曹操大营。张郃反对这么做,他提醒袁绍,淳于琼肯定会被曹操打败,乌巢一失,您就完了,所以应该先去救淳于琼。

这时,郭图又出来捣乱,为了迎合袁绍,他侃侃而谈,坚持要先攻曹操大营。他的想法很简单,这样做,曹操必定回师援救,不但乌巢之围自解,还能一战击败曹操。

想法是很好,还是极有水平的围魏救赵之策,可是郭图忽略了,曹操不会按照他想的那么做。就算你打他的大营,他也不会回来,一来大营防守严密;二来乌巢不破,他绝不会半途而废。

袁绍被郭图转晕了,加之他也想毕其功于一役,现在曹操精兵在乌巢,打他大营,是最好的机会,只要击破曹操大营,他就会兵败如山倒。

袁绍依然很兴奋,依然坚持自己的意见,要打曹操大营。

张郃知道这个决策,将关系到整个战局,他不依不饶,明确告诉袁绍,曹操的大营坚固,短时间内绝对打不下来,如果淳于琼被活捉,我们也会全部完蛋。

谁也不想完蛋,袁绍于是做了点让步,派轻骑援救乌巢,而以重兵攻打曹操大营。

围魏救赵,能否帮到袁绍呢?

这是他挽救自己的最后一个机会,失去了,他将陷入万劫不复。

袁绍失算了。

一切皆如张郃所料,曹操的大营固若金汤,根本打不下来;而曹操获知大营遇袭的消息,不但没往回跑,还越打越来劲。

曹操继续猛攻乌巢。

袁绍救援的骑兵马上就要到了,左右报告曹操,说敌骑已越来越近,请分兵抵抗。

曹操理都不理,反而怒喝道:

"敌人到了我背后,再来报告。"

他豁出去了,此战如不能攻破乌巢,则注定惨败,他抱着破釜沉舟的决心,背水一战。

人,很多时候都是被逼出来的。

投之亡地然后存,陷之死地然后生。

全面溃败

曹军将士在曹操的感召下,拼死力战、奋起直击(皆殊死战),终于在短时间内,大破袁军,将乌巢的一万多车粮草,烧了个精光;并斩督将眭元进、骑督韩莒子、吕威璜、赵睿首级。

这是勇者的胜利。

为了震骇敌军,曹操将一千多名袁军阵亡士卒的鼻子全割下来,又将俘获牛马的嘴唇和舌头全部割下,一齐扔给前来救援的袁军。

见过恶心的,没见过这么恶心的。袁军将士大为恐惧,纷纷溃散。

主将淳于琼没死,被抓了,只是没了鼻子。

看到淳于琼这副模样,曹操很得意,故意取笑他:"怎么搞成这个样子呀?"

被人割了鼻子,还要受侮辱,淳于琼十分不快,看也不看曹操,高声道:

"这是天意,还用得着问吗?"

视死如归,真壮士也。

淳于琼,字仲简,颍川人,曹操老同事,西园八校尉之右校尉。

曹操念及旧情,想饶他不死,这时候,恰好许攸在一旁,这家伙不是什么好人,怕留着淳于琼对自己不利,于是别有用心地说了一句:明天照镜子,他就不会忘记自己是一个没鼻子的人了。

言外之意,淳于琼会记仇,对曹操很不利。

曹操没再啰嗦,将淳于琼推出去斩首。

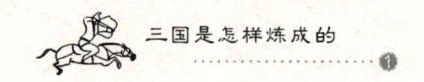

喜欢害人的人，迟早，也要被别人害，究其根源，还是被自己害了。

许攸就是这么一个人，没过多久，他就把自己害死了。

张郃攻打曹操大营，始终啃不下来，这时乌巢被烧，淳于琼溃败的消息传来，他知道，大势已去。

乌巢完蛋，袁绍迅速溃败。

在袁绍身边出馊主意的郭图，见自己的计策全部泡汤，有些羞愧，但他不愿低头，试图把愚蠢进行到底。

他跑到袁绍面前，又打小报告，说张郃听说我军失利，正在那里幸灾乐祸呢！

这样的消息，不知怎么被张郃知道了，他既怕又恨，想来想去，与其这样被人陷害，还不如走人。

他和高览烧了攻城器械，向曹营投降。

这时的官渡城，由曹洪把守，张郃来投降，他都不敢要。原因很简单，谁知道你是不是诈降？

荀攸为他解除了这个疑虑，他告诉曹洪，张郃因为自己的计策不被采纳，一怒之下前来投奔，有什么好怀疑的呢？

曹洪听从了，接受了他们的投降。

这是压垮袁绍的最后一根稻草。

群龙无首，树倒猢狲散。

袁军惊恐不安，全面崩溃。

真正的兵败如山倒，袁军近十万人，顷刻间，已丧失斗志，只顾逃命。

曹军乘势发动猛攻，这时候，已经不再是打仗了，而是上山打兔子，一路冲锋，所向披靡。

逃命要紧！袁绍还挺机灵，带着大儿子袁谭，抢了匹快马，带着八百骑兵，跳过黄河就跑了。

数个月前，他带着十万大军，雄赳赳、气昂昂地跨过黄河，可是现在，他的身后，只有八百骑。

曹军追赶不及，缴获袁绍丢下的大量辎重、图书和珍宝；而更让他们烦心的是，还抓了七万多俘虏（过不了河）。

他们是假投降。

曹操及时发现这个阴谋，他采取极为严厉的报复措施。

既然假投降，那就都埋了吧！

曹操将俘虏的七万余袁军将士，全部活埋。

数万条活生生的生命，就这样被残杀。他们也是有感情的人，他们也有自己的梦想，也有自己的亲人，就因为失败，就全被活埋了。

或许，曹操也是不得已，不埋你，他就要被埋，毕竟这么多人，真造起反来，根本无法控制。

人，有时真的很残忍。

万人坑！

第十七章　平定河北

这就是自信,足以藐视一切的自信。

一个自信的人,才是一个真正有力量的人。

牺牲品

孤独的智者沮授,来不及跟着跑,被曹军逮获。

被抓了,他还不老实,大喊大叫:

"我不是投降,只是被你们抓住了。"

闭嘴,押送曹操。

曹操跟沮授是老相识了,加之一直很爱惜他的才能,于是亲自迎上去,跟他开玩笑:很久没见了,想不到今日被我捉住。

沮授冷冷地回答:袁绍失策,自取失败,我的才智无法施展,活该被你捉住。

曹操见他在感叹命运,于是赶紧抛出绣球:袁绍无谋,不肯用你的计策,如今天下未定,你不如跟我一起干吧!

这本是个好主意，可沮授推辞了，他告诉曹操，自己的家人都在袁绍手里，如果你真的看重我，就让我快点死。

誓死不降。

见他这么有才，还这么有骨气，曹操很感慨，不禁叹道：

"我要是早点得到你，天下不足虑也。"

惜才之情，溢于言表。

曹操没有杀他，好生安置，予以厚待，就是想打动他，让他为自己服务。

沮授也没自杀，但他不愿跟曹操合作，他还是想着那个并不待见自己的袁绍。

不久，他找了个机会，准备逃走，逃往袁绍军中。

这就严重了，给脸不要脸，去死吧！

曹操下令将他处死。

沮授，广平人，才华出众，少有大志，多权略，先为韩馥别驾，后提出据河北、争天下的战略，被袁绍赏识，成为谋主及监军。可惜袁绍急功近利，屡屡拒绝他的正确意见，终至惨败。后被曹操俘获，始终不降，乃至身死。

找错老板，误了一生。

何其可悲！

曹操的人才观很特别，除了不拘一格降人才，还有个原则：不用则杀之，孔融、崔琰、娄圭等人被杀，都是栽在这个上面。

这就是曹操性格的两面性，从他身上，我们能深刻看到：人，有时一半是天使，一半是魔鬼。

跑回冀州的袁绍，平定了一些郡县的叛乱，还杀了一个人，一个不该杀的人。

坐在牢房里的田丰。

吃了这么大败仗跑回来，袁军将士个个捶胸顿足、痛哭流涕，说要是听了田丰的，就不会这么惨啊！

袁绍也很后悔没听他的，感到心里有愧，可是政敌逢纪却挑拨离间，

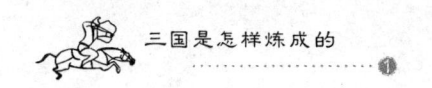

说田丰听说将军失利，正在哈哈大笑，庆祝他的预言实现了。

污蔑之词。

袁绍很恼火，咬牙切齿地说：

"我没有听田丰的，果然被他耻笑。"

他下令杀了田丰。

田丰之死，实在太冤，当初，曹操听说他没有随军出征，就大胆预言，说田丰没来，袁绍必败无疑。

如今，果然如此。

田丰，字元皓，钜鹿人，天才型谋士，多有奇谋，可惜袁绍不用。

在死前，他还准确预测到了自己的死亡，这不能不说是个悲哀。

袁绍军败，有人向他道喜，说这回您一定会受重用了。

田丰黯然失色，他很了解袁绍，算是看透了他，像玻璃一样透彻。他说，袁绍外宽而内忌，如果得胜而归，心里高兴，还会饶了我；可是现在战败，妒忌心必然发作，我是没希望再活了。

能算到自己的死，也算是谋士中的高手了，可是，他跟沮授一样，碰到了一个听不进意见的领导，最后的结局，也就早已注定。

他们俩，都是窝里斗的牺牲品，因为袁绍的内部，一直不团结，这是袁绍的一个致命弱点，三个儿子都个个心怀鬼胎，何况他人？几个谋士更是比拼谁的阴人功夫高，最后，就是这么个结局。

身不由己。

更令人寒心的是，袁绍死后，这伙人更是公开撕破脸，打来打去，最终给了曹操各个击破的机会。

自取灭亡。

堡垒，往往是从内部攻破的。

悲剧

而曹操，就善于搞团结，即使到了最极端的情况下，他都不忘这点。

在收缴袁绍的来往书信中，曹操查获一批书信，是许都的官员和军中将领写给袁绍的，与袁暗通款曲。

换了别人，这是最好的罪证，一抓一个准。曹操没有，他下令将这些信全部烧毁，还说了一句很感人的话：

"袁绍强盛的时候，连我自己都不能自保，何况其他人呢？"

他给予部下最大的理解和信任。

都是为了内部的团结，如果真要来查，肯定会搞得血雨腥风，对谁都不好，还不如一把火烧了，一了百了，大家都好。

这就是曹操的宽容和大度，也是他善于笼络人心的手段。

曹操大获全胜，随即向汉献帝报捷，算是给官渡之战，画上了一个完满的句号。

善战者，致人，不致于人。

曹操终于打破囚笼，获得自由！而跑回冀州的袁绍，从此一蹶不振，再也没翻过身来，本来他完全可以卧薪尝胆，东山再起的；可是他没有，他沉沦了，对于这次失败，耿耿于怀。

成大事者，必有大气量，袁绍恰恰相反。

他意志消沉，得过且过，并且还天天郁闷。

郁闷的结果，就是生病。

两年后，他呕血而死，与弟弟袁术同一个病。

袁绍就这样死了，跟袁术一样，呕血而死。

他死后，自己的家业，很快就被几个败家子败光了，分崩离析，尽为曹操所有。

含恨而终。

他的传奇，终归化作尘土。

对自己的不幸始终不能释怀，才是他最大的不幸。

袁绍，出身名门，少年豪杰，敢作敢为，仰仗极高的声望与才能，笼络人才，锐意进取，奋发图强。他谋诛太监，不想引来一只恶狼；他逃出生天，与恶狼搏斗，狼没打死，但从此成为"武林盟主"；他诱骗韩馥，轻易取得冀州，他打败公孙瓒，剿灭黑山军，铲平所有反叛势力，终于成

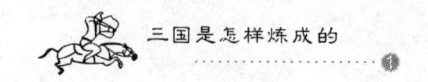

为三国前期最强大的军阀；他意图统一北方，与曹操死战，可惜骄傲轻敌、自以为是，最后招致惨败，郁闷而死。

这就是他的一生，一个悲剧，一个盛极而衰的悲剧。

他的一生，我只看到一个字：命。

水至寒而有温泉之热，火至热而有萧丘之寒。①

我觉得，袁绍跟日本战国时代的今川义元很像，都是出身名门，占尽优势，开始无比强大，后来一战就怂了，而且教育儿子都很失败。他们俩都是看起来最有可能称霸天下的，但皆因藐视对手，最后把自己陷进去，一个郁闷而死，一个战场战死。

甚至连他们的对手都非常相似，一个曹操，一个织田信长，都是超级猛人，都想雄霸天下，谋略与驾驭人才的本领，以及指挥作战的能力，也都是匪夷所思。

他们没有想象中的无能，但最后都失败了。

历史之所以很相似，是因为不管你猫在哪里，你也是人——是人，就有相似之处，这就是所谓的人性，人类所共有的本质属性。

人性都是相通的，连骂人都差不多，因为只要是人，基本需求和心态都是相同的，区别只在于它的表现形式。

有真就有假，有善就有恶，有美就有丑，两者相互较量，此消彼长，永远在那里纠缠，这就是人性。

人同此心，心同此理。

明白了这个，对于历史上许多事情重复发生，很多人一而再、再而三地犯同样的错误，也就没什么意外了。

因为，很多人都希望吸取历史教训，可是很多人都学不到，错了的，继续错，对了的，不一定对。

因为，人可以没有缺点，但不可能没有弱点，有弱点，你就难逃这个

---

① 引自梁元帝萧绎所著《金楼子》卷五志怪篇。

魔咒了。

古今中外，概莫能外。

祸乱就此种下

打败袁绍，并没有统一北方，因为袁绍根基稳固，瘦死的骆驼比马大。最主要的是，他还有三个儿子，一个外甥，每人占据一州，要他们都来投降，也不现实，曹操最后的选择，只有武力解决。

击败袁绍，一年，而击败他们，七年，可见其中的艰难和困苦。

官渡之战后，曹操又陷入了沉思，下一步，如何用兵？

他打算趁孙策遇刺之机，讨伐东吴，被人劝住；其后，他又准备征伐刘表，又被人劝住。

原因在于，袁绍还有可能随时反扑，他决定，彻底铲平袁绍。

建安六年（公元201年）四月，曹操再次发兵，击败袁绍驻守仓亭的军队，将袁绍赶离黄河一线。

五个月后，他回到许都。

回来后，他做了两件事：

一、灭掉刘备。

二、收降昌霸。

灭刘备，他亲自动手，把刘备打得落荒而逃，逃到刘表那儿去了；收昌霸，则派夏侯渊与张辽围攻。

一直打，打了几个月都打不下来，准备撤军时，张辽毅然单身闯入敌营，说服昌霸，诚心归降曹操。

到第二年的春天，曹操将部队带到自己家乡谯县休整。在这里，他看到的是因战争带来的残破景象，一片荒芜。

为此，他有感而发，发了一份《军谯令》，抚恤军中阵亡将士。

他"凄怆伤怀"，不能自已。

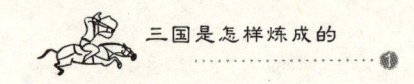

与此同时，他还没忘一个人——桥玄，不但派人去他墓地用太牢之礼祭拜，还亲自写了一篇祭文，追思与这位忘年之交的纯正友谊。

大恩大德，此生不忘。

曹操回到官渡，准备继续对袁绍用兵。

没过几天，袁绍就死了，心高气傲，郁闷而死。

袁绍一死，内部矛盾立刻显现出来，在他尸骨未寒时，就大开杀戮了。

袁绍有三个儿子，长子袁谭，次子袁熙，三子袁尚。

本来三个好儿子，好好培养，也能够将自己的事业发扬光大，可是袁绍犯了一个致命错误——没立接班人。

按道理，是长子继承家业的，但问题在于，袁绍喜欢小儿子。

小儿子袁尚，长得漂亮，老妈刘氏也是正妻，而刘氏，又被袁绍宠爱。这样一来，本没有机会做老大的袁尚，机会开始垂青于他。

可是袁绍毕竟有所顾忌，一直没公开表示立谁为嗣，只是采取了一些措施。

击灭公孙瓒后，袁绍让袁谭出镇青州刺史，沮授劝他立袁谭为嗣，他提醒袁绍，去青州，只会留下祸根。

袁绍不听。

相反，他将自己占据的四个州，分了，三个儿子每人一个，另外一个并州，分给自己外甥高干。

而袁尚，分到冀州，为冀州刺史，实际上是在暗示，他就是继承人。

祸乱就此种下。

袁绍没死，斗争还不明显，死了，就全暴露了。

最后，形成两派，谭党与尚党，逢纪、审配依附袁尚，郭图、辛评依附袁谭。

两派相互倾轧，恨不得咬死对方，咬急了，还找曹操来帮忙。

曹操求之不得。

袁绍死后，众以谭长，打算立他，审配等人担心失势，于是勾结刘氏，假传袁绍遗命，抢先立了袁尚，为冀州牧、大将军。

等袁谭辛辛苦苦跑回来奔丧时，木已成舟，他只好自称车骑将军，屯军黎阳，准备伺机而动。

袁谭不回青州，而在离袁尚大本营邺城不远的黎阳屯兵，摆明了是来争位子的。

袁尚也不鸟他，以大将军的名义拨了一点点兵给他，以示安慰，为了监视袁谭，还派逢纪去做监军。

逢纪这是来找死，当时曹操已在河对岸蠢蠢欲动，袁谭很怕，要袁尚增兵。

袁尚不肯，这下惹恼了袁谭，一怒之下，就把逢纪砍了。

砍了逢纪，曹操就来了。

建安七年（公元202年）九月，曹操渡过黄河，进击袁谭。

袁谭自知不敌，赶紧向袁尚告急。

荒唐的现实

袁尚也担心黎阳不保，亲自带兵来救，没想到曹操无比强大，两兄弟与曹操交锋数次，均告失败，只好回城固守。

曹操又把黎阳围起来，围了几个月，不能下。

就在围城期间，高干来救，失败；刘表派刘备趁机北侵，退走。

少了这些后顾之忧，曹操专心攻城了，双方又在城外激战，袁谭、袁尚不是对手，节节败退，只好连夜跑了，跑回邺城。

曹操乘胜追击，在建安八年（公元203年）四月，追到邺城城下。

他停了下来，没有攻城，两个原因：

一、刚好麦子熟了，便收麦子去了，以充军粮。

二、郭嘉献了一个计。郭嘉的这个计策，是利用袁谭兄弟间的矛盾，坐收渔翁之利。

郭嘉的分析非常到位，他深刻指出，这两兄弟的斗争才是主要的，不用多久就会分道扬镳，咱们逼急了，他们就会联合起来，反之就会互相开

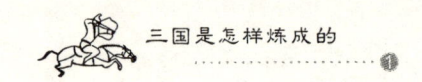

咬。所以，不如南向荆州，做出要打刘表的样子，等他们内讧，再来收拾他们，可一举而定。

曹操听了，留部将贾信驻守黎阳，监视袁军，自己撤军回许。

果然不出所料，曹操刚走，两兄弟就打了起来，在邺城外大战，袁谭战败，退往南皮。

别驾王修特意从青州跑来救袁谭，看到两兄弟骨肉相残，痛心地劝诫袁谭，说兄弟之间，就好比左右手，如果一个人跟别人打架，先砍掉自己的右手，还大喊大叫：我必胜！你说这样行吗？兄弟都不要，还有谁跟你亲近？

最后，王修希望他们重归于好，一起合作打天下。

袁谭不听。

内斗，好像还有基因遗传，他们父辈也是如此，辛辛苦苦打了一辈子，袁绍与袁术，也是恨不得吃了对方。

权力，可以让人迷失自我，亲情都可以不要，还要什么？

这年八月，曹操佯攻刘表，军至西平。两兄弟继续互咬，袁尚亲自带兵来扁袁谭，袁谭大败，逃到平原，据城自守。

袁尚一门心思要灭掉哥哥，不留一点余地，日夜攻打，终于打来了一个意外的结局——把曹操招来了。

曹操是袁谭派人去请的，看到城就要破了，郭图又出馊主意，要袁谭请曹操做外援，帮忙打败袁尚，然后趁机渔利。

袁谭听从了，火速派辛评的弟弟辛毗（音 pí）来搬救兵。

人来了，大伙还不信，毕竟这是个超越正常思维的事情，请别人去打自己弟弟，有点太离谱。

荀攸信，要曹操抓住这个机会，曹操也信了，可没过几天，又不信了。

他有疑虑。

这下轮到辛毗急了，赶紧告诉郭嘉，郭嘉跑去问曹操，曹操把自己的疑虑说了，他还是想先打荆州，让他们两兄弟自相残杀。

就在曹操犹豫不决的时候，他问了辛毗两个问题：

袁谭是否可信？袁尚是否能被打败？

辛毗为他解决了这两个问题，他告诉曹操，袁谭已经走投无路，当然可信，打袁尚，也如同秋风扫落叶；并且他还鼓励曹操，只要打败袁尚，您就会军威大盛、震动天下。

曹操也想震动天下，于是，出兵了，出兵帮袁谭打袁尚。

我都感觉荒唐，但却是真实的历史。

历史上经常有这些荒唐的事情，虽然难以置信，但不得不信。

曹操到达黎阳，袁尚听说曹操来了，赶紧撤围而走，跑回邺城。

这时，发生了一件诡异的事情，袁尚的部将吕旷、高翔叛投曹操，袁谭却暗中送来将军印，试图拉拢二人。

吕旷第一时间报告曹操，并将将军印上缴，曹操这才知道，袁谭原来是假投降，想利用自己。

曹操没有给袁谭任何机会，他只是带兵参观了一下，既没有打袁尚，也不得罪袁谭。相反，为了笼络袁谭，还让自己儿子曹子整娶了袁谭的女儿，以安其心。

他又回去了，到第二年春天，又来了。

因为，袁尚不死心，又去攻打袁谭。

你们两兄弟开开心心地打吧，我端你老窝。

围城

曹操迅速带兵奔赴邺城，到达距邺城五十里处的洹（音 huán）水，打算搜集情报。

不用搜集了，因为有一个人，把城内的一切，全部告诉了曹操。

他就是袁尚的部将，留下来跟审配一起守城的苏由。苏由同志投奔光明，打算在城内做曹操的内应，不想事泄，只好逃了出来。

逃出来，曹操就对城内的情况，了如指掌了。

可就算了如指掌，只要审配不投降，照样没戏。

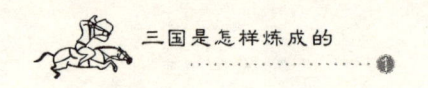

审配不投降，他要誓守城池。

一场惨烈的攻城战，已不可避免。

曹操将邺城围起来，在城外筑土山，向城内射箭，又开挖地道，希望突入城内。

审配也不是坐着等死，采取应对措施，他也学到了曹操的绝招，在城内挖壕沟，以阻断地道。

双方的攻防战异常激烈，你死我活。

一切，又似乎回到四年前的官渡，土山、地道、围城，一样的情景，只是不一样的结果。

为打破僵局，曹操又打起了敌军后勤的主意，他得知武安县长尹楷屯毛城，是为了保障邺城的粮道，好，先干掉你。

曹操留下曹洪继续攻城，自己率军击破尹楷，而后又击破沮授的儿子沮鹄，免得来骚扰，烦！

这样，并州、幽州的粮道和援军，彻底断绝。

又有好消息传来，有人做内应，欲引曹操进城，曹操没有怀疑，派了三百多个人就进城了。

进去了，就没再出来。

审配发现了这个漏洞，命士兵从城上砸石头，大石头，两下就砸中栅门，栅门关闭，进去的士兵全部阵亡。

曹操生气了，为了困死审配，往死里围，并且，还玩花招。

他毁去土山地道（没用），开始挖沟，使劲地挖，使劲地挖，围着城挖了四十里。

壕沟很浅，一看就知道，轻轻一蹦，就能跳过去。审配站在城楼上，哈哈大笑，想跟我玩？还嫩点。

他没有出来破坏，也没有采取任何措施。

最后，是他自己太嫩。

既然你低估了曹操的智商，那就只有死路一条。

到了晚上，曹操也不睡觉，连续奋战，挖了整整一夜，一夜之间，就挖成了一条深两丈、宽两丈的深沟；并且他还引来了漳水，把浅沟变成了一条不可逾越的"护城河"。

跟我玩？玩死你！

邺城成了一座死城，与外界断绝一切联系，围城三月，城内饿死过半。

彻底完了。

不过事情总有转机，袁尚来救。

得知大本营被围，他带着一万多人回来援救。

自己走向灭亡。

为了让审配有个心理准备，袁尚派人进城，通报消息。

曹操铁壁围城，滴水不漏，袁尚的人怎么进城呢？

难道飞进去？

不是，用智慧。

袁尚派主簿李孚进城，李孚没有推辞，面对望而生畏的曹营，他毅然决然地走了过去。

不是硬闯（找死），而是乔装打扮。李孚砍了一根打人的刑杖系在马旁，而后戴上武官的头巾，再带着三名骑兵卫士，在傍晚时分，到达邺城。

他自称曹军都督，从北面进入曹军大营，闲庭信步，顺着标志一路巡查，并且一路上还很凶，看到不听话的士兵，就骂，骂了就罚。

就这样一路走，一路骂，骂到了邺城的正南门，看到围城的士兵，他冲上去又开始骂，还捆了几个人。

干完这些，他便向城上呼喊，城上放下绳子，把他吊了上去。

就这样一路忽悠，进城了，审配百感交集、悲喜交加，恨不得冲上去就亲一口，见到李孚就大喊：

"万岁！"

太丢脸了，居然就这样让敌人进了城，部下发现上当，只能禀报曹操。

没想到曹操不但不发怒，反而笑哈哈地说：

"这个人不但有办法进城，还有办法再出城呢！"

碰到一个幽默的人，什么都变得有趣。

本来生活就该如此，你笑，它也笑，你哭，它也哭。

又被曹操算到了，李孚通报了消息后，要回去复命，再装都督出城，肯定没戏。

不做都督,那就做演员,他又想了一个办法。

自信的力量

李孚让审配把城内的老弱病残全部放出城来,几千人打着白旗,从三个城门一齐出城投降。

在人群里,就有李孚和他的三个骑兵,他们夹在人群中,乘夜突围而去。

一举两得,既为审配节省了粮食,也让自己出了城。

不能不说,这是个高人,在他身上,我看到了人的智慧,原来真的是无穷的。

袁尚的大军就要来了,诸将认为——归师勿遏,也就是说,这是急着要回家的军队,人人都会拼死作战,最好还是避开。

避开?曹操也不是反对,而是有他的理由。

他的理由是:如果袁尚是走大路来的,就应该避开,如果是走小路来的,那他就要被我活捉了。

大路小路,还有区别吗?

有,曹操的眼光与我们不一样,在他看来,走大路,说明袁尚不计安危,抱着必死的决心,这样的敌人,很可怕。走小路,说明袁尚怕死,斗志并不昂扬,这样的敌人,只是来送死。

为了随时摸清敌人的动静,曹操派了大批侦察兵进行侦察,随时报告敌情。

终于有消息了,探子来报,说袁尚就是走西山小路来的。

曹操大喜,看着诸将就放话:

"我已经夺得冀州,诸位知道吗?"

喝醉了吧?大伙莫名其妙,只能摇头说不知。

曹操告诉他们,过不了几天,你们就知道了。

这就是自信，足以藐视一切的自信。

一个自信的人，才是一个真正有力量的人。

> 自信，是成功的第一秘诀。
> ——爱迪生

袁尚就很不自信，偷偷摸摸地走小路来，走到距邺城十七里的阳平亭，停下来了，停下来扎营。

袁尚依滏（音 fǔ）水为营，在夜里，举火向城内发信号。审配见袁尚来了，也举火为号。

审配立即率军出城，在城北屯兵，打算与袁尚里外合击，冲破曹操的包围。

曹操早有准备，先打审配，再打袁尚。

审配挡不住曹操的突击，只好退回城内，而袁尚，也被击败，灰溜溜地退到漳水的拐弯处结营。

这么不经打，那就不客气了。

曹操紧追不舍，把他围起来。

包围圈还未合拢，袁尚就怕了，赶紧派人来乞降，曹操不理，继续围，加紧包围。

这就没辙了，袁尚只有跑，连夜跑了，跑到祁山。

曹操继续追，又围起来，袁尚部将马延、张颉（音 yǐ）见势不妙，赶紧投降了。

临阵倒戈，是个要命的事，袁军瞬间斗志全无，纷纷溃逃。

袁尚知道大势已去，只好逃往中山。

曹操缴获袁尚的全部辎重，外加他的大将军印信、符节、斧钺、衣物等物品。

这都是些好东西，可以拿来吓人。

曹操命人拿着这些玩意向城内展示，城内袁军看到，顿时斗志瓦解，人心涣散。

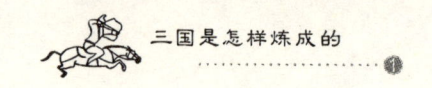

还是有斗志非凡的——审配,他依然不忘守城的职责,信心百倍,命令将士们坚守死战,并告诉他们,曹军已疲惫不堪,幽州刺史袁熙就要来了。

这是在造梦,袁熙自己都搞不定,哪有时间来救他?

审配也知道,这么下去,迟早要破,可是就算破了,也要捞点便宜。

机会来了,曹操在城外巡视。

射死他!

自古燕赵多慷慨悲歌之士

审配看到曹操在城外巡视围城部队,便埋伏好弓弩手,对准曹操就是两箭。

差一点,就中了。

功亏一篑,曹操躲过一劫,而审配,难逃一劫。

曹操继续围城,这么围下去,神仙都要崩溃,有人崩溃了,审配的侄子,东门校尉审荣。

在一天夜里,他打开东门,放曹操进城。

邺城攻克了。

审配依然没投降,在城内打巷战,最后,他被生擒。

城门大开,有一个人最着急——辛毗,因为他哥哥一家都还在牢里。

他朝大牢奔去,在那里,他看到了一堆尸体。

他们,都是被审配杀害的,审配恨辛评一伙败坏冀州,这才痛下杀手,在曹操刚刚进城的时候,他紧急下令,将他们一家全部杀害。

辛毗疯了,看到曹军士兵绑着审配正要去大帐,冲上去就暴打,用马鞭朝着审配一顿猛抽,一边抽还一边骂:

"奴才,你今天死定了!"

审配也不甘示弱,瞪着眼睛就痛骂辛毗:

"狗东西，都是你们坏的大事，我恨不得亲手杀了你！"

不一会，他见到了曹操，他毫无惧色。

曹操看着眼前这个不怕死的人，与他开始了一段有趣的对话。

"你知道是谁打开城门的吗？"

"不知道！"

"你的亲侄儿审荣。"

"小儿不足用，乃至如此！"

"那天我在城外巡视，你怎么射那么多箭呢？"

"我还嫌少！"

"你忠于袁氏父子，也是不得不如此。"

对话完了，曹操知道，这是一个忠心不二，有骨气、有原则的人，他想饶他不死，最好是收为己用。

可是，审配自己根本就没有一点屈服的意思，他意气激昂，壮怀激烈，始终没说一句求饶的话。

他视死如归。

曹操想要他活，辛毗就不让了，在一旁号哭不已，坚决要杀掉审配，杀掉这个仇人。

他只有一死了。

曹操下令，将他处斩。

见者莫不叹息。

冀州人张子谦，先降曹操，因为素与审配不和，于是笑话他，说老哥，你比我如何？

审配见他这么不知廉耻，厉声叱责道：

"你为降虏，审配为忠臣，虽死，岂羡你生邪（音 yé）？"

他坦然踏上刑场，凛然正气，临死前，他呵斥刽子手，让自己面向北方，遂英勇就义。

"我君在北。"这是他留在世间的最后一句话，他将生死置之度外，他的内心，只有自己所忠于的事业，为袁氏尽忠，才是他毕生的追求。

他努力了，但最后失败了，他死了，但他是无畏的。

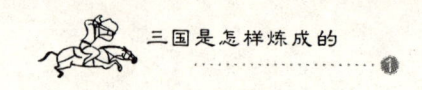

"配一代之烈士，袁氏之死臣"，裴松之注《三国志》如是说，可谓尽矣。

审配，字正南，魏郡人，少忠烈慷慨，有不可犯之节。袁绍领冀州，委以重任，以为心腹，为治中别驾，并总幕府。官渡之战，他二子皆为曹军俘获，亦不改其志。曹操围城数月，他孤军奋战，死守城池，城破，他拒不投降，引颈就死。

他坚持到了最后！

自古燕赵多慷慨悲歌之士。

他是勇敢的，也是壮烈的。

一个刚毅的影子，从此散落在银河之中，变成一颗闪亮的星。

他已不再是孤魂，那里，有更多的星星。

为了自己的信念，惟尽忠而已。

士为知己者死。

第十八章　叛乱

如果乌桓和袁尚不能彻底消灭，就不足以安定幽、冀两州，也将对南下统一全国，构成极为严重的威胁。

蹋顿，又将成为曹操一个极为可怕的敌人。

洛神赋

杀了审配后，曹操又接连干了三件事：安抚、免税、娶儿媳妇。

安抚，是安抚袁家，曹操跑到袁绍的墓前祭奠，还痛哭了一场；并慰劳袁绍的妻子刘氏，将仆人与珍宝一一送还，还额外送来各种颜色的绫罗绸缎，并告诉袁家，以后你们的吃饭问题，政府全包了。

这样做，一来是收买人心，毕竟袁绍在冀州多年，颇有声望，以此感化人心，也是为了日后的统治；二来与袁绍，是从小长大的伙伴，多少，总有一点感情——重情，是曹操的特点，对于袁绍，自然也不例外。

免税，是免除当年河北地区的赋税，另外就是坚持法治，抑制豪强兼并，并确定税额，切实减轻农民负担（重豪强兼并之法）。

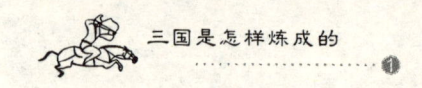

老百姓欢天喜地。

而娶儿媳妇,就比较蹊跷了,这是一件让后人争执不休的逸事。

当时,曹操的长子曹丕,刚好十八岁,也一起从征。邺城攻陷后,他来到袁绍的住所,见到袁绍妻子刘氏和一个女子坐在那里,那女子披发垢面,躲在刘氏背后哭泣。

曹丕问这是何人,刘氏说,这是袁熙的妻子,随后,为她整好发髻,并把她的脸擦干净。

曹丕一看,这女子,姿貌绝伦,美若天仙。

曹丕惊叹不已,从此,迷上了她。

既然迷上了,那就娶了吧!曹操为他做主,迎娶了这位女子。

她就是后来闻名遐迩的甄后。

甄后,中山无极人,汉灵帝光和五年(公元182年)十二月生,三岁丧父,从小知书达理,心地善良。

后来,她嫁与袁绍次子袁熙,袁熙镇幽州,她留在冀州照顾婆婆,冀州城破,被曹丕看中,成为他的妻子。

只是,她虽然是一个绝色女子,可也难逃红颜薄命的宿命,她比曹丕大五岁,生一子一女,儿子就是后来的魏明帝,女儿是东乡公主。虽然如此,她最后还是被曹丕抛弃了,因有怨言,竟被曹丕赐死,时年四十岁。

可以说,她是个美丽的传奇,她的美貌,俨然是男人中的传说,许多人为之痴迷。据说最痴迷的,是小叔子曹植,他一直暗恋着这位嫂嫂,为此还昼思夜想,废寝忘食,直到她死后,还为她写了一篇千古奇文——《洛神赋》。

其形也,翩若惊鸿,婉若游龙,荣曜秋菊,华茂春松。仿佛兮若轻云之蔽月,飘飘兮若流风之回雪。远而望之,皎若太阳升朝霞;迫而察之,灼若芙蕖出渌波。

沉鱼落雁,真挚纯情。

曹丕娶甄后,后人给予无限的想象,居然说当初曹操也看上了,可是曹丕捷足先登，抢先霸占，让曹操好不后悔。这个私下讲讲笑话还可以，但要硬说是历史，那才是笑话，因为当时的曹丕，只有十八岁，还是个孩子，他敢跟曹操抢？

除非脑子有病。

儿子爱上了这个女子，曹操就为他娶了她，就这么简单。

很多事情，我们应该依常识去判断，而不是沉迷于假象。

曹操兼领冀州牧，正式控制冀州，并以邺城为基地，开始努力经营。

高干迫于形势，献并州归降，曹操仍以他为并州刺史。

只是高干的投降，只持续了一年，一年后，他又反了。

而此时此刻的曹操，稳住高干后，又开始出征。

出征打袁谭，因为这小子很不安分。

在曹操围邺城的时候，袁谭觉得跟曹操合作，是个巨大的错误，于是，他开始闹腾了，率军攻取曹操的领地甘陵、安平、勃海、河间等地。

虽然明白了不能跟曹操一起混，但他依然不待见自己的那个弟弟，见他被曹操打得惨败，不但不去救，反而落井下石，带兵攻打躲在中山的袁尚。

袁尚自然不是对手，败走故安，投奔二哥袁熙。

袁谭收其众，回军龙凑。

到了这种时候，还不懂得捐弃前嫌，与弟弟和好，只能说，他太坚韧不拔了。

从此，他完全孤立无援。

地狱之门已经打开，就等着袁谭进去。

地狱之门

曹操发怒了，写了一封信给袁谭，责备他背弃诺言，并宣布断绝婚姻关系，等到把他女儿送回去后，就是出动大军，兵戎相见了。

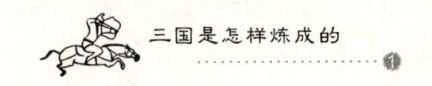

袁谭怕了，赶紧放弃平原，连夜退守南皮，在清河沿岸布防。

曹操进入平原，占领附近各县。

到了建安十年（公元205年）正月，曹操发起大规模进攻。

南皮，这里将是袁谭地狱之门的入口。

双方在南皮城下大战，从早上一直打到中午，不分胜负，曹军伤亡惨重。

曹操很清楚，袁谭这是来拼命的，硬拼肯定不行，他稍稍减缓了攻势，并有撤军的打算。

这时，曹仁的弟弟曹纯正在军中，带领虎豹骑一起围城，见曹操想撤军，坚决不赞成，劝曹操再坚持一下。

曹操听了，再坚持了一下，为了鼓舞士气，他冒着严寒，亲自上阵擂鼓，将士们无不振奋，奋勇向前。

袁谭抵挡不住这疯狂的进攻，开始溃败。

曹操乘势打到城墙下，游击将军乐进，首先突入东门，随后，其他几座城门分别被攻克。

南皮失陷了。

袁谭只有跑，骑了匹马就跑，曹纯的虎豹骑穷追不舍。

袁谭实在很惨，披头散发，此时的他，只有一个念头：跑出去。可是虎豹骑都是特种部队，怎能让你跑掉？

一路追击。

掉下来了，袁谭坠马。

他回过头来，对着猛追的士兵大喊：

"嗨！你放过我，我保你发财……"

发你个头！话还没完，脑袋就掉地上了。

他死了，轻如鸿毛，这就是鼠目寸光的结果，死后，妻儿也一同被杀，还有那个人憎狗嫌的郭图，也即刻被斩首。

活该！

南皮是勃海郡的郡治所在，打下来容易，但要治理，就难了，毕竟之前还是不共戴天的敌人。

这时，一个人蹦了出来——高人李孚，就是那天在邺城围城时，在曹营来去自由的人。他主动请降，自称省府秘书（冀州主簿），要求面见曹操。

这人来了，曹操很感兴趣，立即接见。

见到曹操，李秘书也没什么废话，开口就说，现在城内秩序很乱，人心不安，应当派一个新近归附，而又为城内所信服的人前去传达您的号令。

这人有意思，想得真周到，我还不明白你的意思？那就派你去吧！

曹操立即派李孚进城，告诉城内，让他们各安其业，不得互相侵扰，城内秩序这才安定下来。

袁谭授首，各地纷纷归降。

至此，冀州彻底平定。

曹操格外高兴，为了表达自己的兴奋之情，还特别疯了一下，特意准备了鼓吹，大事庆贺一番。他自己骑在马上，手舞足蹈，高呼万岁。①

为了收揽人心，曹操听从郭嘉的建议，大力征召青、幽、并、冀四州名士为官，众多人才又纷至沓来。

在此之前，曹操杀了一个人，又招了一个人。

杀的这个人，是他的恩人；招的这个人，是他的仇人。

性格决定命运

先来说杀的这个人，他的名字叫许攸。

许攸对于官渡之战的意义，不用说都知道。虽然不能说没有他，曹操就不能取胜，但没有他，肯定不会胜利那么快。

人，最怕的就是自高自大、自不量力，到了这个份上，就蠢了，尽干蠢事。

很不幸，许攸走上了这条路。

---

① 《太平御览》卷五百七十四"乐部十二"："《英雄记》曰：建安中，曹操于南皮攻袁谭，斩之。操作鼓吹，自称万岁，于马上舞。"

他自恃功高，态度极其傲慢，好像谁都不是他对手，连曹操都不放在眼里。没事，他就拿曹操取笑，口出戏言，甚至在大庭广众之下，也是喊着曹操的小名，显摆自己：

"阿瞒，要不是我，你得不到冀州啊！"

这，太嚣张了吧？曹操不好发作，只好赔着笑脸说，当然当然，其实心里面，早就深恶痛绝。

不懂得尊重别人，也休想别人尊重你。

这还不算，他还很会来事，有一次跟着曹操出邺城东门，他回过头来就跟左右说：

"老曹家要不是我，就不能出入此门了。"

潜台词就是，我的功劳比天大，你曹操没有我，什么都不是。

一朝得志，胡言乱语。

既然这样讲，那就没活路了，有人告发许攸。

他算是走到了尽头。

曹操忍无可忍，把他关起来，杀了。

许攸就这样不明不白地死了。

许攸之死，我表示同情，但并不惋惜，因为他是咎由自取。

虽然你有恩于曹操，但也不能这么放肆，这样瞎胡闹，谁都受不了，况且他还是雄霸天下的曹操。

他的才气，他的贪婪，他的张狂，让人哑然失笑。

荀彧说他"贪而不智"，可谓一针见血。

他没有贾诩的低调，也没有荀攸的智慧，得意忘形，结果，就只有一死了——这就是不会做人的后果。

这么讨厌，死就死了，曹操忙得很，他还要见人——仇人陈琳。

陈琳是个大文人，吟诗作赋写文章，样样都来，他是何进的秘书，后来追随袁绍，做的最大的一件事，就是写了一篇流传千古的檄文——《为袁绍檄豫州文》，把曹操骂得狗血淋头，历数曹操的罪恶，连祖宗三代都骂了，极尽丑化诋毁之能事。

袁谭败，他也投降，曹操问他，你以前为袁绍写檄文，攻击我本人就是了，干嘛要攻击我祖宗？

陈琳答：箭在弦上，不得不发。

曹操大乐！不但没怪罪他，反而予以重用，任命他为司空军谋祭酒，做自己的贴身秘书。

其后，他与阮瑀同管记室，军国书檄，多出自两人之手。

有一天，曹操头痛，急性发作，躺在床上看陈琳的文章，看着看着，突然跳起来，大叫一声：

"我病好了！"

这就是陈琳的本事，如果没有这等文采，想必十个陈琳，都被曹操砍了。

形势所逼，不得不为，一句话就让曹操尽弃前嫌，当然，爱才才是主要原因——爱其才而不咎，千古美谈。

曹操整顿兵马，准备继续出击，彻底剿灭袁氏残余，就在他要动手时，一场变故，加速了事情的进展。

袁谭死了，两个弟弟也过得不幸福，家里出了内贼。

袁熙的部将焦触、张南，见袁氏已非昔日，于是发动兵变，把袁熙和袁尚打得奔走辽西乌桓。

焦触自称幽州刺史，胁迫各郡县大小官员，宣布叛投曹操。

他集结数万兵马，杀白马，歃血为盟，并下令：

"违命者斩。"

没人敢动了，在武力的威逼下，个个面面相觑，话都不敢说，只好按顺序盟誓。

兵不血刃拿下幽州，曹操自然很高兴，马上就封焦触、张南为列侯。

投降好像成了时尚，黑山军首领张燕也带部下十多万人归降，曹操一样很高兴，立即封张燕为安国亭侯。

可是好事不常有，不久，就出乱子了。

高干反叛

故安人赵犊、霍奴等人发动叛乱,斩杀幽州刺史和涿郡太守;而塞外的三郡乌桓,也受袁尚、袁熙两兄弟的挑拨,出兵攻打已降曹操的右度辽将军鲜于辅。

这就离谱了,曹操怒不可遏,迅即发兵,亲征赵犊这帮兔崽子。

杀死赵犊等人后,他又渡过潞水,救援驻军犷平(今北京密云北)的鲜于辅,乌桓人知道不是对手,耀武扬威一番后,仓皇逃奔塞外。

幽州到手,可是曹操高兴不起来,因为袁尚兄弟还躲在乌桓,瞪着一双仇恨的眼睛,随时都会来闹事。

严重威胁!

卧榻之侧,岂容他人鼾睡?

曹操要彻底铲平之,可是等他回到邺城后,又一个变故,让他推迟了这个计划。

高干反叛。

高干自恃才高,迟早要反,一年前,他被逼无奈;一年后,他看到曹操去打乌桓,觉得机会来了,于是,重新举起反叛的大旗。

高干,字元才,袁绍的外甥,能文能武,很有才干,被袁绍派去镇守并州,为一方诸侯,可见不是等闲之辈。

曹操打袁绍、打袁谭、打袁尚,他都出兵援助,无奈曹操早有准备,无功而返。

后来,他虽然主动投降,但内心一直不服,如同一只潜伏的野狼,随时准备发起攻击。

曹操北击袁尚时,他觉得邺城刚被曹操拿下不久,内部空虚,于是派兵前去偷袭。

没想到偷鸡不成蚀把米,守城的,是荀彧的哥哥荀衍。监军校尉荀衍,马上就发现了高干的伎俩,将他的计划扼杀在摇篮之中。

偷袭者被一网打尽。

高干恐惧了,干脆趁着曹操打乌桓的机会,举兵反叛。

他首先抓了上党太守,而后派兵据守地势险要的壶关口(今山西长治壶口山下),曹操遣乐进、李典进击,久攻不下。

高干反叛,引发连锁反应,河内张晟、弘农张琰、河东掾卫固与中郎将范先,都先后起兵或与之勾结。

曹操很明白,要消灭高干,必先消灭这群小混混,他向荀彧问计,请他推荐一个能人去镇守河东郡。

荀彧推荐了杜畿,曹操便任命他为新任河东太守。

卫固派兵数千切断黄河陕津渡口,杜畿几个月都过不了河。

岂有此理?

曹操速派夏侯惇率军讨伐卫固,杜畿拒绝了,他说,我只要一个人,乘一辆车去就行了,一个月,就能搞定。

而后,他绕道过了黄河,到达河东郡。

范先先在郡府门前杀了几十个政府小吏,想威慑杜畿,不想他丝毫不惧,言谈自若。

卫固见他不吃这套,只好默认了这个新任上司。

杜畿先装孙子,向他们示好,唯唯诺诺,表示全听你们的,并任命卫固为郡丞,管理具体事务;而范先,则指挥全郡三千多人的军队。

主动让权,卫固心中大喜,也不再提防这位"软弱可欺"的杜太守。

稳住这两个人后,杜畿就暗中行动了,想办法收拢人心。

这时,义军首领张白骑攻击东垣,高干趁机进入濩(音 huò)泽,上党、弘农也都乱起来了。

这时候,杜畿感觉机会来了,并且自己对卫固等人的"考察"也差不多了,于是,他挺身而出,只身带了几十个骑兵,跑到一个坚固的营寨,坚壁固守。

几十天后,他的营寨里,已经有四千多人了。

卫固知道被耍,联合高干、张晟一起攻打杜畿,杜畿早有准备,稳若

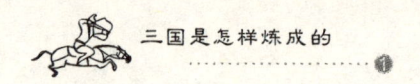

泰山。

太行山行军

打不下来,又要饿肚子,卫固只好去周围各县抢掠粮草,哪知道,早被杜畿搬空,一无所得。

曹操也看不下去,派议郎张既,到关中征调马腾,一同围攻这群小混混,大获全胜,斩杀卫固、张琰等人,并赦其党羽。

自此,杜畿精心治理河东郡,实行仁政,广施仁惠,无为而治,每件事都办得井井有条。为了让老百姓尽快富起来,他积极发展农业生产,劝课农桑,鼓励饲养牲畜,使得家家富足。而后,他又兴办学校,倡导孝敬父母,友爱兄弟,社会风气大为好转;并且他还不忘战备,修筑城防,制造武器,加强训练。

河东郡自此安定。

他在河东十六年,政绩卓著,常常拿全国第一,这为后来曹操平定关中,带来了极大的便利。

杜畿年轻有为,爱民如子,一世清名。他的长子杜恕,也是曹魏名臣,为幽州刺史;孙子杜预,西晋名将、著名学者,还娶了司马懿的女儿;唐代诗人杜甫和杜牧,名相杜如晦,也都是他的后人。

我只能说,这一家子,太牛了。

搞定这些小混混后,高干成为孤家寡人,他只有跟着袁谭进地狱。

建安十一年(公元206年)正月,为了彻底解决高干,曹操留世子曹丕镇守邺城,令别驾从事崔琰辅佐,自己又"御驾亲征"。

曹操再次踏上了征程,这已经不是第一次了,但这次,天气异常寒冷,在太行山中行军,极其艰苦。

触景生情,看到这样的情景,他有感而发,作了一首《苦寒行》,诗曰:

北上太行山，艰哉何巍巍。
羊肠坂诘屈，车轮为之摧。
树木何萧瑟，北风声正悲。
熊罴对我蹲，虎豹夹路啼。
溪谷少人民，雪落何霏霏。
延颈长叹息，远行多所怀。
我心何怫郁？思欲一东归。
水深桥梁绝，中路正徘徊。
迷惑失故路，薄暮无宿栖。
行行日已远，人马同时饥。
担囊行取薪，斧冰持作糜。
悲彼《东山》诗，悠悠令我哀。

苍凉、悲壮、感伤，还有无限的期望。

曹操又将壶关城围起来，看到乐进、李典费了这么大劲还啃不下来，他怒火中烧，发了狠心，传令：

城拔，皆坑之。

可是，这个壶关城脸皮还真厚，连月不下。

曹操犯愁了，这么下去，烦都要烦死。

曹仁告诉他，围师必阙，这么打下去，何日是个头？

曹操茅塞顿开，自己对《孙子兵法》烂熟于心，怎么就突然这么糊涂？围师必阙，居然都忘了。

发怒的情绪，就不能做出正确的决定。

他撤销了之前的命令，给敌人生的希望。谁都怕死，城内的斗志开始动摇。

曹操继续猛打，高干终于撑不住了，他想到了跑，不是逃跑，而是跑出去搬救兵。

他留部将夏昭、邓升守城，自己跑到匈奴单于那里去求救。

救兵还没来，壶关城就到了曹操的手中。

救兵没来，不是赶不来，而是压根就没有。高干跑到匈奴，鬼都没捞到一个，因为单于也怕曹操，不想白白送死，拒绝了。

此时的高干，身边只剩下几个骑兵，他成了被人遗弃的孤儿，走投无路。

走投无路的高干，想到了一个地方——荆州，他决定跑去荆州，找刘表。

他带着这几个骑兵，往荆州方向奔去。

可是还没见到刘表，在半路上，就被人拦住了。

上洛都尉王琰，张开大网，在半路等着他。

高干照样无路可走，像只小鸟一样，束手就擒，王琰捕斩之。

所有的一切，全部化为乌有。

高干一死，并州亦为曹操所有，加上之前得到的青、幽、冀三州，袁绍苦心经营的四大州，全部落入曹操之手。

地盘到手，并不意味着万事大吉，还有大量的事情要做，并且，又有人反叛了。

暴乱

为了稳定并州局势，曹操委派梁习兼任并州刺史。梁习到任后，软硬兼施，很快就稳住局面，连匈奴单于都跑来归附，老百姓都称赞说，这么多刺史，就数梁习最牛。

曹操很高兴，封梁习为关内侯，正式任命他为并州刺史。

在并州，曹操又得到一大批人才，可是，叛乱的消息依然不绝于耳。

七月，武威太守张猛起兵反叛，杀雍州刺史邯郸商，幸而被政府军击杀。

八月，海盗管承闹事，曹操亲自率军征讨，军至淳于，派大将乐进、李典击破之，管承逃往海上，躲在小岛上啃椰子。

不久，已投降五年的昌豨，不知脑子哪里出了问题，居然又降而复叛。对于这种无耻之徒，曹操向来毫不手软，速派于禁、臧霸带兵讨伐。于禁也没什么客气好讲，到了东海，就发起猛攻。

可是昌豨既然要反，肯定早有准备，所以猛攻也没用，曹操只好又把夏侯渊调来，一起暴打。

终于拿下十多座堡垒，昌豨顶不住了，又想投降。

因为与于禁过去有交情，于是他就跑去于禁那里投降——自己找死。

诸将都以为于禁一定会把他送到曹操那儿去，哪想到，于禁直接把他送到地狱。

于禁理直气壮地说，各位难道不知道曹公的军令吗？围而后降者不赦，我虽然和昌豨是朋友，但岂能违背军令？

说完，他流着泪，与昌豨诀别，谁叫你栽在我手里呢？好好上路吧！

昌豨被推出斩首。

曹操听到这事，也是大发感慨：

"昌豨要投降，不来找我，而去找于禁，命不好啊！"

虽然有些惋惜，但对付这种叛贼，斩草除根，才是上策。

虽然管承跑到岛上啃椰子去了，但维持东部沿海地区的稳定，始终是曹操所要面对的问题，不过他用人得当，妥善处理好了这个问题，一直没出什么大事。

这里没事，并不代表天下太平，三郡乌桓事就大了，这些居无定所的游牧部落，来无踪去无影，骑着马到处跑，没事就来抢人、抢东西。

他们趁着天下大乱，攻破幽州，掳掠汉人十多万户。

建安初年，袁绍正与公孙瓒死磕，辽西乌桓首领蹋（音 tà）顿遣使和亲，以通好袁绍。

袁绍答应了，蹋顿派兵协助，击败公孙瓒。

袁绍很高兴，于是冒用皇帝名义，封各部落酋长为单于，并将袁氏宗族的一些女子，当做自己的女儿嫁给他们。

后来袁尚兵败，因为蹋顿势力最强，也最为袁绍所厚待，所以就跑蹋顿那儿去了，跟着去的，还有幽、冀两州大小官吏和老百姓一起十多万

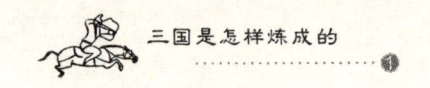

户，他们流浪到塞外，无不抱着一个目的：收复旧河山。

蹋顿也够义气，屡屡出兵入塞，试图帮助袁尚收复故地。

本来乌桓就是只老虎，如今又加上袁尚带着刻骨的仇恨，不断挑唆鼓动，于是，这只老虎发狂了，张着血盆大嘴，随时都要往你家里扑。

如果乌桓和袁尚不能彻底消灭，就不足以安定幽、冀两州，也将对南下统一全国，构成极为严重的威胁。

蹋顿，又将成为曹操一个极为可怕的敌人。

这只老虎不打死，谁都没好日子过，于是，曹操又准备打老虎了。

但要击败乌桓，也不是一件容易的事，毕竟乌桓势力强大，也很凶猛。

曹操准备出兵，为了做好前期准备工作，他接受董昭的建议，开凿了两条人工河——平虏渠和泉州渠，以便大军运输粮草。

征乌桓的战争机器正式开动，曹操即将挥军塞外，在那里，他将建立不朽的功勋。

建安十二年（公元207年）二月，曹操从淳于前线回到邺城，大封功臣，并作《封功臣令》，封二十多人为列侯，其余各有封赏；另外，他还上表表彰大管家荀彧的功劳。

做这些，就是为了激励大家，团结一心，因为，马上就要开始征战乌桓了，必须进行战争总动员。

等一切都有所准备后，曹操正式将征乌桓的计划拿出来跟大家商讨，没想到，内部意见并不统一，很多人反对这次军事行动。

曹操再次面临艰难的抉择。

第十九章　征乌桓

曹操很钦佩他的勇猛，当即将自己的帅旗交给他，任命他为先锋，纵兵出击。

张辽领命，率领英勇的曹军将士，向敌骑猛冲而去。

乌桓

乌桓，又称乌丸，与鲜卑一样，属于原东胡一部。在西汉初年，被当年围困刘邦于白登山七天七夜的匈奴王冒顿灭国，余部退往乌桓山的，改名乌桓；退往鲜卑山的，改名鲜卑。

乌桓人与草原游牧部落没多少区别，住帐篷、吃羊肉，性情彪悍，骑马射箭是家常便饭。他们以畜牧业为主，但也种植少量农作物，并以布谷鸟的叫声判断耕种时节。

因为被匈奴打败，他们过得并不舒坦，每年都要进献大量的牛马羊皮给匈奴，如果过期不交，老婆都要被拉走当奴隶。到汉武帝年间，好日子来了，霍去病大败匈奴，将他们迁徙到塞外的上谷、渔阳、辽东、辽西、

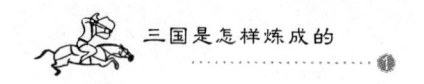

右北平等五郡居住，并设置"护乌桓校尉"一职，代表朝廷进行管理；他们还有一项工作：负责监视匈奴，如有动静，立即汇报。

与汉朝关系搞好了，他们的经济也不断发展，各部大人（首领）生活富裕，也就开始变质了，时不时就来骚扰边境。

东汉初年，他们勾结匈奴，烧杀抢掠，将边境各郡洗劫一空。汉光武帝刘秀，采取怀柔政策，以钱帛利诱，他们又再次归服。

后来，刘秀大封辽西乌桓大人郝旦等人为侯王、君长，准许他们到塞内居住，并继续他们的间谍工作：监视匈奴、鲜卑，如有动静，立即汇报。

这样一来，双方互通友好，相安无事。

到东汉末年，这伙人又开始闹腾，纷纷自立为王，这其中，数辽西乌桓丘力居最牛，他们协助叛军张纯，寇略青、徐、幽、冀四州，闹得天翻地覆。

刘虞一来，又采取怀柔政策，悬赏胡人杀掉张纯后，他们又老实了一些，但躁动的心，始终安静不下来，一有机会，他们又要开始闹了。

丘力居死后，儿子楼班还小，各部便让他侄子蹋顿继位。蹋顿是个强人，武力、谋略、手腕，均高人一筹，因此成为辽东、辽西和右北平三郡乌桓的首领。

袁绍很重视乌桓，不单和蹋顿和亲，还以皇帝的名义封他们做单于，他们之间的关系由此奠定。

官渡之战时，他们虽没有直接出兵，但大力支持袁绍，后来曹操打袁谭时，他们准备直接出兵。

为解除这个隐患，曹操派牵招前往乌桓。

牵招，字子经，安平观津（今河北武邑）人，以前是袁绍部将，指挥过乌桓突骑，比较熟悉乌桓事务。

此次前往乌桓，他不是去打仗，而是进行外交活动，说明白点，就是搞分化瓦解工作。

来到乌桓驻地柳城，牵招看到了这样一幕：辽东乌桓峭王苏仆延，正在忙上忙下，准备动员五千铁骑援助袁谭；而雄霸一方的辽东太守公孙康，也派使者韩忠送来单于印绶，准备拉拢峭王。

这就难办了，三家都来了，为之奈何？峭王于是召集各部落酋长，一起会商。

牵招、韩忠都来了，峭王问牵招，过去袁绍说奉天子命，封我为单于，如今曹操又说奏请天子，要我做真单于，而辽东又派人送来印绶，这，这到底谁是真的呀？

确实心烦，分不出假货。

牵招告诉了他鉴别方法，很简单，现在只有曹操才代表朝廷，其他都是假的。

韩忠不服气，站起来辩驳，说辽东有百万雄兵，谁拳头硬谁就算数，曹操怎么能唯我独尊？

远征塞外

牵招火了，呵斥韩忠，骂他无法无天，骂到激动处，他居然冲过去，揪住韩忠的头，像皮球一样就往地上砸。

这还不过瘾，他又拔出佩刀，要砍死他。

这就有点超乎正常人的理解能力了，大伙都吓得面无血色，峭王也是大吃一惊，鞋子都没穿，光着两只脚丫子就奔跑过来了，死死抱住牵招，要他饶了韩忠。

牵招这才放手，回到座位上，又为峭王详细陈述其中的利害。一番忽悠，平日威风八面的峭王和酋长们，都离开了座位，跪到了牵招的面前。

他们恭恭敬敬地接受朝廷诏令，打发韩忠，解散准备出发的骑兵。

就是这个刚猛的牵招同志，也是个有情有义的热血男儿，后来，曹操斩杀袁尚人头，下令：

谁敢哭，斩！

他哭了。

不费一兵一卒，就搞定乌桓，曹操很高兴，这为他迅速解决袁谭，创造了极为有利的条件。

　　派一个人,就能达到目的,这就是外交手段的厉害。所以,有时外交远比军事行动要实惠得多,这也是美国总统奥巴马上台后,为什么一定要改变布什的单边主义政策,实行"灵巧外交"的重要原因。

　　虽然暂时能压住乌桓这头老虎,但老虎毕竟是老虎,袁尚跑过去后,他们就明显躁动不安了,经常跑出来咬人。

　　为了打老虎,曹操做了很多准备,可当他回到邺城后,拿出来讨论时,却遭到强烈抵制。

　　诸将纷纷反对,说袁尚不过是一个逃亡的罪犯,而乌桓人又不讲人情,岂能被袁尚利用?现在可怕的是刘表,咱们一出塞,他就会袭击许都,到那时,后悔都来不及。

　　这时,郭嘉站了出来,力排众议,极力主张远征乌桓。

　　他的理由很充分,两点:

　　一、乌桓没准备,我们发动突然袭击,可以一战告捷;并且袁尚也会利用我们南征刘表时兴风作浪,必须尽快解决他。

　　二、刘表只是一个庸才,不足为虑。

　　既然分析得这么透彻,曹操听了,本来还有些犹豫的他,此时此刻,已经下定决心,出兵塞外,到草原,去展现自己的武力和荣耀。

　　他出发了,他的心,已经像一只雄鹰,飞翔在大草原的天空,他锐利的眼睛,时刻捕捉奔跑的猎物。

　　可是,突然乌云密布,他看不清地面了,连飞翔都有了困难,甚至随时都有可能被雷电击中。

　　曹操遇到了前所未有的困难。

　　五月,到达易县,郭嘉觉得必须要快,兵贵神速,建议扔下辎重,轻装急速前进,打敌人一个措手不及。

　　曹操又听了,丢下辎重,急速行军,两个月后,到达无终。

　　过不去了。

　　曹操本来想从无终出发,沿渤海,再经今山海关一线前进,可是老天爷不给面子——夏雨连绵。

此时刚好赶上雨季，大雨没日没夜地下，毫无诗意可言，路都没法走。当时可没有现在的高速路，一下雨，很多地方就变成烂泥坑，本来就是滨海地区，地势低洼，雨水泛滥，淤泥堆积；并且到处积水，浅不能通车马，深不能载舟船，根本无法行军。更要命的是，乌桓得到曹操出兵的消息后，在险要处派重兵把守，正张开笑脸等着你。

曹军沿途不断遭遇袭扰，寸步难行。

难道就这样灰头土脸地退回去？曹操不想放弃，这时，一个人的建议，改变了这一切。

随军冀州从事邢颙告诉他，有一个人，能解决这个难题。

曹操赶紧派人去请这位高人，请来了，曹操特别高兴，马上任命他为司空户曹掾，可跟他谈过话之后，曹操就后悔了。

后悔任命的官职太小。

曹操于是重新推举他为茂才，让他担任蓨（音 tiáo）县县令，暂不到任，随军听用。

大雨依然不止，军队无法前进，已陷入困境，曹操非常焦急，向他询问对策，怎么办？

这个人告诉了曹操一个办法，就是这个办法，让曹操获取了最后的胜利。

田畴的理想

他的名字，叫做田畴。

田畴，字子泰，右北平无终（今天津蓟县）人，好读书，善击剑。

初平元年（公元 190 年），讨董运动风起云涌，汉献帝被董卓挟持到了长安，身为幽州牧的刘虞，想表达自己的忠心，准备派一名使者去长安晋见汉献帝。

可是当时天下大乱，路远不说，车匪路霸也很猖獗，要找一位能不辱使命的人去一趟长安，可以说比登天还难。

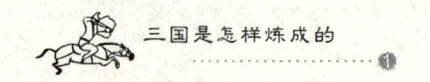

还是有人能担当此任，刘虞部下推荐刚满二十二岁的田畴，说他是奇才，可以一试。

刘虞于是备上大礼，请他来见见面，见过后，刘虞大为赞赏，即刻任命他为从事，并备好车马，送他前往长安。

临行前，田畴对刘虞说，我愿私自前往，只要到了长安就行。他的理由是，现在道路阻隔，匪寇横行，如果以官差的名义出行，会成为劫掠的目标。

刘虞同意了。

田畴便在自己的门客中，挑选了二十名骑士，就这样，义无反顾地踏上了去长安的路，没想到这一去，与刘虞，竟成永别。

三年后，当他回到幽州时，见到的刘虞，只有一座孤坟。

他北出居庸关，进入鲜卑地区，然后沿阴山直抵朔方郡，再走小路，历经千辛万苦，终于到达长安。

递上刘虞的奏章后，他等待回音。

一等，就等来了汉献帝的任命，因为汉献帝也很欣赏他，于是诏拜他为骑都尉。

他拒绝了，觉得自己还没有完成使命，因为在幽州，还有一个人在等着他。

后来，太尉、司徒、司空三府并辟，全都想留他做官，他都拒绝了，只因这份使命。

他等到朝廷回复的诏书后，便急速赶回幽州，可他还在路上时，刘虞已经被公孙瓒杀害。

他回到幽州，一去，已经三年，为了这个使命，整整三年，等到的，就是这个结果。

他跑到刘虞的墓地拜祭，并在他的墓前，宣读了诏书的内容，然后，痛哭而去。

公孙瓒知道后，大怒，悬赏捉拿田畴。

捉到了，公孙瓒责问他，你为何跑到刘虞墓前去哭鼻子，而不把诏书送给我？

田畴没有害怕，他不卑不亢地回答：汉室衰落，人怀异心，只有刘虞不失忠节，诏书内并没有将军的溢美之词，因此没送来。只是将军要干大事，却又杀害无罪之君，仇视守义之臣，我怕燕、赵之士，就是跳进东海里淹死，也不会有人追随将军了。

　　掷地有声。

　　公孙瓒听他这么一说，也怔住了，没杀他，关起来。

　　后来，有人提醒公孙瓒，说田畴这样一个义士，你不但不礼让，还把他关起来，恐怕会失去民心啊！

　　公孙瓒当然不想失去民心，便把他放了。

　　逃过公孙瓒魔掌的田畴，回到家乡，他没有躲进山里去做隐士，而是凭一己之力，开创了一个世外桃源。

　　他带领宗族和依附他的数百人，一同盟誓：刘虞之仇不报，我没脸再活在世上。

　　随后，他带着这些人，走进徐无山中，在一险要之处，找了块大平地，生活了下来，他亲自开垦荒地，以奉养父母。

　　老百姓都觉得他是个好人，纷纷前来投奔，数年间，便有五千余家。

　　为了管理好这么多人，田畴不是采取强力措施，而是民主选举。

兵不厌诈

　　他召集大家，公开选举，最后，大家都选了他，他成为合法的领导。

　　这点十分难得，远比那些专制独裁好上万倍。

　　民主民主，以民为主，让民做主。他随即制订了二十余条法令，又制订了婚姻嫁娶的礼仪和学校讲授的课程。法令颁行后，人人乐于遵守，社会风气非常之好，甚至到了路不拾遗的境界。

　　和谐社会，真正的和谐社会。

　　人们都很敬服田畴，连乌桓、鲜卑部落，都派使者前来致意，并送上礼物。

　　田畴对他们一一安抚，要他们不要侵扰。

　　为了一个使命，他坚持了三年；为了不公的暴行，他义愤填膺；为了自己的理想，他身体力行，始终不曾放弃。

　　在战乱时期，他不是只顾自己逃命，也不是处处钻营，而是为了百姓的安危，为了他们的生计不懈奋斗。

　　他没有消极面对，而是勇于实践，实践怎样去建立一个公平、公正、和谐的理想社会，他做到了，给这些百姓带去了希望，也带去了实实在在的好处。

　　他是值得敬佩的，我觉得，他比袁术、公孙瓒这些只为了个人私利而不顾百姓死活的军阀都要伟大。虽然他没有他们所谓的功业，但他所做的一切，都是为了百姓的幸福和安康，能做到这点，他就是伟大的。

　　他声名在外，袁绍屡次召他，他不去；袁绍死，袁尚也学老爸，继续召他，他同样不去。

　　最后，曹操派人来，他去了。

　　因为一个原因，所以他去了。

　　曹操先派使者来找他，而后又怕说不动他，于是又派当年成功说服鲜于辅的田豫前来。

　　见这么有诚意，田畴立即吩咐部属赶紧准备行装。

　　部属很奇怪，问他，以前袁绍仰慕你的名声，曾经五次礼聘，你都不去，如今怎么曹操才来一次，你就迫不及待了呢？

　　他笑了笑，给了一个模糊的答案：这就是你们不知道的了。

　　其实很简单，他看上曹操了，觉得他是可以帮助自己实现另一个理想的人。

　　他的这个理想，就是征乌桓。

　　他的家乡，就在乌桓人胡作非为的地方，他看到了太多的恐怖和暴行，看到他们经常杀害本郡的名士，他十分愤恨，立志反击，但他没有办法。

　　手里没军队，他没有办法，不能报仇，他只能敢怒不敢言，把这些仇恨，默默地埋藏在心底。

但他始终没有忘记，没有忘记惨死同胞的惨叫声，这时刻提醒他要记住：征乌桓，迫在眉睫。

民族大义，才是他首要考虑的问题，社会的现实，让他认识到了，对待暴徒，没什么仁慈可讲，只有坚决铲除之。

他选择了曹操，就是觉得只有他，才能替自己实现这个理想。

所以，他恨不得亲自上阵，斩杀这些暴徒，但他没有许褚那样的武力，幸好，他还有智慧。

面对一筹莫展的曹操，他说出了自己的计谋，这个计谋，概括来说就是两个字：

意外。

具体来说，就是此路不通，另走他路。这条神秘的路，自从汉光武帝建武以来，就塌了，无人行走，已近两百年，但他还能找到这条路。这条路，直通蹋顿的大本营柳城，他的计划就是，假装撤军，偷偷地走这条路，出其不意，攻其不备，一举擒获蹋顿。

还有这么好的事？一条两百年没人走过的路你都知道？曹操太兴奋了，真是天无绝人之路。

他依计而行，率军从无终撤退，在烂泥潭积水处，订了一块大木牌，上书十六个大字：

方今暑夏，道路不通，且俟秋冬，乃复进军。

这个牌子好理解，就是明确告诉乌桓人，现在夏天太热，路不通，不打你，等到了秋冬季节，路好了，再来打你。

按道理，这样的安民告示，没人会信，毕竟这是打仗，不是演戏。

可是，乌桓人信了，真信了。

信了，就没准备，没做好迎战的准备。

曹操又将打敌人一个措手不及，真的能做到吗？

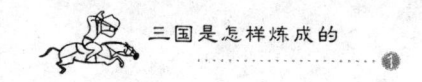

最后决战

没做到，还是被提前发现了。

地理"百事通"田畴，率领他的部众为曹操带路，他们走的这条路，后来成为一条军事要道。

明朝末年，皇太极绕开山海关，从喜峰口入塞，突袭北京，致使崇祯错杀袁崇焕，走的就是这条路。

他们开始爬山，先上徐无山，出卢龙塞，凿山填谷，行进五百余里，再经过白檀、平冈，穿过鲜卑部落，向东直扑柳城（今辽宁朝阳市附近）。

在距离柳城二百多里时，乌桓人发现了。

发现了，就要准备迎战，但我觉得，他们的准备是很不充分的，最后连阵都没列好，就要开战。

袁尚、袁熙与蹋顿，以及辽西单于楼班、右北平单于能臣抵之等人，慌乱之中，紧急集合队伍，联合数万骑兵，准备迎击。

老虎已经伸开了利爪，张开了锋牙，就看曹操怎么打虎了。

当曹操登上白狼山（今辽宁大阳山）时，突然与乌桓大军遭遇。

眼前，就是凶狠的敌人。

敌军声势浩大，由于曹操轻军急进，辎重都扔在后面，所以身披铠甲的战士很少。没铠甲就往前冲，如同光着膀子去救火，只能是当箭靶，谁都怕，左右无不恐惧。

这时候，就看曹操的决断了，他登高望远，仔细观察敌阵。

终于，他发现了敌军的破绽，虽然敌人人数众多，但阵容不整，曹操知道，这说明他们仓促应战，战斗力必定有限。

他心里有数了。

这时，荡寇将军张辽，宛若一头雄狮，气吞山河，斗志昂扬，要求曹操立即出战。

曹操很钦佩他的勇猛，当即将自己的帅旗交给他，任命他为先锋，纵兵出击。

张辽领命，率领英勇的曹军将士，向敌骑猛冲而去。

蹋顿根本想不到曹操还敢率先发起攻击，惊觉之下，慌忙迎战，可是自己的军队临时拼凑，还没形成战斗力，被曹操一冲，就乱了，阵型大乱。

将士们在张辽的感染下，个个临危不惧，奋不顾身地冲向敌阵。

敌军溃败！

曹操一鼓作气，率大军追击，杀敌无数。

蹋顿也加入了溃败的行列，他也落了个与袁谭同样的下场——被曹纯的虎豹骑追赶。

地狱之门已经向他敞开。

落到虎豹骑手里，基本就没活路了，蹋顿被擒获斩首，从此，他再也听不到布谷鸟的叫声了。

曹操继续追，将敌军彻底击破，胡、汉投降者达二十余万。

战场上，是乌桓骑兵一片狼藉，死者遍野的惨状。

乌桓峭王苏仆延、楼班、乌延和其他首领，带着袁尚、袁熙兄弟，领着几千骑兵，仓皇逃命，投奔辽东太守公孙康。

在那里，他们将受到热烈欢迎，公孙康笑脸相迎，但很快他们就会发现——笑里藏刀。

袁尚逃了，有人劝曹操趁势追击，捉拿袁尚兄弟，以斩草除根。

曹操没有接受，他胸有成竹地说，我等着公孙康送人头来，不必再出兵了。

公孙康，虽然名义上是辽东太守，但其实割据一方，根本不买曹操的账，他会听曹操的？

曹操不管这些，打了大胜仗，将士们都很兴奋，他自己又特别疯了一回，将蹋顿的人头拴在马鞍上，又像上次斩袁谭一样，骑在马上，手舞足

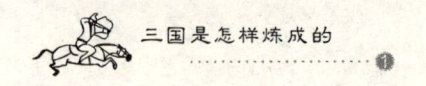

蹈。①

他从来没有这么痛快过,拍手而舞,极言欢乐。

九月,曹操正式从柳城班师回朝,将被乌桓掠去的汉人全部带回内地,又将乌桓人一万余落②全部迁往关内,并在其中挑选了一些健壮的乌桓骑兵,组成乌桓特种骑兵。这支骑兵,后来跟随曹操征战四方,成为令人望而生畏的天下名骑。

迁入内地的乌桓人,逐渐与汉族同化,成为汉族的一部分;而留在塞外的,后来都被鲜卑吞并。

在回家的路上,曹操也是一路艰苦,遇到了前所未有的麻烦。

---

① 《太平御览》卷五百七十四乐部十二:"《英雄记》曰:十二年,攻乌桓蹋顿,一战斩蹋顿首,系马鞍,于马上抃(音 biàn)舞。"

② 乌桓的社会形态,大致分为部、邑落、落,一落相当于一户人家,十人左右,若干落又组成邑落,一般二三十个落组成一个邑落,再由若干邑落组成更大的部;而部就时大时小,《后汉书·乌桓传》记载:"邑落各有小帅,数百千落自为一部。"

第二十章　天纵奇才

在我的心里，总有一个他的影子，那狡谲而又清雅的笑容，那深邃而又明亮的眼睛，凄美、决然，似乎可以看透你的一切。

从他的一生中，我看到了人的智慧，居然可以这样高深莫测，也居然可以这样变化莫测，我惊叹了！

杀袁尚

当时，天气寒冷，又遇上大旱，水都没得喝，天寒地冻，两百里内见不到一滴水。

军中缺粮，曹操只好杀马，前前后后杀了几千匹战马，又掘地三尺——找水。

掘地三尺都没用，三十尺都没用，最后挖了三十余丈，才见到水，可见其中的艰苦。

应该就是在这个时候，曹操身边的一个人死了，他的名字，叫郭嘉。

终于回来了，简直就是在沙漠里走了一回，回来后，曹操第一件事，

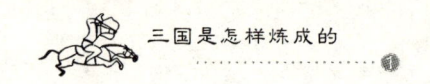

就是下令调查当初劝阻他征乌桓的人。大伙都慌了,心存恐惧,这,这不是要秋后算账吗?

曹操将他们召集起来,一一重赏,说这次胜利,全靠侥幸,你们的意见才是万全之策,所以予以奖励,希望以后不要害怕再提反对意见。

这就是差距,想当年,袁绍军败,马上就把田丰杀了,而曹操,即使获得胜利,也还记得跟他做对的人,他知道,这些人,才会真正让自己少犯错误。

人,如果没有包容反对意见的胸怀,最后的结果,就是惨败。

曹操的心胸、度量与思维,异于常人,所以他手下人才如云,愿尽死力,他能取得成功,绝不是偶然。

这就如同他预料袁尚会被公孙康所杀一样,事情的发展,果然一切皆如他所料。

在曹操刚从柳城班师后不久,公孙康就送来了礼物:袁尚、袁熙、峭王、楼班、乌延等人的人头,全部一起打包送过来了。

这是个很诡秘的事情。

当袁尚刚跑到公孙康那儿去的时候,公孙康接纳了他们,因为公孙康在等待,等待曹操的行动。

曹操没有动,而是回家了。

他放心了,知道曹操并非要将自己一并赶尽杀绝,既然如此,那还不如落井下石,把袁尚兄弟干掉算了。

就在他想动手的时候,袁尚也想动手,他仗着自己功夫好,也想干一票。他与哥哥袁熙密谋,说我们不如击杀公孙康,占据辽东,东山再起。

兄弟俩做好准备,去见公孙康,到了门口,袁熙有些担心,不肯进去,还是袁尚胆子大,拉着他就往屋子里面跑。

自投罗网。

还没落座,就听到公孙康一声大喝,事先埋伏在马厩中的武士一拥而上,将袁尚兄弟一举擒获。

两人被绑成粽子,丢在地上。

当时天气很冷,袁尚富贵子弟,耐不得冻,坐在地上受不了,苦苦哀求公孙康，想要他拿张席子垫一垫，免得把自己冻坏了。

公孙康不搭理，冷笑一声：

"你脑袋都要被割下来出远门了，还要席子干什么？"

袁尚、袁熙两兄弟，就这样死了，脑袋被割下来公费旅游，被当成礼物送到曹操手上。

公孙康这么做，不过是为了自保，虽然自己在辽东是个人物，但真要得罪曹操，风险太大，毕竟袁绍、乌桓都被灭了，说不定下一个就是自己。

所以，他干掉袁尚兄弟，也算是消灭了一个敌人，还给曹操做了笔人情，何乐而不为？

脑袋送来，部下都觉得困惑不解，忍不住向曹操请教，问您已退兵，怎么公孙康就把袁尚的人头送来了？

人心齐，泰山移

曹操告诉他们，道理很简单，公孙康一向畏惧袁尚，如果操之过急，他们就会联合起来，如果缓一缓，他们就会互相残杀，这就是所谓的势之所然。

急则合，缓则离，曹操很好地拿捏了这其中的分寸，巧妙利用敌人的内部矛盾，兵不血刃，就达到预期目的，可谓是借刀杀人、坐收渔利的典范。

回到邺城后，为了震慑袁氏余孽，曹操将袁尚的人头悬挂在马市，悬首示众，并下令三军：

"敢哭之者，斩！"

可有一个人，放声大哭。

他就是刚刚被拜为护乌桓校尉的牵招，他不但哭了，还在袁尚的人头下设祭悼念。

这还了得？反了！不过曹操没有动怒，他知道，牵招为袁氏父子服务

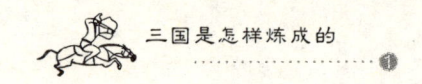

这么多年，没恩情也有感情，这份情义，他不能否认。

相反，曹操很敬佩他的勇敢和忠义，不但没斩他，还举荐他为茂才。

后来，牵招常年镇守边陲，为边疆的稳定，做出了巨大的贡献。

忠于故主，能念旧情，这个人的品质必定不错，曹操看中的也正是这点。

袁绍的三个好儿子，自相残杀，杀来杀去，全都死了，这让我想起一个故事，一个国王的故事。

这个故事的版本有很多，国内国外都有，我只讲我们中国的这个，这是记载在正史上的，真实发生的故事，故事的名字，叫做"阿豺折箭"。

在南北朝时期，吐谷浑汗国第九任国王慕容阿豺，临死前，把自己二十个儿子和弟弟慕利延等人叫到床前。他先叫儿子们每人拿一支箭，要他们一一折断，扔到地上；而后，他又对弟弟慕利延说，你拿一支箭来，把它折断。

弟弟照做了，不费吹灰之力，他又说，你再取十九支箭放在一起试试，慕利延竭尽全力，也无法做到——这肯定没法折了。

变形金刚来还差不多。

到这时候，阿豺才意味深长地说：

"你们知道吗，一支箭容易折断，但很多箭就难了，只有齐心协力，才能保卫国家。"

说完，他就死了，但这句话，一直激励着后人，让人们明白了一个道理：团结就是力量。

一箭易折，十箭难断，只有团结一心，才能战胜一切困难。

人心齐，泰山移。

这个道理谁都清楚，可要做到，却很难，因为要团结，就必须要让步、妥协。可是很多人做不到，在他们的思维里，自己才是第一，谁都得听他的，如果谁都这样想，最后的结果，就是一盘散沙。

所以，团结最重要的是要平等，要相互尊重，这样，才会有真正的团结。

袁绍袁术两兄弟，袁谭袁尚两兄弟，毁就毁在这上面，兄弟阋（音

xi）墙，同室操戈，最后的结局，大家都看到了。

很多事情，道理很简单，可很难做到，或许，这就是作为人的悲哀。

这个以退为进的妙计，史书没记载是谁出的，只说是曹操自己这么认为，但我觉得，这应该就是郭嘉的计策，因为在后来曹操给汉献帝上的表当中，有这样一句话：

荡定乌丸，震威辽东，以枭袁尚。虽假天威，易为指麾，至于临敌，发扬誓命，凶逆克殄，勋实由嘉。

虽然没明说是郭嘉，但字里行间，能看出曹操的内心所想，对于这次平乌桓、斩袁尚，郭嘉功劳最大，并且这个计策，郭嘉以前就用过，这次不过是"复习"一遍而已。

回到邺城后，曹操论功行赏，可有一个人跟他对着干，坚决辞让。

他是谁呢？

老骥伏枥，志在千里

这次班师回朝，曹操并非由原路返回，走的是南线，沿渤海湾进入河北。

一路虽然辛苦，但他心情畅快，一路上还作了几首诗，这组诗的名字，叫做《步出夏门行》。

《步出夏门行》共分五个部分，第一部分是艳辞，即为序曲，以下四解，分别为：《观沧海》、《冬十月》、《河朔寒》、《龟虽寿》，其中，尤以《观沧海》和《龟虽寿》最为出名，为千古名篇。

《观沧海》借景抒情，有吞吐宇宙之气象，诗云：

东临碣石，以观沧海。

水何澹澹，山岛竦峙。①
树木丛生，百草丰茂。
秋风萧瑟，洪波涌起。
日月之行，若出其中；
星汉灿烂，若出其里。
幸甚至哉，歌以咏志。

壮丽豪迈，寓情于景，气势宏伟，生命不息。
而《龟虽寿》富于哲理，感叹自强不息的人生，诗云：

神龟虽寿，犹有竟时。
腾蛇乘雾，终为土灰。
老骥伏枥，志在千里；
烈士暮年，壮心不已。
盈缩之期，不但在天；
养怡之福，可得永年。
幸甚至哉，歌以咏志。

壮志与豪情，跃然纸上，老当益壮，永不停息。

我比较少引文，因为大家看着烦，但这两首诗，我一字不漏地放在这里，就是因为，这才是真正的诗，与什么梨花体、口水诗，云壤之别。这其中的意思，我也不过多解释，大家可以慢慢去品味。

这就是曹操，既能驰骋天下，又能吟诗作赋，这种才情，古今能有几人？

在我的脑海里，时常出现这样一幅画面：不怒而威的曹操，昂首挺胸，横跨在战马上，临碣石，观沧海。他屹立在大海边，俯瞰大海，碧波万顷，他看到了大海的辽阔和壮美，再也抑制不住自己的感情，激动万分！他的身后，是威风凛凛的虎豹骑，他慷慨激昂，横槊赋诗，诗歌在波

---

① 澹澹：音 dàn，水波荡漾之意；竦峙：音 sǒng zhì，高耸挺立之意。

涛中荡漾，他的红色战袍，在烈风中飒飒作响……

曹操能写诗直抒心意，而有一个人，却以抗命，来表达自己的志向。

他，就是立有奇功的田畴。

击破乌桓，没有田畴，可以说几乎不可能，所以回到邺城后，曹操马上就封他为亭侯，食邑五百户，并且还特意写了一封呈报皇帝的表扬信。

田畴拒绝了，他说，谋取私利，并非我的本意。

曹操看他是出于真心，也就没有勉强，可是一年后，他又记起这件事来，后悔当初答应田畴，要把之前的爵位再封给他。他又写了一封表扬信，说不能为了成一人之志，而坏了规矩。

其实，曹操的意思很明了，接受封赏，从小的方面来讲，是给他本人面子，从大的方面来讲，是承认他这个政权的合法性。

这是个大是大非的问题，田畴应该明白，如果再抗命拒绝，可能就会有生命危险，因为曹操最恨这些摆臭架子的"腐儒"。

可是，他依然拒绝了，上疏誓死不受，曹操不许，打算用强，如此来回数次，他还是不受。

这么一来，就让有关部门抓住辫子了，弹劾田畴，说他自命清高，不识时务，应该处分。

曹操没有处分，而是把它当做一个议题，让曹丕跟大臣们去辩论，再做决定。

最后曹丕给出的意见是，不应勉强，而应褒扬他的节操。钟繇和荀彧也认为，应该尊重田畴的决定。

可曹操这次卯上了，非封不可，为了再次说服田畴，又派夏侯惇出马，因为夏侯惇与田畴一向关系密切。

夏侯惇跑到田畴的住处，一开始就碰了一鼻子灰——知道他的来意后，田畴不说话。

有交情也没办法，夏侯惇只好告辞，临走前，他还想再努力一下，用手抚摸着他的背（以示亲切），说给个面子吧！

田畴还是不给面子，说了一大通理由后，最后居然说，如果一定要逼我，我宁愿死在你面前。

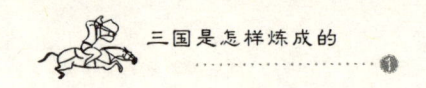

话还没说完，他已是泪流满面。

看来，他是死活都不愿意了，夏侯惇只好放弃，回来报告。

郭嘉

曹操听到这个消息，喟然长叹，这犟驴，真没办法。为了自己能有个台阶下，就给了他一个议郎的虚衔。

田畴终究没有受封。

他最终按自己的意愿，度过一生。

高官厚禄在他面前，只是一堆粪土，为了一个承诺，他整整三年没有放弃；为了坚守名节，在面对死亡时，他毫不屈服；为了躲避战火，他自己带头走进山林，筚路蓝缕，去开辟一个世外桃源；为了拯救黎民百姓，他毫不犹豫，领着曹操直奔乌桓；为了坚持自己的信仰，他至死都不受封。

有所为，有所不为，在他的眼里，他所有的选择，都是为了百姓着想，而不是为自己，所谓大公无私，即是如此。

他是伟大的，我钦佩这样的人，纯粹、果断，还有勇敢地坚持。

有一个人，就没有坚持，没有坚持到儿孙满堂，年纪轻轻就死了，因为失去他，曹操悲痛欲绝。

他就是至今令人神往的郭嘉。

郭嘉，字奉孝，颍川阳翟人，曹操五大谋士之一，天下奇才。

不要迷恋哥，哥只是个传说。

郭嘉，一个永远的传说。

他虽然出身寒门，但少有大志，时天下将乱，二十岁那年，他就躲起来隐居，暗中结交社会有识之士，向他们学习取经。

这让他练就了一身好本领，身负绝学。

他最先投奔袁绍，因为当时袁绍最强，另外袁绍手下谋臣辛评、郭图都是他同乡。

袁绍对他十分礼敬，可是郭嘉只待了几十天，就想走了。

他告诉辛评和郭图，袁绍不懂用人，好谋无决，必难成大事。

他离开了，而辛评、郭图两人留了下来，留下来折腾，留下来全被灭族。

他离开了，恰逢此时曹操手下颇为器重的谋士戏志才死了，曹操写信给荀彧，要他推荐人才，荀彧便推荐了郭嘉。

两人一见面，就纵论天下大事，谈了什么不知道，总之谈过后，曹操很兴奋，赞叹道：

"使我成大业者，必此人也！"

而郭嘉也很兴奋，出来后就大喊：

"真吾主也！"

就是从这一刻开始，他们俩的相遇，开始了一段十一年的美丽传奇。

他，给予他最大的信任；他，成为他最信任的谋士。

出谋划策，誓死报效。

刘备被吕布打得无路可走，来投曹操，他一眼就看出刘备有野心，劝曹操趁早干掉刘备，曹操没听，后悔不迭。

建安二年（公元 197 年），曹操首战张绣，被打得惨败而归，袁绍趁机来恶心人，写了一封措辞十分傲慢的信送过来，搞得曹操很激动，恨不得立马就跑过去与袁绍单挑。

曹操想出兵打袁绍，可实力不济，他没把握，问荀彧和郭嘉怎么办？

荀彧认真剖析，提出"四胜论"，就是说曹操在四个方面要胜过袁绍，所以曹操必胜。

郭嘉也认为曹操必胜，他比荀彧更加生猛，一口气说了十个理由，提出"十胜论"[①]，具体来说，就是曹操在十个方面要胜过袁绍，所以曹操

---

① 对于"十胜论"，颇有争议，因为《三国志》原文中，没有引述郭嘉"十胜论"的文字，但在郭嘉传内，有裴注记载的"傅子曰"一段，即为郭嘉的"十胜论"。争议在于，《资治通鉴》卷六十二的记载又有出入，主要是指谓不明，先是曹操问荀彧、郭嘉两人怎么办，然后就是"对曰"，后面便是"十胜论"，由于没有明说是谁对曰，所以很多人理解为这是荀彧、郭嘉两人一起说的话。其实不然，因为曹操听了"十胜论"后，笑了，紧接着又是郭嘉的话，原文记载是"嘉又曰"，这就足以说明，之前说的话，是郭嘉讲的。另外，《资治通鉴》三国部分，许多材料都来源于《三国志》及裴注同类书籍，比照这段记载与"傅子曰"，几乎一模一样，说明这段话，就是从《傅子》抄袭而来，所以，"十胜论"为郭嘉提出无疑；而荀彧的"四胜论"，也在《三国志·荀彧传》有详细记载，所以，他与"十胜论"扯不上关系。

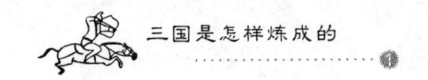

必胜。

"十胜论"分别是：道胜、义胜、治胜、度胜、谋胜、德胜、仁胜、明胜、文胜、武胜，照现在的话说就是，做人、政治、管理、气度、谋略、品德、能力、智慧、执法、军事十个方面都要胜过袁绍。

虽说郭嘉的言论对曹操不免过誉，但基本符合事实，对双方的看法，可谓入木三分，后来事态的发展，也证实了郭嘉的正确性。

一番细致分析，让曹操认清了自我，增强了信心，不过戴了这么大一顶高帽子，也有点不好意思了，他笑着说：

"照你说的，我怎能担当得起呢！"

郭嘉紧接着又告诉曹操，必须趁着袁绍与公孙瓒死掐的机会，尽快消灭吕布，不然后患无穷。

曹操听了，先征吕布，再图袁绍。

而在打吕布最关键的时刻，他的一个计策，彻底改变战局。

身负绝学

郭嘉与荀攸一直随军，随叫随到，在曹操围困吕布的时候，因为久攻不克，战士疲惫，想撤军走人。

这时，郭嘉和荀攸都劝曹操坚持下去，并献了最新的攻城方案：水攻。

水火无情，曹操听了，引沂水、泗水灌城，顿时，吕布的下邳城，变成十里水乡。

吕布坚持不住，投降了。

至此，曹操的一个劲敌灰飞烟灭。

而另一个劲敌刘备，曹操就放跑了，放虎归山。

之前郭嘉就劝他杀了刘备，曹操没听，后来居然派刘备去截击袁术。郭嘉、程昱与董昭三人听说后，赶紧跑来劝曹操，说刘备千万不能放跑了。

可惜，来晚一步，人都跑了，曹操派人去追，刘备无影无踪。

这件事让曹操悔恨终生，一时的大意，制造了一个可怕的敌人。

建安五年（公元 200 年）的春天，春光并不明媚，因为战火，已经烧到了曹操的家门口。

袁绍马上就要打来了。

在这种危急关头，曹操知道，必须先解决刘备，于是，他打算突袭刘备。

可是这个方案，遭到诸将的反对，几乎没人支持，因为万一袁绍背后下手，后悔都来不及。

曹操很坚决，一定要打刘备。

郭嘉站了出来，支持曹操，并分析说，袁绍多疑，刘备立足未稳，击之必败。

曹操更有信心了，率军出击，打了一个时间差，成功解决掉刘备后，袁绍这边，果真相安无事。

大功告成。

击溃刘备，为曹操解除了后顾之忧，避免了两面作战，他可以专心对付袁绍了。

官渡之战时，郭嘉有哪些贡献，史书不载，只有"从破袁绍"四个字，但在这期间，他居然准确预言了一个人的死亡，堪称奇迹。

如果这人是个普通人，没什么可讲的，关键在于，这个人，是威震江东的孙策，东吴的开国之主孙策，这就不简单了。

并且，郭嘉还从没见过孙策，如果见过，或许懂点医术，看出来了。

在曹操与袁绍打得热火朝天时，有传言说，远在江东的孙策，想趁机奔袭许都，很多人听了这个消息就怕。

可是，郭嘉满不在乎，他一针见血地指出：孙策轻而无备，若刺客出现，一人之敌耳，必死于匹夫之手。

后来的事实，充分证明了这点，生龙活虎的孙策，骑马去打猎，因为没防备，被刺客刺成重伤而死。

郭嘉能看得如此之准，到今天，我都觉得不可思议，只能拍案叫绝，击节叹赏。

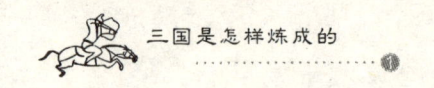

但我觉得，这就是郭嘉的高明之处，能看透人性、洞察人心，或者说，他能看穿人的本质，稳、准、狠！对人心的揣测，可谓神乎其神，这样的眼光和智慧，足以让人崩溃。

这就是郭嘉，名副其实的郭嘉。

袁绍死后，曹操急于解决袁氏残余问题，率军攻打跑到黎阳争位子的袁谭。

后来袁尚来援，双双被曹操打得惨败，只好一起逃回邺城。

曹操乘势追击，追到邺城，不动了。

不动，是有理由的，一来刚好附近的麦子熟了，收麦子去了；二来郭嘉献了一个计，这个计，可称之为：两虎相争计。

在诸将提出乘胜攻城之际，郭嘉告诉曹操，咱们打急了，他们就会联合起来，不如以退为进，等他们内斗，再来收拾残局。

这是个极为高明的计策，曹操就是照着这个办法，不战而退。

果然没过多久，就传来好消息：袁谭、袁尚两兄弟打起来了，还打得比较狠，袁谭被弟弟打败，逃往南皮。

就是顺着这个思路，曹操各个击破，先后平灭袁谭和袁尚，而郭嘉以功封洧（音 wěi）阳亭侯。

平定河北后，郭嘉又建议多延聘当地名士，以收附民心。

曹操听了，迅速稳定局面。

建安十二年（公元207年），曹操准备远征乌桓，可是诸将反对，说万一刘表袭击许都，就麻烦了。

挥军南下

郭嘉力排众议，认真分析了局势，得出的结论是：乌桓，可一战而胜。刘表，坐谈客耳，不足为虑。

曹操又听了，出兵塞外，走到易县时，郭嘉又建议扔掉辎重，轻装上阵，奇袭乌桓。

曹操照办，他也知道兵贵神速的威力所在，后来，在田畴的帮助下，终于击败乌桓，大破之，收降二十余万，大获全胜。

这一战，成为中国战争史上的经典战例。

其后，袁尚兄弟与乌桓残部，带着几千骑兵跑到公孙康那儿去了，有人劝曹操追过去，铲草除根。

曹操没听，他料定公孙康会把袁尚的人头送来。

史书没明确记载这个"急则合，缓则离"的计策出自郭嘉，但我觉得，它应该也是郭嘉的主意，因为这个计策的本质，与前述两虎相争计，如出一辙。

乌桓之战，是郭嘉的谢幕表演，他长期随军，操劳过度，在那样的恶劣环境下，加之又不适应水土，身体快不行了。

最后，他死了，死在归途，死在凯旋的路上。

天妒英才！

我想，他是不甘心的。

他经常说，我要是去南方，必死无疑，他料到了南方有"非典"，可没料到北方也有"禽流感"，死在了那里。

就在郭嘉死的时候，一个人从隆中走出来，昂首阔步，开始了自己的伟大人生，他就是诸葛亮——两人擦肩而过。

两个绝顶聪明的人，再没机会一决高下。

郭嘉病重期间，曹操非常担心，关怀备至，派去探望的人络绎不绝，即便如此，他还是死了，终年三十八岁。

郭嘉深谋远虑，善于筹划，明达事理，曹操视之为心腹中的心腹，以至形影不离，他说：

"只有奉孝，最知我的心意。"

在他眼里，郭嘉不但是他的下属，他的谋士，也是他的知音。

两人相互钦慕，生死与共。

郭嘉死了，曹操悲痛欲绝，亲临治丧，看到昔日最信任的伙伴再也不能醒来，他对荀攸他们说，你们的年纪跟我差不多大，只有郭嘉最小，我

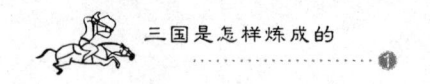

本打算天下平定后，把身后的事托付给他，没想到中年夭折，这难道就是命吗？

他无限的期望，可最后面对的，是无言的结局。

在他的言语中，我感受到了无奈与哀痛。

伫倚危楼风细细，望极春愁，黯黯生天际。
草色烟光残照里，无言谁会凭栏意。①

为了彰显郭嘉的功绩，曹操特别上表汉献帝，对他的一生，做出了极高的评价，并增加他的封邑至一千户（后代继承）。其后，曹操又不忘当初举荐他的人，特意给许都的荀彧写了两封信，对郭嘉大加褒扬，并予以沉痛悼念。

在信中，他仍然无以释怀：

"天下人相知者少，又以此痛惜，奈何奈何！"

当初郭嘉与他商讨战略时，就劝他先定荆州，可惜，他再也看不到这一天了。

一年后，在赤壁惨败的曹操，又再次想起了他，看着自己一败涂地的惨状，他一声长叹：

"郭奉孝在，我就不会这样啊！"

随后，他发出了最令人痛心的悲号。

郭嘉足智多谋，算无遗策，料事如神，是个绝世奇人，世称鬼才，可惜英年早逝，实为人生大憾。

在我的心里，总有一个他的影子，那狡黠而又清雅的笑容，那深邃而又明亮的眼睛，凄美、决然，似乎可以看透你的一切。

从他的一生中，我看到了人的智慧，居然可以这样高深莫测，也居然可以这样变化莫测，我惊叹了！

智慧，不可说，只可悟。

---

① 引北宋柳永词《蝶恋花》。

一旦领悟，便得彻悟。

般若者，一切诸智慧中最为第一，无上无比无等，更无胜者，穷尽到边。①

曹操也开始相信自己的智慧，相信自己可以无往而不胜，所以，在统一北方后，他的下一个目标，就是荆州。

做好一系列准备后，他出兵了，挥兵十余万，一路南下，他的战马，将驰骋在南方的广阔大地。

可是，谁曾想到，他这一去，差点有去无回。

人生最大的惨败，也由此开始，开始逐渐发酵。

"日出江花红胜火，春来江水绿如蓝"的江南，他朝思暮想，日夜筹划。

他终于踏向了这个美丽而又陌生的地方，在那里，他将遭遇前所未有的困难和挑战。

至今让人无法理解、神秘莫测的赤壁之战，就此爆发！

更多精彩，敬请关注《三国是怎样炼成的》第二部"饮马歌·征战"，非常感谢您的支持与鼓励。因水平所限，错漏在所难免，恳请大家批评指正。如果您有任何意见或建议，请来信至：tanghaofang@163.com，谢谢！

---

① 引自佛学经典《大智度论》卷四三。